北京体育大学职业体能教练培训参考教材

灵 敏 训 练

（第二版）

NATIONAL STRENGTH AND
CONDITIONING ASSOCIATION

美国体能协会　著

［美］杰伊·道斯　主编

于　亮　　主译

北京体育大学出版社

策划编辑	王英峰
责任编辑	王英峰
责任校对	孙　静
版式设计	久书鑫

北京市版权局著作权合同登记号：01－2022－4278

图书在版编目（CIP）数据

灵敏训练：第二版／美国体能协会著；于亮主译
. －－北京：北京体育大学出版社，2022.9
书名原文：Developing agility and quickness (
Second Edition)
ISBN 978－7－5644－3716－9

Ⅰ. ①灵… Ⅱ. ①美… ②于… Ⅲ. ①灵敏性－运动训练 Ⅳ. ①G819

中国版本图书馆 CIP 数据核字（2022）第 142183 号

灵敏训练（第二版）
LINGMIN XUNLIAN（DI ER BAN）

美国体能协会　著
于　亮　主译

出版发行：	北京体育大学出版社
地　　址：	北京市海淀区农大南路 1 号院 2 号楼 2 层办公 B－212
邮　　编：	100084
网　　址：	http：//cbs.bsu.edu.cn
发 行 部：	010－62989320
邮 购 部：	北京体育大学出版社读者服务部 010－62989432
印　　刷：	唐山玺诚印务有限公司
开　　本：	710mm×1000mm　1/16
成品尺寸：	170mm×240mm
印　　张：	17.25
字　　数：	281 千字
版　　次：	2022 年 9 月第 1 版
印　　次：	2022 年 9 月第 1 次印刷
定　　价：	88.00 元

译者名单

主　　译：于　亮

副 主 译：赵晓琴　杜吉生　吴　迎

译　　者：于　亮　艾　磊　刘子铭　刘　阳

　　　　　安　娜　李顺昌　杜吉生　吴　迎

　　　　　罗　维　赵晓琴　胡海旭　郭春杰

　　　　　高　扬　王　璐

译者导读

　　灵敏是快速变向的能力，是指人体在各种条件突然变化时，能够快速、准确、协调、灵活地完成动作的能力。灵敏素质是速度、柔韧、力量等素质的综合反映，是对协调、灵活、准确和应变能力有很高要求的一种综合素质。灵敏素质训练是运动员训练内容中不可或缺的组成部分，也是决定运动员运动表现的重要影响因素。几乎所有项目都包含全身性的运动，需要运动员具有根据比赛情况迅速地进行加速、减速和变向的能力。进行有针对性的、科学的灵敏素质训练在提高运动员运动表现和预防运动损伤方面均起到重要作用。

　　《灵敏训练》（第二版）由 18 位作者撰写，科罗拉多大学体能方向副教授杰伊·道斯博士任主编。杰伊·道斯博士具有近 20 年的体能训练、康复训练等方面的指导经验，是美国体能协会（NSCA）认证的体能教练和注册私人教练。本书在第一版的基础上，新增了动态热身和性别、年龄等与灵敏素质的关系，既介绍了新型训练方法，又细化了测试评价方案。全书共分为九章，在介绍相对独立的知识点的同时，又将各知识点相互联系、相互渗透，对从事灵敏素质训练的运动员、教练员来说，是非常好的参考。本书可作为北京体育大学职业体能教练培训的参考教材和指导用书。

　　本书由北京体育大学体能训练学院于亮教授主持翻译，译者为国内体育院校、科研院所的运动科学、体能训练方向青年教师和研究人员。工作团队在短时间内认真、高效地完成翻译任务，为本书付出了大量的心血和汗水，具体章节译者如下。

　　北京体育大学于亮（第一章），北京体育大学吴迎（第二章、第三章），成都体育学院李顺昌（第四章），太原理工大学赵晓琴（第五章），南京体育学院胡海旭（第六章、第七章），国家体育总局小球运动管理中心刘子铭、中国消防救援学院杜吉生（第八章），河北师范大学刘阳、江苏省体育科学研究所艾磊、南京体育学院罗维（第九章）。于亮对全书进行统稿，赵晓琴、杜吉生、吴迎、郭春杰、高扬、王璐协助完成统稿等大量工作，北京体育大学安娜协助进行了引言、NSCA 简介等部分的翻译工作。研究生肖红、陈均、刘雅轩、单育森、苏香楠、张伯玮参与了本书的校对工作。

　　由于时间较仓促，书中难免存在纰漏，恳请广大读者批评指正。

译者

序

　　无论是夏奥会还是冬奥会，无论是体能类还是技能类项目，无论是同场还是隔网对抗项目，大都需要运动员在各种突然变幻的条件下迅速、准确、协调地改变身体的空间位置和运动方向，这种能力就是灵敏。灵敏素质是众多体育项目制胜的关键因素。另外，随着体教融合工作的不断深入推进，青少年体育再次引发关注，青少年究竟应该发展什么能力，学习什么体育项目，再次成为热点话题，而青少年时期正是发展灵敏素质的最佳窗口期。

　　灵敏和协调一样，属于综合素质，需要爆发力、反应、速度、平衡、协调、柔韧、动作模式、判断和决策等诸多能力，影响因素之繁多、评估指标之丰富、训练要求之复杂，一直困扰着众多的体育教师和教练员。如何科学评估、系统训练灵敏素质历来成为众多业内人士关注的焦点。

　　《灵敏训练》一书由美国体能协会和美国运动医学会认证的专家杰伊·道斯主编，此为第二版，增加了很多新的内容。本书由北京体育大学体能训练学院于亮教授带领专业团队精心翻译。本书通俗易懂、图文并茂、操作性强，为灵敏素质有需求的项目提供了全面具体、科学合理的训练方法和对策，内容涉及测试、评估、方法、手段和计划等多个模块，总有一款灵敏提升方案适合您。本书是广大体育教育和训练工作人群值得参阅并收藏的运动工具指导书！

李春雷 教授

北京体育大学体能训练学院

引　言

　　速度是大多数运动的基本要素。速度通常被定义为在单位时间内两点之间的移动，但在运动中，两点之间通常不是直线。正因为如此，在许多运动项目中，快速改变方向的能力往往决定了成功与否。因此，许多教练员和运动员都在积极寻找能够有效提高灵活性和敏捷性的方法。本书旨在协助教练员、运动员及体能专业人士实现这一目标。

　　灵敏是复杂的运动素质，包括身体和认知两个要素的作用。根据杨、詹姆斯和蒙哥马利的研究可知[1]，灵活性的身体要素包括那些旨在提高变向速度的要素（技术、直线速度、腿部肌肉质量和人体测量变量），而与敏捷性相关的因素是感知功能和决策能力（视觉扫描模式、预期、模式识别和对情况的掌握）。例如，美式橄榄球中的开球回攻手或弃踢回攻手会耐心地等待着接球，接球后，他必须立即决定使用何种方式越过防守来推进码数；或者想象一下一个篮球控球后卫，他在运球移动时必须决定是继续带球前进，还是传球，或是投篮。上述例子向我们展示了运动员必须如何快速行动和思考才能在赛场上取得成功。因此，为了最大限度地提升运动表现，训练计划必须兼顾身体和认知两方面的灵敏素质。只有这样，运动员才能真正填补练习和比赛之间的鸿沟。

　　《灵敏训练》（第二版）为教练员和运动员提供了良好的资源，能够使其更好地理解和制订安全有效的训练计划以提升运动员在复杂运动中的表现。本书采用了最新的研究成果和经验丰富的教练员的建议，将科学理论与实际应用巧妙结合，使读者可以立即投入使用以提升运动表现。

第一章探讨了影响运动员高水平运动表现的因素，包括变向速度、技术、身体姿势、身体素质等。本章还为可用于提高变向速度的其他类型的补充训练模式提供了建议。

第二章探讨了感知和决策能力（速度因素），如信息处理、情境掌握、预期、兴奋与焦虑水平。在灵敏性上表现优异的运动员更善于识别和利用与任务、比赛相关的线索，从而使他们比对手更加具有竞争优势。在许多情况下，这些能力将优秀运动员与普通运动员区分开来。

第三章和第四章是本版的新增内容。第三章着重阐述了运用动态热身的重要性。动态热身不仅能使运动员为更剧烈的运动做好准备，而且能培养他们提高运动效率所必需的具体技能。第四章讨论了基于性别和年龄因素的技能按顺序发展的必要性。当为特定的人群制订提升灵敏素质的训练计划时，这些都是重要的考虑因素，同时也是未来获得运动成就的基础。

第五章着重探讨运动员测试流程与方案，以帮助评估运动员当前的强项和弱项，并作为衡量其一段时间内进步的基线。一旦确认了运动员的强项和弱项，教练员可以选择合适的训练项目帮助运动员取得进步。

第六章和第七章介绍了各式提升灵敏素质的训练方法。其中许多训练通过常规的运动项目提高运动员基本的运动技能，以为其将来取得运动成就奠定基础。此外，这两章还给出了具体的训练方案和建议，即一旦运动员掌握了基本技术，就将感知和决策任务纳入运动员的训练计划。这些无计划的或开放式的训练要求运动员能够处理来自外部环境的信息，并迅速给出精准的反应。这两章中包含的训练为我们提供了可靠的信息基础，有助于制订针对运动员和运动本身而开发的训练计划。

第八章探讨了运用科学的训练方法设计灵敏训练的基本依据。在第九章中，第八章所讨论的基本概念被置入具体的运动情境。来自不同运动项目的一些世界顶尖专家和专业人士分享了关于灵敏训练的个人理念，以及他们最喜欢的针对不同技能水平的运动员提升运动表现的训练方法。

本书为安全有效地开发提升灵敏素质的训练计划提供了基本的指导和资源。书中包含了许多有价值的培训技巧和信息，是专家们花费毕生精力研究出来的。美国体能协会希望读者能够对如何提升运动员的灵敏素质有更好的理解。卓越绝非偶然，这需要深刻的思考和专注的努力。本书绝对是那些想要提升运动表现的教练员和运动员手中必备的资料。

图 例

 左脚触地

 右脚触地

 数字表示迈步顺序

 脚虚点地或轻触地（无重量转移）

 圆锥桶

——→ 冲刺跑

-----→ 左右滑步

·······→ 后退

⋀⋀⋀⋀→ 熊爬

～～～→ 交叉步

x 防守球员（或其他球员）

o 进攻球员

单位换算

1 码≈0.9 米	2 码≈1.8 米	3 码≈2.7 米
5 码≈4.6 米	10 码≈9.1 米	15 码≈13.7 米
20 码≈18.3 米	30 码≈27.4 米	40 码≈36.6 米
50 码≈45.7 米	1 英寸≈2.5 厘米	1 英尺≈0.3 米

目 录
Contents

第一章　发展变向速度的能力

大卫·N. 苏普拉克

大多数团队运动，例如篮球、美式橄榄球和足球等项目都具有需要运动员在短距离内进行快速加速、减速和改变方向的特征。此外，像网球等场地运动项目则需要保持多方向的灵敏性，能够在 9.8 ~ 13.1 英尺（3 ~ 4 米）的跨度内迅速改变方向[64,117]。在许多运动项目中，灵敏都是取得成功的关键。灵敏（Agility）被定义为机体能够在受到外界刺激后迅速地调整方向或速度的能力，可以理解成是由身体素质和大脑认知组成的能力[96]。因此，灵敏的一个组成部分就是能够快速准确地变向。本章探讨了与变向速度有关的影响因素，如速度、力量、功率（爆发力）等身体素质及人体测量学和技术等。

一、速　度

一个运动员的动作若比对手快，那他就会拥有一定的优势。例如，速度快的运动员可能会比对手更快地拿到球，或可能比其他追球的运动员跑得更快。因此，速度是绝大多数项目的运动员所重视的身体素质。测速通常是通过计算运动员冲刺跑过 40 ~ 100 码（36.6 ~ 91.4 米）的时间。但是，通过研究和观察发现，大多数运动员在进行某种变向之前，很少被要求在一条直线上冲刺超过 20 ~ 30 码（18.3 ~ 27.4 米）[3,8,14,89]，除非他是一名 100 米项目的短跑运动员，否则像测试中那样将大部分时间和注意力都集中在直行速度上，可能不会在其他运动项目中发挥最佳的运动表现水平[32]。此外，由于大多数运动需要从静止状态向运动状态进行加速或过渡，所以直线速度仍然是运动员在进行运动测试和训练时要关注的身体素质。在下面的内容中，将重点介绍直线速度和侧向速度的特定方面，它们都与最佳变向能力的发展有关。

　　短跑是一项对技术要求很高的运动项目，即使是最顶尖的短跑运动员，通过恰当的训练也可以在现有基础上提高其跑步速度。步幅频率（单位时间的步幅数）和步幅长度（单位步幅所覆盖的距离）的组合主要决定了直线速度。通常，跑速可以通过将步幅长度乘以步幅频率来计算[80]。因此，运动员可以通过提高步幅频率、增加步幅长度，或将两者结合起来提高直线速度。

　　除田径运动中的短跑项目以外，还有许多运动都涉及这种短距离（小于27.4米）的冲刺和快速变向。许多研究表明运动员在比赛中通常无法达到他们所能达到的最大速度[3,8,14,33,89]，因此提高加速度的练习也变得尤为重要。加速度是指速度的变化率，冲刺阶段对于快速改变方向来缩小运动员比赛时的差距至关重要。

速度快的运动员能够加速突破对手防守

　　直线冲刺在加速阶段的最佳技术涉及四个因素，它们可以最大限度地提高步幅长度和步幅频率，而在此阶段提高速度的主要因素是步幅长度[67,79]。

　　（1）身体前倾40~45度，保持一个较低的身体重心（Centre of Mass，以下简称 COM)[63]。COM 是一种物理学说法，我们把它看作是一个假设的三维点，身体的全部质量都围绕这个三维点集中并保持平衡[75]。例如，我们将铅笔放在一根手指的指尖处，能够使铅笔在指尖上保持平衡的点就是铅笔的 COM 点。只要脚与地面的接触点保持在身体重心的正下方或后方，向前的动量就会增加，而制动力则会处于最小化阶段[31]。在短跑中，向下肢和上肢适当转移力量来支撑核心肌群保持躯干的角度也是至关重要的，反之亦然。

（2）在蹬地阶段，脚尖点地，踝关节向上屈曲不到 90 度（背屈）。当脚接触地面时，运动员应该用力伸展髋关节、膝关节和踝关节（三重伸展）（图 1.1）[21]。

（3）在恢复阶段（当摆动腿未接触地面时），应该使摆动腿的踝关节背屈，同时屈曲膝关节和髋关节。这样可使脚直接从臀部下方通过，使髋关节更快地交替摆动。

（4）运动员必须摆动手臂，肘部弯曲角度约为 90 度。摆动重点是要使手臂有力地向后摆动，从而使身体存储弹性势能，通过牵张反射来提供手臂向前的推动力[21]。

图 1.1　正确的直线短跑技术

在前面讨论的有关变向力量和爆发力的参数通常也适用于直线速度。在蹬地阶段，髋伸肌和股四头肌的输出功率和力的增长速率是影响步幅长度和步幅频率的重要因素[45]。在恢复阶段，髋屈肌和腘绳肌则是影响步幅频率的重要因素[112,121]。髋屈肌的力量能够使髋关节迅速地从伸展移至屈曲位置，为随后的摆动脚落地做准备。腘绳肌作为多关节肌群也发挥着重要的作用，腘绳肌的起点和止点跨越骨盆和膝关节，所以这一肌肉负责在恢复阶段时使小腿进行离心减速，为蹬地做准备，并在随后的蹬地阶段协助髋关节完成伸展位置的转换[121]。这意味着训练的重点应该放在腘绳肌的向心和离心训练上。

尽管直线速度是许多运动取得成功的重要因素，但运动员并不总是仅靠向前冲刺取得比赛胜利的。例如，足球、篮球和网球项目的运动员还需要进行侧向、后向等快速移动。侧向运动（包括侧滑步）和后向运动（包括后退运动），这些技术原理与直线短跑技术的力学原理是不一样的。例如，在后向运动中，与直线短跑相比，腘绳肌的活动度较低，股四头肌的活动范围则较大[37]。侧向运动涉及身体在额状面上的投射，对髋外展的需求比我们在直线短跑中观察到的要高[6]，因此进行快速侧向和后向运动技术要点的训练，可以提高运动员在任何方向上进行快速移动并保持平衡的能力。而且，改善上述运动中所涉及的肌群力量和作用强度也可以提高运动员进行侧向和后向运动的速度。

侧向和后向运动的技术要点均包含将身体重心保持在支撑面（Base of Support）内一个较低位置。在后向短跑中，手臂的运动与向前跑相似，但蹬地是通过股四头肌强有力地收缩使髋关节略微屈曲来实现的[108]。在侧向运动中，脚应保持在身体重心的外侧，这样推进力才能够向运动的方向进行。

我们还要考虑到，这些可选择的运动模式通常都与减速、方向改变、向直线冲刺的过渡相结合。因此，我们可以先进行各部分的单独练习，然后将它们整合到运动项目中的特定运动模式以掌握这些技术。本书的后续章节将介绍可用于提高后向和侧向移动速度的特定练习。

二、力量

力量，或称为肌肉力量，可定义为肌肉或肌群产生的最大力或力矩[12]。力可以由下列公式推出：

$$力 = 质量 \times 加速度$$

力表示施加在物体上的外力，质量是物体的质量，加速度是物体的速度随时间的变化率。因此，力的增强可以通过增加移动物体的质量、提高加速度或两者结合来实现。一般来说，肌肉力量是变向和运动取得成功的重要因素。力量在发展灵敏素质时的作用主要体现在加速、减速和改变方向时，运动员发展力量是为了在这些情况下移动和控制自身质量。

因此，相对力量（相对于自身体重）就显得尤为重要。在设计灵敏训练时，需要考虑到力量训练的很多方面，包括向心收缩力量、离心收缩力量和稳定性，这些内容我们将逐一进行讲解。

（一）　向心收缩力量

向心收缩力量（Concentric Strength）是指肌肉缩短时所产生的肌力。肌肉向心收缩也可以通过在一个动作中做正功来表现，即施加在肌肉上的外部阻力与肌肉用力的方向一致的关节运动[9]。

举一个肌肉向心收缩的例子，在跑步、跳跃动作的蹬地阶段中，包括髋关节、膝关节和踝关节的有力伸展（三重伸展，请参阅图 1.1）；从理论上讲，在跑步过程中脚蹬地面的力越大，身体质量的加速度就越大，运动表现也就越好。同样，在跑步的恢复阶段，髋屈肌所产生的力量越大，髋关节的前角加速度就越大。较大的髋屈肌力量有助于提高这些肌肉的力的增长速率，使运动员更快地为随后的脚步落位，在直线短跑和变向时产生更高的步频[30]。

研究表明，肌肉力量和爆发力之间存在着较大的关系，比如垂直纵跳、水平跳跃[4,114,120]、短跑（4.6 ~ 36.6 米）[20,73,88,114,120]和变向动作[114]。考虑到运动员的身高和体重这两方面因素，相对力量与爆发力之间的关系则更加明显。然而，在优秀运动员中[24,46,98]，肌肉向心收缩产生的力量和爆发力之间的关系则不那么明显，这里存在一个力量阈值，在该阈值之上，爆发力的提高与力的增长速率有着更为紧密的联系，后面的内容将对此进行讨论。肌肉的最大向心收缩力量在短跑加速阶段十分重要[120]。由于加速是变向技术中的一个重要因素，因此在以变向为关键技术的运动项目中，相关肌肉的向心收缩力量尤为重要。

（二）　离心收缩力量

在运动中，改变方向的能力是指快速控制机体减速，然后迅速向新的方向进行加速。这种能力不仅能够对运动表现产生积极的影响，而且能够在一定程度上预防运动损伤的发生。例如，足球运动中的大多数肌腱损伤都发生在关节减速期间[102]，主要原因是相关肌肉进行离心收缩产生的力量不足。离心收缩力量（Eccentric Strength）是指肌肉在收缩时被拉长所产生的力，离心收缩的特征是肌肉做负功，即肌肉收缩产生的张力方向与外界阻力相反，例如利用哑铃做肱二头肌训练时，手臂由举起回到起始位置。

能够产生较大离心收缩力量的运动员制动能力较强，他能够快速有效地使机体减速，同时保持机体平衡，为变向做准备[103]。相反，离心收缩力量较小的运动员这种能力较弱，从而导致其快速变向的能力也较弱[18]。事实上，离心收缩力量已被证明是变向技术的主要决定因素[18,55,81,104]。运动中的拉长—缩短循环证明了离心收缩力量与减速能力之间的关系。为了在拉长—缩短循环（和灵敏类型任务期间）缩短与地面的接触时间，需要机体产生足够的离心收缩力量进行减速，使机体向新的方向进行加速[56]。

减速能力对运动表现和运动损伤的预防十分重要。在进行离心收缩时，会产生最大力，并且这种力必须通过肌腱进行传递[72]。影响减速的主要因素之一就是相关肌肉进行离心收缩所产生的力。最近的研究表明，离心收缩力量与变向速率显著相关[104]，如果这些肌腱结构无法在运动过程中承重，那么较差的生物力学应用会导致运动员错误的身体姿势，从而增加其运动损伤的风险[49]。此外，通过抗阻训练等方式来改善肌肉力量的离心收缩能力，可以帮助提高机体的减速能力，从而改善运动员的变向技术和运动表现[93,104,119]。

（三）稳定力量

在变向运动中，支撑和稳定躯干与下肢关节的力量是能够充分发力的一个重要因素[66]。例如，在短跑出发时髋关节的伸展运动中，臀大肌是主动肌（进行向心收缩的肌肉）。然而，臀大肌也负责使髋关节外旋，髋关节外旋过度会导致关节对齐不准，从而降低运动员发力的能力。强大的大收肌可能有助于更好地控制这一动作，大收肌能够改善髋关节的位置，并将臀大肌的输出力用于推进机体向前[116]。另一个例子是内侧的腘绳肌和外侧的腓肠肌，它们在各种侧切动作中帮助控制膝关节在额状面和水平面进行不必要的旋转[51]，从而提高这些运动表现，降低运动损伤的风险[60-61]。在训练中，我们可以通过使用多关节运动的双侧和单侧抗阻训练（例如深蹲，向前、向后和斜向弓步）及拉长—缩短循环训练来改善这些肌肉的力量和稳定性[19,48,78]。

与运动的稳定性密切相关的肌肉收缩的另一个方面，是肌肉间的协调作用，这与一个关节中不同肌肉的激活时间有关。肌肉间的协调作用是跑步步态的重要组成部分。例如，如果在步幅恢复阶段大腿前伸时腘绳肌没有放松，那么髋关节屈曲角度就会减小，从而导致步幅变短。肌肉间协调作用的重要性在涉及变向的运动中尤为明显，在这些运动中，关节的稳定性对运动员来说更为重要。这一概念可以通过一个例子来说明，与经验较少的球员相比，经验较丰富的足球运动员在侧切动作中，腘绳肌和股四头肌的同步收缩较少，他的肌肉活动模式更协调[101]。因此，比较谨慎的训练方法是将训练集中在发展加速、减速和改变方向的技术上，改善肌肉间的协调作用的能力[118]，进而改善变向的运动表现。

有经验的足球运动员肌肉间的协调性较好，控制速度和变向的能力也较为稳定。

三、功　率

功率，即做功的效率[43]，是一个与灵敏素质相关的重要因素，可能是运动能否成功的最重要的决定因素之一[106]。功率可以通过以下公式计算：

$$功率 = 功 \div 时间$$

在这个公式中，时间是指物体做功的时间。

功可以用这个方程来计算：

$$功 = 力 \times 距离$$

由于功、力、功率的关系，功率的计算方法如下：

$$功率 = 力 \times 速度$$

在这个公式中，速度是指物体在一个特定方向上运动的速度。

肌肉运动的力 – 速度关系表明，在进行向心收缩的运动中，随着运动速度的增加，肌肉输出的力减小。需要注意的是，运动员在训练中不能仅靠慢速移动练习或抗阻练习来有效地训练力量。如前所述，输出功率可以通过增加力、运动速度或两者同时增加来提高。用于提高运动速度的训练方法与用于增加力量输出的训练方法有所不同，故在发展变向能力的训练计划中，应将两者结合起来[23]。一般来说，为了使肌肉功率得到最大化的输出，运动员在进行力量训练之前，首先要提高自身的肌肉力量。这是因为在高速运动时需要有适当的力量来控制身体的位置。如此看来，肌肉力量似乎为提高输出功率和运动经济性提供了良好的基础。

（一） 力的增长速率

力的增长速率（Rate of Force Development，RFD）是肌肉力量输出的一个特征，它对肌肉达到最佳功能状态是十分重要的，并且与输出功率密切相关。这一术语被定义为力量水平的变化量除以完成任务的时间变化量[58]。我们通过举例来说明这个概念的重要性：最大等长收缩力需要 0.6 ~ 0.8 秒才能产生[122]，而运动员在进行高速运动时，由于时间的限制他们并不能达到最大力量。以短跑为例，对于优秀的短跑运动员来说，他们蹬地时脚仅与地面接触 0.1 秒[76]。因此，在一些存在时间限制的爆发力运动中，如短跑、跳跃、投掷、加速和改变方向等，要使动作能够迅速发生就要使力可以迅速产生。在这些情况下，力的增长速率比最大力量更重要[51]。

一些研究者已经证明了力的增长速率在各种爆发力运动中，如垂直跳跃（纵跳）、短跑、变向和举重项目，具有十分重要的作用[10,85,105]。发展灵敏素质的训练包括改善运动所涉及肌肉的力的增长速率，使爆发力可以在较大力量下实现，运动员可以在脚与地面接触时向地面传递更大的力。肌肉激活率是影响力的增长速率的主要因素[59]，其他影响因素包括运动单位募集[2]、预激活[1]、肌纤维类型组成[17]和肌肉肥大[115]。进行爆发力训练，如增强式训练和奥林匹克举重（挺举、抓举），都可以提高力的增长速率[41]。

（二）拉长—缩短循环 （Stretch – Shortening Cycle）

肌肉运动的张力—速度关系表明，随着肌肉收缩速度的增加，力的输出会减少[69]，这对快速运动（如跳跃、投掷和改变方向等）显然是不利的。然而，快速离心收缩能够产生较大的肌肉力量[69]。拉长—缩短循环是指运动员在肌肉进行向心收缩（肌肉缩短）之前快速地进行离心收缩的（肌肉拉长）动作，从而提高他们产生力量的能力。肌肉在进行收缩之前得到快速拉伸会比只进行向心收缩的动作更快地产生力量[83]。

拉长—缩短循环由三个阶段组成：离心收缩、过渡（Amortization）和向心收缩（见图1.2）。在肌肉离心收缩（拉伸）阶段，当运动员开始向与预期运动进行相反的方向运动时，主动肌开始进行拉伸运动。这个阶段在拉长—缩短循环中非常重要，肌肉在利用张力—速度关系在肌腱和筋膜储存弹性势能，进行牵张反射，为向心收缩的进行提供更大

棒球运动员会使用较大的力的增长速率，快速地进行一次强有力的投掷。

的张力[26]。有研究表明，一个小幅度动作（关节活动度较小的动作）和一个快速的拉伸动作对于提高向心收缩力都是十分重要的[47,65]。

过渡阶段是指在离心收缩结束到向心收缩开始之前的这段时间。快速地从离心收缩过渡到向心收缩的能力通常被称为反应力量（Reactive Strength），即过渡阶段时长[42]。这一阶段可能是拉长—缩短循环中最关键的阶段，因为在离心收缩时产生的大部分力会被迅速消耗。

拉长—缩短循环的向心收缩是表示外力使其朝着预定方向运动的阶段。在这个阶段中，之前进行的离心收缩增加了主动肌的力量和输出功率。过渡阶段所用的时间越短，运动员利用增加力的效果就越好。

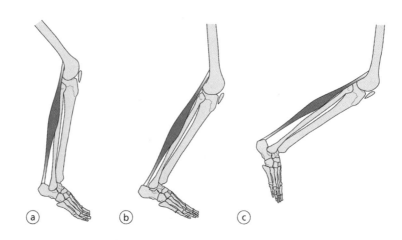

图 1.2　拉长—缩短循环从脚着地到蹬地动作结束的阶段为离心收缩阶段（a）；
过渡阶段是指由离心收缩阶段到向心收缩阶段中未进行运动的阶段（b）；向心收缩
阶段是指脚离开地面后肌肉所做的动作（c）

拉长—缩短循环促进力产生的能力主要归因于两种主要机制：一种是神经生理学机制，另一种是力学机制[26]。在神经生理学方面，肌肉工作效率的提高与牵张反射和肌梭的相关活动有关。当肌肉做离心拉长时（例如，在侧切动作中，股直肌和腓肠肌在最初接触时），与肌纤维并行的神经肌肉感受器——肌梭也受到牵拉产生兴奋发生单突触反射。兴奋沿着传入神经到运动神经中枢——脊髓，传递关于肌肉长度变化的信号，作为回应，脊髓通过传出神经向相应的肌肉发出指令。这里便涉及了力学机制，在拉长肌肉前进行了一次反射性的向心收缩。这种反射也可能是防止肌腱过度伸展的一种保护机制。

此时，过渡阶段时长的重要性就变得很明显了。快速拉伸后不到 50 毫秒就会出现牵张反射[11,13]。因此，过渡阶段应尽可能短，以便利用牵张反射与主动向心收缩的耦合作用，使潜在的力增加。

肌肉工作效率的提高也源自肌腱中储存的弹性势能。这涉及肌腱的一系列弹性成分（肌腱）的拉伸，从微观方面来说，还涉及肌腱内平行弹性成分（肌内筋膜）的拉伸。当肌肉被拉伸时，弹性势能会储存在这些组织中。弹性势能在储存后不久，就会以肌肉收缩的形式消耗掉，或以热的形式释放出来。在短跑、跳跃和侧切动作中，储存的弹性势能可用于产生蹬地阶段的后续力量。

过渡阶段时长此时非常重要。在肌肉拉伸的过程中，串联弹性结构和并联弹性结构中的弹性势能仅能持续很短的时间，之后便会以热的形式消耗。但如果将过渡阶段的耗时保持在最低水平，使串联弹性结构和并联弹性结构产生的向心收缩力与主动肌的向心收缩力发生耦合，从而使肌肉产生超过自身的向心收缩力。完成同样的运动，如果运动员进行没有预拉伸的向心收缩运动则会需要更多的能量，并且无法达到相同的向心收缩力和功率输出。

拉长—缩短循环不仅可以提高爆发性运动的输出功率，而且可以提高肌肉的收缩效率。快速的离心式拉长（高速低频）可使过渡阶段时长最短，能够最大限度地提高拉长—缩短循环中向心收缩的效率[27,110]。拉长—缩短循环的这些特点可以通过运动训练得到提高，但可能与训练有素的运动员的力量水平无

反冲肌肉动作（Recoiling Muscle Action）能够增加运动员跳跃时的力和输出功率。

关[5]。因此，我们应该将拉长—缩短循环的具体训练（增强式训练）纳入提高运动员速度和变向的训练计划。

四、人体测量学变量

人体测量学变量，如身高、体重、体脂、四肢和躯干的长度及围度，可能都是提高运动成绩的关键。这些变量也可以作为预测运动员在队伍中的角色和评估运动员运动能力的指标。例如，橄榄球前锋往往比后卫更高、更重[25,84]，臂展是选拔青少年100米游泳项目选材的重要指标之一[62]。如果两名运动员体重相等，体脂低的运动员可能比体脂较高的运动员更有力量，这是因为较多的骨骼肌能够产生更大的力量。此外，当运动员试图变向时，体脂过高可能会给他造成较大的生理负担[27-28]。一项研究发现，在40码（36.6米）冲刺和变向测试中，体脂百分比较高的男孩运动表现较差[7]。另一项研究发现，运动员的皮褶厚度与运动表现的灵敏性成反比[28]。因此，仅通过改变机体的人体测量学变量、身体成分，可能会提高运动员的功率与体重的比率，从而提高运动员的速度和变向表现[23]。如果希望优化变向速度，在设计训练时就应当考虑上述因素。

五、技　术

许多运动的成功取决于运动员在保持适当的身体控制和关节位置的同时，可以快速、正确地开始和停止多个方向运动的能力。运动员要确保自己可以维持一个最佳姿势，使机体能够最大限度地维持内外力的平衡，从而有效地改变机体方向。如果机体任何一个关节失去平衡，就无法达到最佳变向表现。如果在运动过程中身体重心得以控制（动态稳定性），那么在减速、变向或加速过程中，绝大部分的蹬地作用力能够用于提高运动速度，一小部分会用于重新取得身体的控制。因此，想要最大限度地提高灵敏表现，就必须掌握最佳技术、正确的身体姿势、双脚位置和支撑面的关系。

灵敏表现包括一系列独立的训练，这些训练组合在一起形成了所谓的串联训练。首先，运动员必须能够有效地完成单项动作，之后要掌握的是在恰当的时间点，例如加速、减速时，能够按照适当的顺序将本部分讨论的各种单项动作组合使用。因此，运动员需要在可控环境中练习各个技能来掌握单项动作。接下来，运动员需要将已掌握的单项动作组合运用到特定的运动项目中。这样，在侧向和后向运动中，运动员可以通过特定的训练来改变步法和速度。

运动员进行一项需要变向的运动时，应从正确的姿势开始。图 1.3 展示的是一个各种运动常见的有效起始姿势。运动员稍微弯曲膝关节和髋关节，躯干向前微倾，背部保持平直，头部挺直，眼睛看向前方[22]。在美式橄榄球运动中，其他常见的站位包括后卫常用的交叉站姿（图 1.4）和前锋常用的三点式姿势（图 1.5）。运动员可以结合这些姿态，以增加运动专项所需的各种多向练习。

图 1.3　常见起始姿势，正面（a）、侧面（b）

图1.4　交叉站姿

图1.5　三点式姿势

　　从某种程度上来说，运动中所采取的身体姿势能够决定身体重心在空间中的位置。关于身体重心与灵敏表现的关系，我们应该理解两个比较重要的概念。首先，我们要明白如果一个作用力距离物体重心越远，这个力就越有可能使物体发生旋转（正如我们之前讲到的铅笔的例子）。人体以解剖学姿势站立时（身体直立，手臂放在身体两侧，掌心向前），身体重心位于肚脐下几厘米。当我们站立时，在肚脐上方施加一个力，我们可能会出现绕着脚旋转的现象，如果这个力足够大时，我们很可能会摔倒。这种现象的发生是由施力点与地面之间的距离导致的。这种现象在快速变向中也有所体现，当运动员正朝着一个方向快速跑动并试图改变方式时，如果他的身体重心离脚较远（站姿高），蹬地的作用力很有可能会使他出现不必要的姿势改变。这种现象说明了较低的站姿对于提高变向表现的重要性。塞耶斯在比较优秀短跑运动员和橄榄球运动员的跑步方式时，提出短跑项目由于身体重心较高，所以在变向时需要调整姿势（降低身体重心并缩短步长）进行减速[95]。因此，采用身体重心较低的跑步方式可能更有利于帮助运动员快速变向。

　　关于身体重心与灵敏表现关系的第二个重要概念是支撑面。两脚站立时，支撑面大约等于两脚之间的面积[50]。已有研究中的传统观点是身体重心保持在支撑面的范围内时才能保持机体平衡[99]，但这种观点似乎受到了质疑，因为在单脚站立的情况下（如跑步、侧切等运动中）仍然可以保持机体平衡。随后有研究发现，只要身体重心的速度与支撑面一致，即使身体重心在支撑面外，身体仍然可以达到平衡[50]。例如，在向右侧切动作中，运动员的左脚与身体左侧的地面接触，由于右脚没有接触地面，所以支撑面就是左脚下方的区域。如果在静态站立的情况下尝试这个姿势，身体会向右侧倾斜，因为身体重心离支撑面较远。在侧切动作中，为了维持身体平衡，力是向站立脚的方向作用的，这样能更有效地改变运动方向。事实上，最佳站位也就是支撑面的位置是指身体重心可以加速的方向[87]。运动员需要重新寻找合适的姿势，结合地面的作用力，将身体重心移动到预想方向进行变向[77]。由此我们可以得出一个结论，想要速度越快（身体重心的速度越快），触地脚就必须远离身体重心，以便在保持身体平衡的同时能够进行变向。因此，我们可以借助身体重心运动方向后面的地面来提高加速度，通过触地脚向地面施加一个明显的反方向力，可以在预期方向上受到来自地面的反作用力[52]。触地脚位于身体重心后的姿势也会使机体在前进方向上得到较高的角动量[34]。在减速过程中，触地脚应位于身体重心的前方，如果向侧方移动，触地脚应位于身体重心的侧方。总之，触地脚的位置应该与运动方向相反。在运动过程中，身体重心较低的姿势有助于将机体的力量作用于运动的方向，而减少身体不必要的摆动。将步频练习、绳梯练习和锥筒练习加入训练计划，可提高运动员的灵敏素质，有助于他们在各种速度的运动中掌握如何把控身体重心与支撑面的位置关系。这些练习将在后面的章节中进行讨论。

　　在爆发力运动中身体力学和身体姿势的原理是一样的，例如，进行爆发性运动或直线运动时，在产生爆发力时的方向变化也很关键。因此，通过髋、膝、踝三重伸展产生的推进力对最佳变向表现至关重要。在后退动作中，运动员可以通过股四头肌和髋屈肌获得动力（图1.6），而手臂的摆动与前进跑类似。

图1.6　后退的正确身体姿势，正面（a）、侧面（b）

　　许多情况下，当运动员试图改变方向时，他们会减少手臂的摆动次数，使手能够越过身体的中线或手臂无法在肩部摆动，但其实他们所做的这些动作反而可能会影响他们快速变向的能力。运动员用肩部发力带动手臂摆动，才能够在任何方向都产生作用力。手臂弯曲约90度能够帮助运动员产生较大的作用力，从而完成爆发性动作。

　　快速降低和控制速度的能力对于快速准确地改变方向也十分重要。图1.7展示了前进过程中减速的正确姿势。图1.8展示了在前进、侧向运动中减速和加速的正确姿势，这些正确姿势能够有效地帮助运动员提高或降低速度[32,35]。注意前进过程中（图1.7），运动员的重量主要集中在脚踝处，而在侧向运动中，其主要集中于内侧足的内侧和外侧足的外侧（图1.8）。在准备变向时，踝关节和膝关节的角度应该小于或等于90度，重心下沉。外侧脚应该保持在身体重心之外，脚尖应指向运动的方向。

　　力的转移主要取决于运动员控制身体重心和支撑面的能力。变向速度快的运动员可以快速、有效地调整自己的身体姿势，以达到最佳的运动状态。如果身体重心离支撑面太远，考虑到它的动量，运动员可能会失去平衡甚至摔倒。相对于控制支撑面，控制身体重心的能力可以使运动员更有效地传递力量和做功，表现出更高的运动水平。

图 1.7　正常步幅（a），运动员通过采取缩短步长进行减
速（b，c，d），运动停止（e）

图 1.8 运动员减速（a，b，c），侧转（d），同时降低身体重心（e，f）。在侧向运动中，运动员降低身体重心，小腿迈向另一个方向，进行新方向的加速（g，h）

　　运动员可以通过扩大支撑面和降低身体重心来保持平衡、控制身体姿势和最大限度地减少速度损失，从而提高他们改变方向的能力。图1.9分别展示了在侧向运动中的正确姿势和错误姿势。在图1.9a中，运动员的体重均匀分布在脚的内侧，膝关节与踝关节对齐。在图1.9b中，运动员的体重主要集中在脚外侧，而踝关节与膝关节是互相对立的。此外，注意在图1.9a中运动员的胫骨与预期运动方向呈一定角度（这通常被称为正向胫骨角度）。图1.9b中，运动员的胫骨则与预期运动方向相反，这样不仅不能够产生爆发性方向变化所需要的动量，还可能使运动的关节受损。

图1.9　侧移时变向的正确姿势（a）；错误姿势（b）效果较差，且更容易造成运动损伤

　　变向时，意味着需要进行某种转动才能从一个动作过渡到另一个动作[17]。例如，当从一个方向的向前冲刺过渡到向相反方向冲刺时，许多运动员会首先转动头部，紧接着转动肩膀和躯干。在这种变化下，身体重心会使运动员将髋部和臀部向预期方向转动[17]。如图1.10所示，之后非支撑腿的髋关节也开始转动，以便非支撑腿的脚朝着下一个动作的预期方向蹬地（图1.11）。

图 1.10 非支撑腿膝关节驱动的变向运动。这一变向技能提示运动员如何在变向动作中踩地和蹬地。（a）运动员开始减速；（b）外侧腿踩地，保持正确的身体姿势为变向做准备；（c）另一条腿蹬地，使身体向新方向推进；（d）冲刺跑

图 1.11　对侧腿膝关节驱动的变向运动。这一变向技能教会运动员如何在变向运动过程中进行下推。（a）运动员在展开髋关节的同时降低身体重心并启动外侧腿；（b）抬高内侧腿，改变方向；（c）运动员用外侧腿推动臀部转动，将内侧脚以积极胫骨角度踩地并向反方向移动；（d）冲刺跑

　　为了确保运动员在过渡动作中能够保持正确的身体姿势，并且尽可能地少做不必要的动作，直接过渡到下一个动作，不管运动员在运动中使用哪种技术，教练员都应该注意强调以下几点：第一，运动员应该集中精力使引导腿的膝关节有力地向上抬起，从而将臀部向新的方向转动；第二，正确的身体姿势所保持的下

肢关节角度有利于产生最佳扭矩，它可以带动关节快速地向预期方向转动，从而帮助运动员最大限度地提高速度；第三，为了充分转动臀部并产生最大的力量，此时，运动员应该想象有一个照相机在自己的肚脐处，把相机的镜头对准接下来变向的新方向然后拍下来；第四，正确的手臂动作是将肘部沿着支撑脚的方向向后摆动，旋转上半身，完成躯干核心部位的旋转，它也能帮运动员更有效地进行正确的跑步姿势。

六、补充训练

除了技术之外，还有几种形式的补充训练可以用来提高运动员的灵敏素质。下面将重点介绍几种训练，如果想要更全面地了解这些内容，读者可以直接参考美国体能协会（NSCA）的书籍：

- 《抗阻训练运动技术手册》（*Exercise Technique Manual for Resistance Training*）
- 《力量训练》（*Strength Training*）
- 《发展功率》（*Developing Power*）

（一）抗阻训练

抗阻训练通常用于提高肌肉力量、功率和肌肉质量。文献表明，肌肉力量对爆发性运动（如跳跃、冲刺和变向）有明显作用。一般来说，与速度较慢的运动员相比，速度快的运动员能够在较短时间内产生更大的蹬地力和力的增长速率，从而获得更快的跑速[70]。由此看来，增加运动所涉及肌肉组织的最大产力能力是有一定好处的[18,22,29,118]。例如，在橄榄球联盟的运动员和足球运动员经过8周后深蹲力量训练后，运动员的最大输出功率和5米、10米、20米短跑成绩，以及纵跳高度都有了显著提高[20,23,29]。

虽然提高最大肌肉力量输出有许多具体的方法，但基本的指导原则可以总结为负荷量、每组重复的次数、完成的组数和组间的休息间隔。一个简单的提高力量的训练方法是：大负荷（≥85%1RM），每组动作重复6次或更少，共2~5组，组间休息至少2分钟[97]。这一基本的指导原则可以随着运动员训练周期的进展不断进行调整，以帮助运动员更好地适应训练。例如，初次训练可以从3组动作开始，每组动作负荷为85%1RM，重复5次，每组间隔2分钟。随着训练的深入可变为5组动作，每组动作负荷为93%1RM，重复2次，每组间隔3~4分钟。当然，只有在运动员已经建立了良好的健身基础并掌握了正确的技术后，才能进行此类训练。

抗阻训练可以提高变向表现，在设计抗阻训练计划时，需要考虑的一个重要因素是动作特异性。值得注意的是，随着训练状态的深入，运动员的力量水平也会有所提高。文献的系统综述和研究表明，不涉及包括拉长—缩短循环在内的无负荷动态运动等反向运动的抗阻训练，对于快速力量的发展十分有限，训练有素的运动员更是如此[111]。此外，研究还观察到在单侧动作训练良好的个体中，双侧动作对其力量的提高是有限的[111]。因此，为了最大限度地获得训练效果，随着运动员力量水平和训练经验的增加，训练计划应该包含更多的运动特异性。

逐步建立减速、变向和加速的能力是至关重要的，这个过程应该包括抗阻训练。一个周期训练计划应重点关注运动员的技术和完成动作的能力，然后依次是最大肌肉力量、输出功率，力的增长速率有助于提高训练效果[107]。

1. 髋关节力量

在与改变方向相关的侧切动作中，髋关节外展并伸展（向侧旋和向后旋），膝关节伸展（伸直），踝跖屈（足底屈曲）。髋关节外展和伸展主要由位于髋关节后部的臀大肌来完成，股四头肌则负责伸展膝关节，而踝关节足底屈曲主要由位于小腿后部的腓肠肌完成[68]。强化训练应该把重点放在这些肌肉上，增加短跑冲刺和侧切时的作用力。此外，肌肉组织的稳定性也是十分重要的，这些肌肉能够确保运动员在正确的控制下产生力量，并在整个运动过程中保持对身体的控制。例如，腓肠肌（使踝关节外旋）和胫骨前肌（使足背屈）在侧切动作中起到了稳固踝关节的作用，使强有力的腓肠肌能够为变向有力地跖屈踝关节[82]。因此，这些肌群在抗阻训练中需要特别注意。

2. 离心力量

提升腘绳肌的离心力量也很重要，因为在维持直线和变向运动中与地面接触时，腘绳肌对神经肌肉控制起着重要作用[55]，它不但有助于维持髋伸肌的力矩，协助躯干维持动态平衡，还有控制膝关节的功能[40]。此外，在侧切动作中，以股四头肌为主导的运动可能会使运动员更容易发生非接触性的膝关节损伤[44]。因此，腘绳肌的功能对最佳变向表现至关重要，应该在向心和离心肌肉力量训练中特别注意[40]。

3. 功率 （爆发力）

增强力量对于提高变向速度、增加动作涉及肌群的输出功率和改善力的增长速率同样重要。有几种方法可以用来改善爆发力。第一，运动员可以使用与发展力量相同的动作（如后深蹲、硬拉），采用低负荷、高动作速度的方式进行练习[27]。第二，可以采用奥林匹克举重的许多形式（如挺举、抓举等）对上肢和下肢进行综合练习。无论采用何种形式的练习，都应该将重点放在运动速度上，所以组间休息应该在 2 ~ 5 分钟，减少疲劳[97]。文献中推荐的负荷有很多种，选择能够产生最高输出功率的负荷能使训练效果达到最好。如果采用奥林匹克举重练习，建议负荷设置在 70% ~ 80% 1RM[38,57]，下肢练习建议采用 45% ~ 70% 1RM 的负荷[53,94,100]。

（二） 增强式训练

为了提高运动过程中向心收缩的力量和输出功率，可将拉长—缩短循环整合到每次的训练中，我们将这样的训练模式称为增强式训练。例如，垂直和水平跳跃（从平台或地面上进行的弹跳动作）、投掷或传球，这些动作涉及的肌肉在执行所需的动作前，都要进行一次预拉伸。20 世纪 60 年代时这种训练模式就已经存在了，当时尤里·沃霍尚斯基观察到使用渐进式弹跳练习可以显著提高人的弹跳和短跑能力[113]。随后，越来越多的研究者开始深入地研究这种训练机制，研究表明，增强式训练不仅能够增加峰值力、平均功率、动作速度，而且还可以使肌肉活动加剧，改善肌梭的敏感性和关节的本体感觉，提高弹性势能的储备能力和牵张反射的效率[26,39]。

增强式训练改善的是神经肌肉的表现，并不会改变肌肉的大小。因此，增强式训练后，运动表现的改善主要是由于神经适应[92]。增强式训练后运动表现的改善也显示出了这种训练模式的特殊性。与单纯的抗阻训练相比，增强式训练包含了抗阻训练和爆发性练习，能使运动员在速度、变向等方面表现出更大的改善[36]。拉马尚德兰和普拉丹的研究显示，职业篮球运动员在两周增强式训练后，纵跳能力和灵敏素质都有所改善，可见短期增强式训练也是有效果的[91]。因此，短期增强式训练可以帮助运动员改善运动表现。

许多研究建议在进行增强式训练时可以加入多种运动方式，共同改善变向表现，这主要是因为变向技术的要点就是机体能够灵活地控制重心和支撑面。我们之前还提到过一个原因，即变向技术会涉及多个运动方位的多种运动模式。例如，托马斯等发现下蹲跳和跳深练习可以改善运动员的纵跳和灵敏水平[109]。此外，麦考密克等认为运动员可以进行多方向移动的增强式训练，从而最大限度地提高爆发力和变向速度[74]。因此，教练员和运动员可以采用多方向移动的各种增强式训练，最大限度地提高爆发力和变向速度。

（三）柔韧性、活动度训练和热身训练

影响变向的另一个重要因素是肌肉柔韧性和关节活动度。柔韧性（Flexibility）可以定义为机体在一个完整运动范围内移动单个关节的能力，通常会以非负重的姿势进行测量[54]。柔韧性是影响运动能力的重要因素。举例来说，如果腘绳肌过于紧张，会降低髋关节的柔韧性，在短跑的恢复阶段，髋关节屈曲就可能受到阻碍，最终导致运动员的速度和灵敏水平受到影响；而髋屈肌过紧时，可能会限制髋关节的伸展，进而降低蹬地时三重伸展的输出功率。这个例子足以说明当髋关节缺乏柔韧性时，机体的运动能力就会受到限制。活动度（Mobility）是更加具有功能性的术语，是指为机体达到预期动作或姿势的能力，与相应的运动模式有关[16]。充分的柔韧性有助于机体的活动度，活动度也能够保证多关节活动或多方位运动时，机体的稳定性和协调性[16]。变向时，髋关节必须进行外旋和外展，踝关节完全跖屈，膝关节伸展并保持稳定。腰椎必须保持稳定以进行力量传递，胸椎和肩胛骨通过肩关节旋动带动手臂有力地摆动，将身体变向新的方向。因此，要有效地完成一个全身性的动作，各个关节必须协调发挥作用。

针对性的静态拉伸、动态拉伸及本体感觉神经肌肉促进技术（Proprioceptive Neuromuscular Facilitation，以下简称 PNF）等方法可以提高关节灵活性，进而提高变向速度（特别是踝关节、髋关节、胸椎和肩关节）。需要注意的是，过大的关节活动容易造成急性运动损伤。最近的研究结果表明，在一定程度上，下肢的柔韧性与拉长—缩短循环动作的表现改善有关[90]。因此，我们似乎能确定一个最佳的关节活动度，既可以有效地改善动作表现，又可以预防运动损伤。静态拉伸的特

25

点是将关节拉伸至最大活动度处并维持这个姿势几秒钟（通常为 15 ~ 30 秒），而 PNF 利用神经肌肉机制，通过多种训练方法，使肌肉在拉伸时能够反射性地增强伸展能力。PNF 训练首先会将关节拉到最大活动度处，然后通过收缩肌肉进行拉伸（等长收缩或向心收缩），将关节拉至一个新的（通常是更远处）位置并维持这个动作，上述的两种训练方法都能有效地增加关节活动范围[71]。采用这个方法进行训练是有前提的，如果在运动或训练前就使用这些方法，会导致与力相关的表现水平下降。因此，在进行高强度的运动前（如短跑、跳跃、变向等），建议先进行动态热身活动。动态热身是一种渐进式的运动模式，通过激活后续训练中涉及的关节和肌肉组织，为后续训练做准备[86]。将静态拉伸、PNF 或两者结合列入训练计划，在训练和比赛后期使用这些技术，可以提高身体的灵敏素质，达到最佳的活动度。具体的动态热身活动将在后面的章节中进行详细介绍。

小结

对于大部分集体项目的运动员来说，变向速度是运动表现的一个重要组成部分，如果训练情况良好，就可以获得显著的改善和提高。针对性训练应将重点放在如何纠正和优化运动员的技术上，使运动涉及的肌肉组织的力量、功率（爆发力）和力的增长速率最大限度地提高；增加活动度，正确的关节活动不仅可以避免常见的运动损伤，而且可以改善运动表现。接下来的章节将介绍本章中所涉及原理的应用方法和训练重点，更好地帮助运动员提高变向速度。

第二章 决定速度的因素

塔尼亚·斯皮特里

杰里米·谢泼德

在比赛中，快速识别相关线索并及时正确地完成动作有助于运动员取得好成绩。如果误解或误用这些线索，运动员就可能会失分，输掉一场比赛，甚至与冠军失之交臂。许多与感知、决策相关的因素会影响运动员的反应能力或速度，也会对灵敏素质产生影响。

一、决策技巧

决策能力是指在运动环境中准确而又迅速地识别与任务相关的线索，处理传入信息，并选择最佳反应的能力。成功的决策通常需要运动员理解这项运动，他们要有卓越的感觉—认知能力和身体能力，以产生协调的运动输出，对外部刺激做出反应。在比赛中，当运动员根据从外部刺激的感觉系统收集的信息决定做哪一个特定的动作时，这个动作就会与已有的知识和反馈机制（本体和外部感觉）进行比较，然后再由运动皮层执行[20,35]。大脑向工作肌肉传递信息，机体完成预期动作[35]。这种反应表明了神经系统与肌肉之间的相互联系，它们响应周围环境的输入从而调节运动表现。

二、影响决策能力的因素

影响决策能力的因素很多。从广义上讲，任务、环境和机体的限制等都会影响运动员在比赛中做出快速、准确决定的能力（图 2.1）。

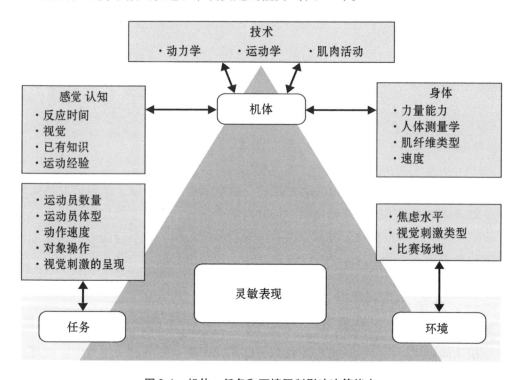

图 2.1　机体、任务和环境限制影响决策能力

经 T. Spiteri，F. McIntyre，C. Specos 和 S. Myszka 许可转载。Cognitive Training for Agility：The Integration Between Perception and Action ［J］. Strength and Conditioning Journal. 2017，40（1）：39 – 46.

（一）任务限制

不同运动项目的任务要求是不同的，涉及场上的运动员数量、运动员体型、动作执行速度、对象操作和刺激的表现形式。在比赛中，动作通常被执行得很快，缩短了运动员在环境中识别和响应相关刺激的时间，使他们的决策时间变少。此外，大多数集体项目要求运动员在做出和执行决定时要控制一个物体（如球、球棒或球拍）。研究表明，这增加了任务的认知需求，减少了初学者的决策时间，尽管如此，优秀运动员仍有能力产生更好的运动表现[29]。

（二）　环境限制

环境限制描述了完成任务所处的运动环境，特别是运动员需要应对的刺激类型，以及可能对决策能力产生负面影响的外部干扰。研究表明，更短的决策时间直接取决于运动背景下运动员拥有的知识和经验及其所处运动环境的特殊性[2]。外部干扰（如运动员的数量和观众营造的气氛）可增加（或降低）运动员的唤醒和焦虑水平，影响他们做出快速又正确的决策[34]。

（三）　机体限制

机体限制指运动员的身体、技术和感觉—认知特点，以及这些特点如何影响运动表现[25]。身体素质是指影响运动员成功完成所需动作的人体测量学要素、一般运动能力、力量和功率等，而技术素质则是指运动员排列所需的肌肉动作、协调力量的运用及采取适当身体姿势完成快速动作的能力[26]。感觉—认知素质描述了运动员注意力控制的能力，从有效的视觉观测、预测和决策的环境中识别相关线索，以形成快速、准确的反应，这直接取决于运动员的运动经验和对比赛的已有认识[13,20]。

在制订灵敏素质训练计划时，教练员应首先确定需要训练的感觉—认知技能，然后对某项任务和环境限制进行控制，以培养这种特定的素质。当确定好每项运动的不同任务和环境限制时，可以改变训练条件，以便更好地反映竞赛环境，培养运动员的决策能力。

三、信息处理能力

信息处理能力是指运动员处理来自环境的信息并做出相应反应的速度[19-20]。运动员进行运动之前，必须首先确定对某种情况做出反应的必要性，这是通过识别和收集来自各种感觉系统的环境线索实现的，包括听觉、视觉和躯体感觉等[20]。例如，跑卫需等待四分卫提供听觉命令以提示比赛开始。当他准备从四分卫手中抢球时，他会收集有关防守位置的视觉信息，从中找到一个空当跑过去。当防守球员试图抓住他时，他的躯体感觉系统会给中枢神经系统反馈关于对手对他的护具和身体施加"抓"的信息。根据这些信息，运动员就可以避开防守拦截。

跑卫可以应对各种环境线索从而躲避对手。

这个场景说明，运动员之间的复杂作用、当前的任务和环境影响了他们在比赛中做出迅速而又准确决策的能力。信息加工模型描述了运动员识别和解释相关刺激的知觉能力，以及储存记忆信息的重新编程和执行适当反应的认知能力之间的相互作用（图2.2）。因此，反应的结果和准确性取决于存储的信息相对于既定情况的明确程度[4,20]。有若干变量影响信息处理的速度，其中包括刺激的清晰度、强度、类型、特异性和运动员的经验水平[19]。

刺激 ➡ 对该刺激的具体思维活动 ➡ 反应

图 2.2　信息处理模型

改编自 R. H. Cox, Sport Psychology: Concepts and Applications,
7th ed. New York: McGraw - Hill, 2012: 133.

　　刺激的清晰度是指刺激是否可被明确界定及是否清晰（如清晰或模糊不清），刺激强度描述的是刺激的大小（如响度、亮度等）。环境刺激的清晰度越高或强度越大，运动员就能越快地明确环境中的刺激并处理有关信息[19]。刺激类型描述的是当前刺激的类型，并影响这个刺激最初被识别的速度。视觉刺激所需的反应时间（180 ~ 200 毫秒）大于听觉刺激所需的反应时间（140 ~ 160 毫秒），而运动的反应时间最短（平均 120 ~ 140 毫秒）[20,30]。

　　刺激的特异性是指实际的比赛环境与刺激的相似度[19-20]。如前所述，对刺激做出反应基于机体对从记忆中检索出的信息的处理速度。如果训练中使用的刺激与比赛中使用的刺激有更大的相似性，那么信息处理速度就会得到提高。专业和非专业运动员之间的研究证明了特定训练刺激的必要性，其可被用来明确感觉—认知特点的差异，使运动员能够利用专项运动决策来重复特定的比赛条件[2,5,13]。研究表明，尽管诸如光之类的一般刺激可以训练运动员对基本信息处理识别的反应，但它不是发展感觉—认知能力或衡量运动表现的有效措施[6]。使用更具体的刺激，例如，另一个人移动并对此做出反应，可使具有预测专长的运动员在刺激的提示下更早地从对手那里识别出相关的运动线索，并更快地做出反应[1-2,11,33]。

　　最后，运动员的经验水平对于整体反应速度有着深远影响。例如，可基于对手阵型预测下一场参赛的运动员比那些不能识别相关线索的运动员更有优势。读懂对手行动的能力在很大程度上取决于日复一日的比赛经验[12,22,35]。

　　教练员在训练运动员灵敏素质时应该考虑这些信息，给一般性刺激（如光、哨音或语言指令）构建一个可控的反应环境，让运动员采用基本的目标导向搜索策略来提高反应能力。在训练中复制竞赛环境是培养决策能力和提高从训练向比赛过渡能力的关键因素。在训练环境中制造时间（刺激出现的时间）和空间（刺激的方向）差异，使运动员暴露在不可预测的竞赛中，可以让他们练习在环境中搜索相关线索的能力。最后，刺激的特殊性应该与运动员可能经历的比赛情境直接相关。例如，短跑运动员需要对声音刺激做出反应，因为同样类型的刺激在径赛项目的出发中会出现。相比之下，足球运动员在比赛中要寻找视觉刺激，因此足球后卫在训练中要有此类专项刺激。

四、影响反应时间的因素

较短的时间内快速处理信息的能力可使运动员在需要快速运动反应时具有优势。反应时间是指从刺激出现到运动反应开始之间的时长[20]，经常被用来衡量信息处理的速度和决策能力。许多因素会影响反应时间，包括动作执行的速率和速度，可供选择的刺激－反应的数量，多个刺激之间的时间间隔及刺激在视野中的位置[20]。

环境刺激的数量及可能动作的数量很大程度上决定了运动员选择适当反应的能力[19-20]。通常，反应分为简单反应和选择反应[19]。简单反应指的是一个刺激只有一个正确的反应，比如开枪是短跑比赛开始的信号。选择反应要求运动员选择一个适当的反应来应对几个意外的刺激[20]。根据希克定律，机体对刺激做出反应所需的时间取决于可能出现的反应数量[19]。随着环境中刺激数量的增加，运动员有更多的可供选择的反应来执行正确的运动任务，这增加了执行特定动作所需的时间[19]。选择－反应时间对于运动员根据其他运动员的动作做出反应，并根据这些动作选择适当反应的运动来说是很重要的。例如，当网棒球（长曲棍球）的后卫跟随前场对手时，必须观察对手的身体位置、进攻模式及自己队友的位置，以便采取最适当的动作，采用最佳的防守方法。

当一个运动员对两个间隔较短的刺激做出反应时，通常会出现处理速度的延迟，这就是所谓的心理不应期。这种反应的延迟说明了处理速度的限制因素：对第二个刺激的反应延迟。因为运动员仍然在处理第一个刺激（并对其做出反应）[10]。例如，运动员在许多运动中会为了欺骗对手而做假动作。在这种类型的比赛中，运动员会先做出一个动作的初始动作，然后再迅速完成另一个动作。假动作一开始会给对方错误的提示，使他们无法正确或快速地做出反应，无法有效地防守第二个或实际动作。再如，一个投手看似要把球投到垒垫上，实际却是投牵

诸如网棒球这样的体育运动会产生混乱的环境，在这种环境中，运动员必须对多种刺激做出反应。

制球，这可能会导致跑垒手短暂的延误从而被牵制。当一名运动员在灵敏类型的任务中对两个间隔较短的刺激做出反应时，较快和较慢的运动员对第一个刺激做出反应的决策时间存在差异，但是对第二个刺激做出反应时，各组之间的反应时间没有明显差异[27]。尽管速度更快的运动员能够产生更快的整体表现，但这可能是由于他们机体的差异（身体和技术素质），当他们对两个间隔紧密的刺激做出反应时，仍然会出现反应时间的延迟。

在体育运动中，当在与对手相同的方向做出反应时，刺激和反应发生在同一侧，因此会产生兼容的映射。相反，沿相反方向移动将会导致映射的不兼容，因为刺激和反应发生在相反的一侧。"刺激–反应相容性"这一术语描述了刺激与适当反应之间的空间相关性[8]，研究表明，相容性刺激比不相容性刺激所需的反应时间更短[15]。一项研究调查了防守（兼容）和进攻（不兼容）类型的灵敏任务中反应时间的不同，发现了两个任务中决策时间和动作输出的差异，当运动员被命令改变方向并跟随对手（防守灵敏素质）时，他们的表现更快[27]。在整个比赛过程中，防守和进攻动作都是必需的，因此，在兼容和不兼容的刺激条件下，测量运动员的反应时间是很重要的，这样才能使灵敏训练计划更加适合运动员的个人需求。

从训练的角度来看，许多专家认为简单反应的时间很难改变，因为它主要与基因和中枢神经系统的反应速度有关。不过，训练和经验可以显著缩短选择的反应时间[20]。因此，运动员应该将某种形式的专项运动灵敏训练纳入他们的整体体能训练计划，以提高他们在复杂的运动环境中对多种刺激做出快速反应的能力。早期进行预判和反应时间的研究是基于一般刺激和一般运动员反应的[9]，不能准确评估专项运动的决策和预判能力。利用投影图像和三维刺激（其他对手）让运动员做出反应，让具有预判特长的人在刺激出现时得以更早地识别特定运动线索并且更快地做出反应，相比其他一般刺激，这被证实是一种用来鉴别专业知识水平的更好方法[5-6,23]。这些发现表明，运用了知觉能力（如模式识别和预判）的专项运动方案可能是建立适当环境，或与专项运动技能联系的最佳方法[1]。

五、预判

当运动员能够准确地预判某一事件并提前协调他们的动作时，相比等待刺激再做出反应，效果更好。有了经验的积累，他们就能更好地在特定情况下将自己的动作与特定的环境规律、对手意图（知觉预判）等结合起来协调所需要的时间（称为效应预判）。此外，如果运动员能够预判一个物体在他们周围环境中的位置（空间预测），确定它将在什么时候出现（时间预判），他们就能在刺激出现之前做出适当的反应。预判准确的运动员可以获得比对手更大的竞争优势。几乎所有的运动都可以被预判。例如，通过观察对手如何旋转或移动球杆，冰球运动员便可以判断出对手的移动方向或对手试图做的动作。

运动员可以通过更多的比赛经验获得更多的知识，改进和完善他们的搜索策略和识别模式，因此预判似乎是一个影响决策能力的可训练因素[1,13,16,18,22]。训练预判的首要目标应该是提高运动员的决策能力和反应的准确性，然后才是提高反应速度、提高从环境中寻找和识别正确线索的能力，以及提高识别速度。

通过预测线索，经验丰富的冰球运动员相比对手更具有竞争优势。

六、情况的了解

对特定运动情况的了解可以帮助运动员对环境线索做出更快的反应。运动员在寻找相关线索时，对对手的优势和劣势、球场或场地位置及事件概率信息等的已有情境的认知可以帮助他们做出更快的反应。例如，球的轨迹或旋转，对手的方向、速度、位置，这些都是经验丰富的运动员较经验较少的运动员的优势。在许多运动项目中，运动员越善于识别和理解这些模式，他们对给定刺激做出快速、准确反应的潜力就越大[19-20]。研究发现，人们对周围环境的认知增加了他们在专项运动线索上的视觉表现，这使参与技能执行的肌肉激活增加[24,35]。皮质脊髓运动诱发电位的增加使顶尖运动员能够比新手运动员更早地为即将到来的反应做好准备[35]，从而缩短了人类信息处理模型的反应编程阶段（图2.2）。在美式橄榄球这样的运动中，无论是传球还是跑动，特定的线索都可以提醒防守队员。能够快速解析这些线索的后卫更有可能在正确的位置上更快地完成必要动作。

这种识别特定模式的能力是可以通过经验和学习发展的技能。训练量和训练类型都很重要。随着运动员对特定情况了解的深入，他们会对与所产生刺激相关的最佳运动反应越来越熟悉，他们的反应时间或速度将会得到提高。因此，在学习的初始阶段，运动员应该进行封闭的、预设的灵敏技术训练。例如，进行折返跑训练可以让运动员熟悉在减速和再加速时采用的最佳身体姿势，这种训练可教会和强制运动员在反应性比赛场景中采用正确的运动模式。不过，随着运动员在运动项目中技术的完善和经验的不断积累，适当地进行开放的、计划外的快速动作训练可以更好地提高他们的运动成绩，因为这种训练更加精细。

对运动情况的了解可使有经验的球员读懂球，从而成功回球。

七、唤醒水平

唤醒水平，或者说运动员的中枢神经系统兴奋和激活的总体水平，在快速和准确地完成任务的能力中起着重要作用。倒 U 假说进一步解释了唤醒水平和运动表现之间的关系[20,34]。图 2.3 显示了倒 U 假说，即唤醒水平提高到某一特定点的运动表现。如果唤醒水平太低或太高，运动员都不能取得好成绩[14,34]。最佳功能区与最佳表现相关，是心理和生理结合最佳的唤醒水平[14,34]。它有几个代表性因素，包括自动化水平的提高、识别与任务相关的线索，以及忽略与运动表现无关环境线索的能力等[20]。

如果运动员的唤醒水平过低，他们可能会过多地关注无关的环境线索。由于他们对环境的关注可能过于广泛，因此这些感知上的干扰可能会阻碍他们接受相关的环境刺激。随着唤醒水平的持续提高，感知能力降低或视野狭窄也可能发生。这可能会妨碍运动员识别与任务相关线索的能力，从而增加反应时间。

理想情况下，运动员可以达到将注意力从广泛变向狭窄的最佳唤醒水平。例如，当网球运动员准备发球时，他们最初会形成泛化注意，在球场上扫视以确定击球位置。发球时，他们会将注意力集中。一旦发球完成，他们就会转回到广泛的注意来追踪对手，并预测对手的回球位置。

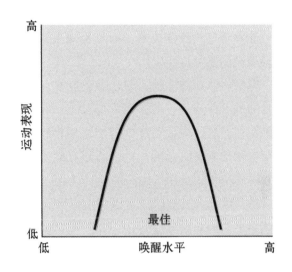

图 2.3 倒 U 形曲线

经 B. D. Hatfield 和 G. A. Walford 许可转载。Understanding Anxiety：Implications for Sport Performance［J］. National Strength & Conditioning Association Journal. 1987，9（2）：58 – 65.

基于以上情况，运动员会受益于在模拟压力条件下的竞赛情景中进行的开放式训练。例如，改变动作执行的速度或对任务设置时间限制，可能会提高运动员的唤醒水平。这不仅会改变他们对任务的感知，还会增加执行正确反应所需的感觉—认知需求。在竞争环境中开展的训练增强了运动员在各种情况下适应和执行动作的技术和信心。这种类似比赛的环境也能使运动员调整他们的技术，在竞争的压力下更好地控制他们的兴奋水平。

八、感觉—认知功能对运动表现的影响

灵敏是一种针对具体情况的运动能力，它要求运动员对必要的肌肉动作进行排序，采取适当的身体姿势，系统地协调力量和神经冲动，以产生快速的运动表

现，从而针对特定情况做出最适当的运动解决方案[12,25]。因此，比赛中产生的动作可能并不反映最佳技术，而是反映了运动员成功地控制和协调动作以产生更快运动表现的能力。

感觉—认知技能越强的运动员能在刺激出现时越早地识别相关线索，并采用更合适的身体姿势、更快地完成动作。在灵敏训练中，更快的处理速度可以使肌肉预激活，这已被证实可以防止运动损伤和增强后续动作的执行[27,32]。通过更快的反应增加预备肌肉的活动，可以在运动早期阶段提高力量发展，使更多力量在运动过程中得到应用[27]。当运动员做出更快的决策时，我们可以观察到他在灵敏性动作的制动和发展阶段可以产生更大的力，从而获得更好的灵敏表现[26]。此外，对刺激更快的初始反应可使运动员形成更低、更具优势的身体姿势，以便更好地在整个运动中控制力量[32]。相反，中枢神经系统没有足够的时间执行适当的姿势调整策略而使随后的处理速度延迟，会导致更长的决策时间和神经肌肉控制能力的下降，从而最终影响运动表现[27]。

九、视觉训练

视觉系统可能是最主要的感觉系统[20]，其中大部分信息被用于引导和管理运动输出。当前，有关视觉训练的研究表明，这是一种泛化的训练，目的是通过对一般刺激进行重复的眼部运动来提高基本的视觉功能（如敏锐度、眼球追踪和深度知觉），进而提高运动成绩[21]。研究发现，这些训练能显示出选择反应时和周围视觉感光度的改善，但未能显示出针对特定任务的决策能力有所改善[21]。

针对特定任务的感觉—认知研究表明，视觉搜索策略的专业人士与非专业人士之间存在明显差异[7,11,13]，专业人士使用的搜索策略包括较少的、持续时间较长的注视，能够提前预判线索，并可以识别和回忆熟悉的比赛方式，使他们能够快速准确地做出专项运动决策。具体来说，优秀运动员会将注意力集中于身体近端的线索（如躯干和臀部），用外周视觉来观察周围的比赛区域，他们在战术中能更有效地成功躲避对手，产生更快的运动表现[2,16-17]。相比之下，新手运动员似乎更依赖来自远端身体部分（如手臂、腿和脚）明显的运动学线索，这使他们在比赛中处于不利地位，因为他们必须等到对手完成一个动作才能执行适当的反应。

从训练的角度来看，教练员对训练的开发很重要，这可以让运动员接触到与比赛条件相似的搜索策略场景。这将使运动员发展自身能力，去发现周围环境中的适当线索，并学会适应和改变动作表现。由于感知优势是从已有知识和对情况的了解中发展而来的，因此在训练中进行的练习可以使运动员在不同的任务和环境条件下识别并对专项运动刺激做出反应，从而有利于将这种技能迁移到比赛中，从而提高他们的决策能力。

十、心理技能训练

运动员控制心理和情绪因素的能力通过提高比赛注意力、自信心和心理健康来实现。运动心理学家通常将心理练习与身体练习结合起来，作为一种训练工具，以减轻过度训练的风险，与此同时，帮助那些不在训练场地或因受伤而行动受限的运动员，将他们的运动表现形象化并进行演练。

心理预演是指练习一项技能的程序要素（步骤）以提高技能效率的过程[31]。例如，在篮球罚球时，投球前专注于伸展肩部、肘部和腕部可以使运动员在可控的环境中形象地练习动作的关键部分。以协调、流畅和准确的方式在头脑中演练灵敏性任务的程序要素，可以对运动员的动作执行产生积极的效果[20]，也可能有助于提高技能的运动表现。

心理意象和形象化描述了运动员想象自己完成整个动作的过程。这种类型的练习可以激活身体在运动时所使用的肌肉，这在比赛前对身体的启动具有积极作用[20,28,31]。对于练习心理意象的运动员来说，程序知识（知道如何完成动作）和陈述性知识（目前他们对动作有什么了解）都是至关重要的，为了加强学习的有效转移，想象技能和实际表现需要尽可能紧密地完成。

很多方法可以加强想象过程，特别是关于练习的环境、想象动作的视角及将正确的情感背景融入被想象的技能或动作[8,24]。应该鼓励运动员在一个安静、放松、没有外界干扰的地方进行心理想象，这样他们才能在想象技能时集中注意力。一旦放松，运动员应该尽可能多地从视觉、时间、听觉（声音）、嗅觉（气味）和运动（身体）中回忆感觉信息。这就创建了一个可视化的更真实的模拟场景。运动员应该尝试通过第一人或第三人的视角来观察动作，通过自己的视角（第一人）

或通过另一个人的视角（第三人）看自己的动作，能动态地改变图像的视角。最佳视角的类型可能取决于技能的类型。研究表明，第一视角最适合那些具有开放式技能（如灵敏性）的运动员[20]。最后，应该对与技能相关的情感内容进行特定的关注，并在可视化技能之前复制所需的唤醒和注意力过程。

实施这些练习条件可以帮助运动员在技能执行过程中改进决策，在信息处理模型的反应程序设计阶段更清楚地描述期望的运动输出。通过帮助运动员将注意力集中在与任务相关的线索上来提高比赛成绩，形成更快的动作输出。

小结

运动员获得最佳灵敏素质的能力很大程度上取决于他们的感知能力和决策能力。为了充分发展这些能力，运动员必须在与比赛类似的条件下进行训练，利用专项训练的线索和方法，提高感觉—认知能力和决策能力，获得在运动中识别与任务相关线索的经验。

第三章　灵敏训练的热身方法和技术

洛根·伦茨·凯尔

道格·伦茨

对运动员来说，训练或比赛前热身是必须做的。精心设计热身的目的是提高运动员的运动表现，减小其受伤的可能性[4,12,16-17]。热身还提供了一段最佳时间来学习和练习动作技能，如跳跃、着地、加速、减速和其他各种运动模式。这部分训练提供的心理准备同样重要，能为后续工作打下基础。适当的热身可以带来生理效益，这些效益会对运动员的表现产生积极影响。热身运动可以增加运动肌肉的血流量，提高核心体温[21]，增强新陈代谢[10]并降低结缔组织的黏滞性[8,13]。这可以帮助运动员提高力的增长速率和反应时[3,13]，改善肺和工作肌的氧气运输[21]，快速改善肌肉力量和爆发力[6,10,12-13]。此外，关节间滑液分泌量的增加将极大程度地增强关节的动态灵活性或活动性[5,21]。热身也有助于糖原的分解，糖原是运动中最常用的能量来源，可为运动员提供更多的能量[11,14]。

热身在精神层面的作用往往没有得到应有的重视。热身活动能为运动员提供屏蔽外部干扰，专注于即将开始的运动的完美机会。有效的热身运动能让教练员和运动员集中精力并积极参与进来。即使是有责任心的运动员，也可以在教练员的监督下进行的热身动作中受益。这意味着教练员必须积极参与这些动作的提示和教学，以帮助运动员在每个动作中建立正确的意图。例如，一位教练员在训练课上指导运动员进行适当的增强式力量训练，可在热身时提示运动员想象自己在热碳上着地，这种设想可以帮助运动员为快速着地和爆发性离地做好准备。在热身期间加强适当的暗示可起到减压的作用。

正确的姿势和身体位置对于所有的体育活动都至关重要，这对于优化运动表现，降低受伤风险，保持身体平衡和适当调整支撑结构十分重要。研究证实，正确的姿势是健康生活方式的先决条件[15,20]，但是有些运动员不一定能够始终保持良好的身体姿势。过度使用手机和电脑，背沉重的背包，学习或看电视时的姿态不佳等，只是妨碍人体保持正确姿势的少数例子。热身能够为运动员提供一个训练并加强正确身体位置和姿势的机会。下面有一些简单的方法可以解决这个问题。

（1）始终保持抬头直视前方。

（2）着地和减速时，固定髋部，不要通过背部来减弱髋和膝关节的力量。

（3）起跳和着地时，保持脚的正确位置和间距。例如，以双脚离地的姿势起跳时，双脚应与髋关节同宽或稍宽；反之，着地时，双脚与肩同宽。

（4）根据不同的动作适当分配体重。例如，从静止的交错站立开始时，大部分身体重量应放在前腿上，以优化对地面的水平力。

（5）保持适当的小腿（胫骨）角度，特别是在加速时的初始阶段。你的目的应该是将腿向后推到身体后面，并充分伸展髋关节、膝关节和踝关节。这项技术的关键是从一个正向的小腿角度开始，即小腿骨向前倾斜。在初始加速时，呈负的小腿角度表明脚离身体前面太远，这会产生过大的制动力。

典型的训练或比赛中有许多重要的组成部分，所以在热身结束后指导这些技术方面的训练是很有挑战性的，而热身本身就提供了一个很好的机会来完善与运动表现相关的身体位置和姿势。

热身阶段，教练员必须处理好一些挑战和注意事项。例如，理想的热身时间是 10~20 分钟，但在实际中，这段时间可能会被大大缩短。教练员通常只能给运动员 5~10 分钟的高质量热身时间为接下来的训练做准备，所以他们在决定热身时长时必须考虑几个因素。例如，如果当天的灵敏训练强度较高，教练员可能会留出一段稍长的热身时间，以确保运动员为训练做好充分准备。研究证实，温度低于正常体温时会对神经肌肉的表现造成不利影响[22-23]。因此，在天气较冷的情况下，应尽量缩短热身和灵敏训练间隔的时间，以免运动员在训练开始前体温下降。与之相反，也有研究表明，热应激会降低一个人在运动期间达到最大代谢率的能力，在运动引起的热应激期间，血液的竞争性调节和热调节需求会使其机体难以维持足够的心输出量[1,24]。因此，在温暖潮湿的天气条件下，应缩短热身的时间和强度，以减少疲劳及降低与热有关的疾病风险。热身时另一个潜在的可能障碍是空间限制，如果允许的话，可在一个较小的区域进行备用动作的练习，这样执行起来比较容易，也较安全。

正确的热身应该以系统的方式教授，所有的热身活动均须遵循以下指导原则。

（1）从简单的动作开始，比如步行。当运动员表现出熟练的步行水平后，可进阶到跳跃阶段。当这些简单的动作变得不那么困难后，可进阶更为复杂的动作和变换。

（2）尝试全速练习之前，确保动作足够缓慢，以达到可接受的水平。

（3）练习单侧技能之前预先演练双侧技能，特别是离地和着地。绳梯训练可能有助于改善运动员的节奏、时间安排和协调性。有文献表明，在预先安排的距离内，在各个方向上完成封闭式技能动作可以建立正确的新手运动模式[12,18]。达到较高的技术熟练程度之后，从技能开发的角度来看，这些手段可能不再有益。不过，仍可以作为动态热身的一部分，因为这可以使身体在生理上做好准备（如增加心率、呼吸频率、排汗速度等）。

（4）在考虑增加某种形式的外部阻力（如拉力绳）之前，以适当的运动模式进行无负重或自重运动。训练课程应在热身结束后15分钟内进行[2]。事实证明，热身的积极作用在15分钟后开始衰减。因此，理想的情况是，热身一结束运动员就开始训练。

（5）一定要根据参与者的健康水平进行适当的热身。热身运动应该使运动员为训练和（或）比赛做好准备，但不至于使运动员产生太大的压力而疲劳。

一、热身的组成

大部分运动员需要在车里坐一段时间后才能到达训练场地参加训练。长时间静坐会给即将参与运动的运动员带来许多不必要的生理影响，如心率和血流减慢。久坐还会使髋屈肌收紧。研究发现，髋屈肌紧张的女运动员臀大肌的激活较少，臀大肌和股二头肌的协同激活也较少[19]。髋屈肌紧张的个体似乎会使用不同的

（不必要的）神经肌肉策略来控制下肢运动[19]。因此，教练员在热身时要做的第一件事就是让运动员进行一些常用的、轻微的、能调动心血管系统的活动，如健美操。这类运动通过有节奏的或周期性的方式激活各种大肌肉群（如开合跳或登山步）。健美操的好处之一是只需通过负荷自重，便可在有限的空间内进行，不需要额外的器械，而且可做的动作几乎没有限制。可以先做一些缓慢、低强度的运动，如原地踏步、手臂摆动、交替接触足尖或开合跳。随着练习次数的增加，运动的强度和速度也应该增加。

下一阶段的热身应该集中在增强关节的灵活性、激活神经肌肉系统上，使机体做好准备以进行有效的肌肉收缩[7]。在进行灵敏训练之前，应特别注意下肢的关节和肌肉组织，但这并不意味着上肢可以被忽略。热身的大部分将集中在下半身上，因为在训练过程中身体的这一部位会受到更大的压力。完成对训练项目来说更为特殊的动作是提高训练效果转移的必要因素[8]。例如，在训练排球运动员时，根据比赛场地的大小和比赛的要求进行跳跃、落地和短距离的变向训练是非常有意义的。在热身运动中，教练员不仅要针对训练项目，而且要针对参加该项运动的运动员在赛场上的位置进行训练。

二、动态热身训练

此部分展示了许多专项运动的动态热身训练方法。一般来说，在选择训练方案时，教练员应该把重点放在由简单到复杂的渐进式训练上。在设计动态热身时，教练员还应该选择那些在一定的时间和空间限制下安全易行的训练。表 3.1 为本章包含的热身方法列表（按从简单到复杂的顺序排列）。

表 3.1　动态热身练习

练习名称	页码
固定式上肢热身	45
站立式踝环绕	46
站立式髋外旋/回旋	47

续表

练习名称	页码
站立式髋内旋/回旋	48
行进式抱膝提踵	48
前后摆腿	49
侧向摆腿	49
横向弓步下蹲走	50
前后弓步	51
多向伸展弓步	51
"玩具士兵"走	52
转体弓步走	53
站立式/行走式股四头肌拉伸	53
原地和行进间"虫爬"	54
肘碰脚背走	55
前后横向步行	56
前后横向跳跃	56
提膝跳	57
线性加减速	57
横向减速	58
后向减速	58
团身起跳	59
连续水平跳	59
连续单脚跳	60
踢臀跑	61

1. 固定式上肢热身

运动员坐在平地上，双腿朝前，足跟着地，膝盖略微弯曲，手臂放在两侧，肘部弯曲90度（这项热身活动也可以在站立姿势下进行）。首先，运动员将一只手臂向前移动，另一只向后移动，以便一只手与眼保持水平，另一只手与裤子后袋保持水平。然后，将前臂摆到后面，后臂摆到前面。先以半全速开始练习，当达到正确的技术动作后再进行加速。在任何时候，如果运动员的动作技术或形态变形，教练员都应让其停止热身。运动员持续加速 12 ~ 15 秒或直到打破运动形式。当然，运动员也可以按照自己的意愿重复训练，每组之间要有适当的休息以保证完全恢复。这种动态热身也可以作为一种技术训练，在跑步过程中学习或增强上肢的动作技术。

坐位   站立

2. 站立式踝环绕

运动员站在靠近墙壁的地方，一只或两只手臂完全伸展以支撑身体。用一条腿站立，另一条腿的膝关节弯曲，按顺时针方向旋转弯曲腿的踝关节 10 次。运动员应在整个活动范围内缓慢地完成这个动作。随后，运动员按逆时针方向进行同样的动作，完成后另一只脚重复相同动作。

3. 站立式髋外旋/回旋

运动员站在靠近墙壁的地方，一只或两只手臂完全伸展以支撑身体。用一条腿站立，弯曲另一条腿的髋关节和膝关节，并尽可能地将其向外旋转，以缓慢、可控的方式重复 10 次，完成后用另一条腿重复这个动作。

4. 站立式髋内旋/回旋

运动员站在靠近墙壁的地方，一只或两只手臂完全伸展以支撑身体。用一条腿站立，弯曲另一条腿的髋关节和膝关节，并尽可能地将其向内旋转，以缓慢、可控的方式重复10次，完成后用另一条腿重复这个动作。

5. 行进式抱膝提踵

运动员首先弯曲髋部，并尽可能高地抬起一侧膝关节。用双手抱住膝关节以下的位置，将膝关节向胸部拉，保持胸部挺直。运动员将抬起的腿放回地面，另一条腿重复这个动作。在运动员向前行走10码（9.1米）的过程中，两腿交替练习。运动员还应该在每次重复训练中注意踝关节的背屈。如果空间有限，这个练习也可以在一定范围内进行。

6. 前后摆腿

运动员站在一个稳定的平面上，完全伸展手臂并将手掌放在墙面上获得支撑。然后尽可能快地前后摆动靠近墙面一侧的腿。在摆动过程中，运动员可稍微弯曲支撑腿的膝关节，用脚掌支撑站立，保持摆动腿的踝关节处于背屈姿势，整个运动过程中不允许出现髋部的旋转。运动员尽可能高地摆腿，同时保持对动作的控制。重复 10～15 次，然后变向另一个方向，用另一条腿重复这个动作。

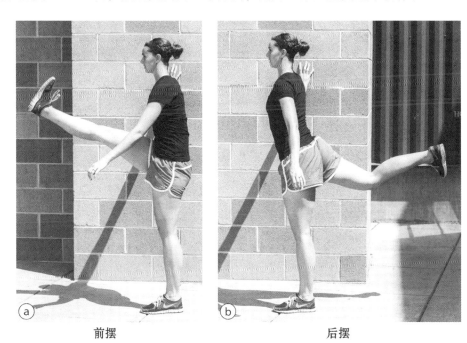

前摆　　　　　　　　　　　　　　　　　后摆

7. 侧向摆腿

运动员面向墙面，双臂抬起与肩同高，将双手放在墙面上以支撑身体。运动员抬起一条腿，尽可能快地左右摆动。在摆动过程中，运动员可稍微弯曲支撑腿的膝关节，用脚掌支撑站立。保持摆动腿的踝关节处于背屈姿势，整个运动过程中不允许出现髋部的旋转。运动员尽可能高地摆腿，同时保持对动作的控制。每条腿重复 10～15 次。

向内侧摆腿   向外侧摆腿

8. 横向弓步下蹲走

运动员直接将双臂伸至胸前,大约
与肩同高。随后向侧面迈出一大步。脚
接触地面时,运动员弯曲一侧膝关节并
降低身体,直到膝关节弯曲侧的大腿基
本与地面平行。整个训练期间,双臂保
持伸展,以协助身体保持平衡。弯曲腿
的膝关节不能超过脚尖。另一侧的腿应
保持伸展,但不固定。柔韧性有限的人
可以在膝盖轻微屈曲的情况下完成这个
动作。

横向弓步深蹲时,运动员可以通过
伸展弯曲侧的腿回到起始姿势,随后弯
曲另一侧膝关节重复动作,然后交替做 8 ~ 12 个蹲步。横向弓步走时,运动员将伸直腿的脚拉回，双脚放在一起，站姿稍停片刻，然后向同一方向再迈一步。运动员继续前进 10 码（9.1 米），然后反向重复动作，回到起始位置。

9. 前后弓步

运动员双脚处于平行位置，整个运动过程中保持躯干挺直，在前弓步或后弓步的基础上向前一步（前弓步）或向后一步（后弓步）。当前脚掌着地时，运动员将前脚朝向正前方，或者将后脚掌稍向后，同时轻微弯曲后侧膝关节。弓步下压时，弯曲前侧腿的髋关节和膝关节，降低后侧腿的膝关节直到离地面 1~2 英寸（2~5 厘米），在整个运动过程中保持前侧腿的膝关节位于前侧脚的上方，不超过脚尖。将体重均匀地分布在前、后脚之间。做恢复动作时先用前

脚蹬地，身体向上运动，然后以流畅的动作将后脚带回起始位置，不允许出现任何额外动作。运动员两脚交替，重复运动，每侧 8~12 次。

10. 多向伸展弓步

运动员将一条腿向前迈一步，髋部向下，同时保持背部处于中立位（a）。固定时，运动员稍微弯曲两腿膝关节，并将双臂伸向前脚。手尽可能伸直后，回到起始位置。接下来，将右腿向外侧迈一步，髋部固定，膝关节弯曲，手伸向右脚（b）。回到起始位置后，再将右腿向前方 45 度的方向迈一步（c）。同样地，髋部固定，膝关节弯曲，双手伸向右脚，完成后回到起始位置。交替左右腿，然后向另一侧做这 3 组动作。

11."玩具士兵"走

前进时，运动员尽可能高地向前摆动一条腿并保持腿部伸直。将对侧手臂向前摆动至约与肩同高，并将此作为摆动足的摆动高度。将同侧手臂摆动到身体后面，以帮助保持平衡。运动员继续向前走，摆动并伸展另一侧的腿和手臂。行走10码（9.1米），每走一步交替手臂和腿。

12. 转体弓步走

运动员直接将双臂伸展至胸前，与肩同高，然后向前迈一步。当脚接触地面时，弯曲前腿的髋部和膝关节，直到大腿与地面基本平行。然后，将髋部和肩部尽可能地向前腿的方向旋转，尽量保持手臂伸直。如需要，运动员可以略微弯曲肘部以更好地平衡和控制身体。运动员前腿的膝关节不得超过脚尖，后腿膝盖不得接触地面。运动员将髋部和肩部转回中间位置，后腿向前一步回到起始姿势，然后用另一条腿重复这个动作。运动员需两腿交替前进 10 码（9.1 米）。

13. 站立式/行走式股四头肌拉伸

运动员先弯曲一侧腿的膝关节，将足跟向臀部抬起，然后用同侧手抓住脚踝，保持直立姿势。保证胸部、躯干挺直，髋部无弯曲。将对侧手臂向上伸直，保持 2~3 秒。整个动作中，另一只脚始终平放在地面上。保持一段时间之后，运动员放开脚踝，将脚放回起始位置，同时将手臂放回身体两侧。完成后交替双腿并重复动作。每条腿重复 8~12 次，或者在 10 码（9.1 米）的距离内进行，每做一次向前走一步。

14. 原地和行进间"虫爬"

　　运动员以站立的姿势开始，弯曲髋关节，手碰触脚尖。将双手放在地面上，同时保持臀部抬高，双腿伸直，足跟着地。如果柔韧不足，可轻微屈膝。此时，手缓慢向前移动，到达一个支撑位置。处于平板支撑的姿势时保持片刻，然后慢慢地将手收回。在整个运动过程中，运动员保持双腿伸直，膝盖不弯曲，足跟尽可能地着地。运动员回到起始位置后，迅速将手放回原位，准备重复下一次练习。

　　注意：结束这个动作时，不要将手向脚尖的方向移动，而应将脚向手的方向移动。重复 8 ~ 12 次，或者在 10 码（9.1 米）的距离内完成训练。

15. 肘碰脚背走

运动员先将一条腿向前迈一步，然后弯曲同侧肘部，将手举至与下颌水平。接着身体向下移动，弯曲前腿的髋部和膝关节，并将后腿膝盖贴近地面。随后，运动员在保持平衡的同时，尝试用同侧肘部触碰前脚脚背。在这个过程中，对侧手应该与地面接触以保持平衡。肘部与脚背接触后，运动员引脚向前，挺起躯干，将后腿前伸，回到起始位置。交替两腿并重复动作。这个练习可以原地进行，每条腿重复 8 ~ 12 次，也可以在 10 码（9.1 米）的距离内完成。

16. 前后横向步行

运动员先抬起左腿，同时抬起右臂，肘部弯曲 90 度。当左腿抬起时，将左脚踝向后弯曲并使其靠近臀部。当右臂和左腿回落时，用同样的动作抬起对侧肢体。脚掌（不是脚后跟）触地的位置在运动员向前移动时离地位置的稍前方（前进），在运动员向后移动时离地位置的稍后方（后退），或者在运动员向侧面移动时离地位置的稍侧面（侧向移动）。对于运动员来说，在整个运动过程中保持身体的直立是很重要的。这个练习可以在原地完成，每条腿重复 8 ~ 12 次，也可以在 10 码（9.1 米）的距离内完成。

17. 前后横向跳跃

除了在双腿交替时离开地面以获得更多向上的伸展这一点，三个方向跳跃练习的指导原则与三个方向的步行练习完全相同。运动员先抬起右腿，同时抬起左臂，肘部弯曲 90 度。当右腿抬起时，运动员背屈右侧脚踝并向臀部移动。左臂和右腿回落时，用同样的动作抬起对侧肢体。脚一接触地面就用力推离地面，尽可能减少脚接触地面的时间。对于运动员来说，在整个运动过程中保持身体的直立是很重要的。这个练习可以在原地完成，每条腿重复 8 ~ 12 次，或者在 10 码（9.1 米）的距离内完成。

18. 提膝跳

在进行高抬腿之前，运动员必须具有跳跃的能力。高抬腿时，运动员应尽可能地将膝盖向上顶，同时积极地用手臂发力以创造一个夸张的跳跃和更多的垂直位移。运动员应尽可能地在每一次跳跃或步幅中跳得更高、更远，每条腿重复 8 ~ 12 次或者使练习距离超过 20 码（18.3 米）。

19. 线性加减速

起始时，运动员向前慢跑。当运动员准备减速时，他（她）通过屈髋来降低重心，同时缩短步幅。与使用脚掌加速不同，减速应该使用从足跟到脚趾的动作。运动员应尽量保持身体平衡，不要向前太远。

20. 横向减速

运动员以侧移动作（脚朝前）开始，当他（她）靠近预定的停止点时，应在内侧脚的外侧和外侧脚的内侧的蹬地下制动。运动员屈曲髋部，使身体偏离移动的方向（如图，运动员在向右移动时减速）。

21. 后向减速

运动员开始时先向后退，当他（她）接近预定的停止点时制动。髋部屈曲，肩膀远离后蹬的方向。

22. 团身起跳

运动员站立时双脚与肩同宽，身体直立，腰部不弯曲。运动员跳起，将膝盖抬到胸部，然后在双脚落地之前用手抱住或尝试抱住膝盖。之后站立着陆。成功后，立即尝试重复跳起，重复 6 ~ 10 次。

23. 连续水平跳

运动员以 1/4 ~ 1/2 的蹲姿开始，双脚与肩同宽。运动员通过大幅度摆动手臂和反向动作（髋和膝的快速弯曲）尽可能地向前跳跃。双脚着地，重心主要集中在脚掌上。努力保持平稳着地，重复 6 ~ 10 次。

24. 连续单脚跳

运动员单腿略微弯曲站立，通过反向动作和大幅度的手臂前摆向前跳跃，用同一条腿着地。重点是尽量在膝外翻角度较小的情况下稳定着地。每条腿重复6~10次。

25. 踢臀跑

运动员从慢跑开始，尝试抬起脚后跟，并将其踢向臀部（见图）。当臀部和膝盖弯曲时，膝盖向前上方移动（图中未呈现）。运动员在 10 ~ 20 码（9.1 ~ 18.3 米）的距离内进行练习。

第四章　年龄与性别

詹妮弗·菲尔德

玛格丽特·琼斯

青少年并非缩小版的成年人，在速度及灵敏训练的设计和实施上应充分考虑年龄和性别因素。需要指出的是，以生长高峰为临界点，青少年会经历两个特殊阶段——生长高峰前和生长高峰后。处于生长高峰期的青少年对训练刺激更为敏感，在这个节点进行有针对性的训练可使他们的运动能力获得更好的提升[21]。此外，青春期还标志着性别差异的出现。教练员应就这些差异对运动损伤和竞技能力产生的影响有充分认识。

一、年龄

实际年龄指出生后实际存活的年限，常作为描述青少年运动员的重要指标。儿童的发育并不是匀速的，因而各个年龄段的身体素质发展存在明显的个体差异。例如，一组 14 岁儿童的身高和体重会因为青春期开始的时间和进程不同而表现出明显的差异[19]（图 4.1）。可见，以青少年的生物年龄或青春期的发展阶段为依据进行分类更能反映生长发育和运动训练之间的相互关系，因而也显得更有意义[2]。

体能训练师用于评估生物年龄的常用技术包括：生长曲线纵向分析、成年预测身高的百分率和生长高峰[21-22]。生长高峰（PHV）指身高增长的最大速度，用于反映与青少年生长激增相关的身体活动能力的提高[22]。它常用以下指标进行计算：性别、出生日期、身高、坐高和体重[17,26]。让青少年依据由客观测试体重变化速率获得的生物年龄而非实际年龄进行训练可获得更佳的训练效果[2]。生长高峰出现的平均年龄：女孩 12 岁，男孩 14 岁[2]，应该注意的是，这些数值仅是粗略估计的年龄。

（一）"机会之窗"

人生有两次重要的"机会之窗"，或者说是重要的加速适应阶段。这两个阶段对儿童速度和灵敏素质的发展至关

图 4.1　年龄相同的运动员身高却各有不同

重要[2,21]（表 4.1）。虽然这些技能在整个儿童时期均可训练，但"机会之窗"被认为是儿童发展动作技能的黄金时期。第一个加速适应的"机会之窗"出现在生长高峰之前：女孩 6~8 岁，男孩 7~9 岁[2]，以冲刺速度和爆发力快速增长为主要特征[44]。因此，这个窗口期是速度素质出现应答性适应最大化的关键时期[2]。为了加速运动能力的增长，青春期前的儿童最好采用神经系统高度激活的训练，如增强式肌肉训练和疾跑训练[21,44]。速度素质的提升主要发生在生长高峰期之前，随着生长高峰期的到来，青少年的运动能力开始下降且贯穿整个阶段[24]。因此，在生长高峰到来之前的第一个窗口期，速度和灵敏训练应始终放在首要位置。

表4.1　"机会之窗"

阶段	男孩（年龄）	女孩（年龄）	活动	目标
1	7~9岁	6~8岁	基础训练 速度练习 灵敏练习 增强式训练	动作技能形成 神经兴奋性改善 冲刺速度比率增加 爆发力增加
2	14岁	12.5岁	力量训练 爆发力训练 速度练习 灵敏练习	力量增加 爆发力增加 最大速度和灵敏表现提升

第二个"机会之窗"出现在生长高峰后12~18个月，常与体重增长高峰（PWV）相重合[5-6]。这一时期体重增加的速度最快，男孩常在生长高峰期内发生（14岁），女孩则在生长高峰期后6个月左右出现（12.5岁）[36]。在此期间，青少年的雄激素分泌增加，肌肉质量快速增长[44]，主要表现为：肌纤维增粗，肌肉体积增大，肌力相应增加，力量素质明显提高[30]。肌肉力量与跑速、变向能力及超等长肌力密切相关[13-14]，因而，技术动作的好坏70%取决于肌肉力量[40]。力量是爆发力和速度的基础，这一时期力量素质的提升将为后期速度和灵敏素质的发展打下坚实的基础。雄性激素的加速分泌和瘦体重的快速增加都可明显改善肌力和发力速度，进而增强青少年在方位转换方面的灵敏水平。因此，第二个"机会之窗"是青少年训练计划中另一个需要特别重视灵敏训练的关键时期。

灵敏素质主要分为两类：变向速度（技术动作、直线冲刺速度、下肢力量）和认知能力（感知和决定过程）[37,49]。由于变向速度与下肢肌力、直线冲刺速度有关，青春期的灵敏训练应强调协调性和动作模式的协同配合。在此期间，儿童大脑发育和神经可塑性快速发展，提高动作控制和基本变向技术应是训练的关键。一旦进入青春期，与专项技能相关的灵敏训练就应该开始。

影响灵敏素质的认知变量有：视觉追踪、情景认知、模式识别和预判能力[37]。研究发现，在儿童期后段（女孩：8~9岁；男孩：10~11岁）和青少年时期（女孩约12岁，男孩约14岁）[8,10,33]，运动员的认知能力不断增加，此时若进行速度和灵敏训练可使反应时大幅度缩短[1]。与之相反，运动员生长高峰期下肢力量的增加却会降低其在动作控制上的表现，这就是通常所说的"青春期困惑"[21]。在此期间，先前学习的大部分运动技能需要重新巩固和加强[21]。可见，灵敏训练应该在青春期前就及早引入并反复强化。监控生长速度可帮助教练员及时判断运动员的"青春期困惑"，进而相应地调整随后的训练内容。

（二）应用实践

需要特别强调的是，教练员需要制订与年龄相适应的训练内容。例如，一组中学生足球运动员的灵敏训练方案就不应该与国家队专业足球运动员的一样。与年龄相匹配的行之有效的训练方案将帮助运动员在灵敏水平上大幅度提升。第一个"机会之窗"应着重培养机体对动作结构的认知和控制。一旦熟练掌握了技术动作，速度就会随之提升。因此，在青春期到来之前，重点关注的内容应该是技术动作的结构。此外，鉴于速度素质在生长高峰期出现下降，教练员还应考虑在前青春期阶段（女孩：6~8岁；男孩：7~9岁）加入灵敏训练，这将有助于减缓此后生长高峰期出现的速度下降。

在上一个生长高峰之后，第二个"机会之窗"以力量增加为主要特征，这是由雄性激素，特别是睾酮、生长激素和胰岛素样生长因子分泌增加所致。力量与速度、变向能力及超等长肌力密切相关，因此，第二个窗口期对运动员灵敏素质的进一步提升仍至关重要，前面提到的训练还应继续纳入训练方案。

及时发现"青春期困惑"对教练员来说也非常重要。为了识别生长高峰，应规律性监测运动员的身高和体重变化。在"青春期困惑"阶段，运动员的下肢长度增加，但肌肉尚未达到与之匹配的长度和力量[32]，会导致其动作技能的降低。因此，教练员需花更多的时间去慎重选择适合此时训练的动作模式，并要求运动员花时间在技术动作和动力定型的反复练习上，为将来速度和灵敏素质的大幅度提升提供保障。同时，教练员还应随着运动负荷的降低调整已有的动作模式[18]。

另外，生长高峰期的运动损伤风险可能会增加[11]。首先，运动员在生长高峰期到来前，骨密度开始下降，骨折的风险明显增加[11]。其次，肢体长度和质量的快速增长会导致肌肉－肌腱接头、骨骼－肌腱接头、韧带和生长软骨处的刺激不成比例地增加[11]。这种生长不均衡加上运动训练要求的高负荷可能会导致青少年更易发生骨骼肌的过劳性损伤[11]。体重快速增加，身体重心升高，力量与爆发力未能相应地成比例提高，会导致机体的骨骼肌系统在动态训练和应激反应中承担过重的负荷[16,28]。最后，女性运动员膝关节损伤的风险明显更高。因为女性随着体型的增大，用于支撑骨架的髋关节和膝关节肌力并未相应增加[28]。同时，女性的臀部变宽，导致膝关节 Q 角明显增加[38]。因此，教练员应选用与运动员生物年龄相适应的训练方案，并鼓励他们在运动后进行积极的恢复。

　　针对青少年的训练方案应将重点放在促进身体发育、减少运动损伤和增强身体素质上。运动员长期发展规划（LTAD）指通过长期的习惯性训练和比赛改善机体的健康和体能，促进身体发育，减少相关的运动风险[18]（表 4.2）。在肌肉结构[15,31]、形态[12]、激活类型[12]和功能[13]上，儿童与青少年存在明显不同。结构化训练如能重点关注与年龄相符的练习和动作模型，必将产生更好的训练效果，降低过度训练的风险。教练员也应使运动员明白他们的练习将如何转化为更好的运动能力，这也将有助于激励儿童建立终身积极参与体育运动的习惯[18]。

表 4.2　运动员长期发展规划的 10 个关键要素

序号	项目
1	运动员长期发展规划应考虑青少年生长发育的高度个体化和非线性化特征
2	青少年的年龄、能力和志向均应纳入运动员长期发展规划以促进其身心的共同发展
3	应鼓励所有青少年在儿童早期就进行体能训练，且训练应主要集中在技术动作和肌肉力量的发展上
4	运动员长期发展模式应尽早为青少年运动员提供一个标准化路径以促进和增强其多项运动技能的发展
5	儿童的健康和幸福应始终放在运动员长期发展规划的首位
6	青少年应该参加体能训练，这有助于减少运动损伤，确保他们可以继续参加长期的发展规划

序号	项目
7	运动员长期发展训练应给青少年提供广泛的训练模式以促进其身体素质和技术动作的共同提高
8	教练员应将相应的监测和评价工具作为运动员长期发展规划的重要组成部分
9	青少年的教练员应系统性地开展个性化训练方案以确保运动员长期发展规划的成功实施
10	高质量的专业人才和训练方法是运动员长期发展规划获得成功的重要基础

引自：R. S. Lloyd, J. B. Cronin, A. D. Faigenbaum, et al. National Strength and Conditioning Association Position Statement on Long – Term Athletic Development ［J］. Journal of Strength and Conditioning Research. 2016, 30（6）: 1491 – 1509.

二、性别

性别是影响灵敏训练的另一个重要因素，教练员认识到这一点至关重要。青春期之前，男女之间有着相似的生长发育速度，力量、爆发力和协调性均相似[5]，灵敏素质也相似。

（一）体成分

随着青春期的到来，激素的改变导致身体形态和身体成分出现明显的性别差异。女孩由于雌性激素分泌增加导致脂肪大量堆积，而男孩则由于睾酮分泌增多使骨生成、肌肉合成和脂肪分解明显增加[43]。青春期之前，男女睾酮含量均在20 ~ 60纳克/100毫升，进入青春期后，男孩睾酮水平可增加10倍，达到600纳克/100毫升[19]。同时，男孩去脂体重快速增加，但女孩在12岁左右就进入了相对停滞的平台期。一般来说，成年后男性去脂体重会比女性高出20千克[43]。由于去脂体重和肌肉体积急剧增加，男性在青春期的体脂含量会相应地下降。相反，女孩由于雌性激素分泌增加引起脂肪堆积增多，使脂肪含量平均高出男孩5 ~ 6千克[22]。所以，在成年后，女性相较于男性脂肪多、肌肉少，并且体重轻[19,43]。

此外，在青春期内和性成熟后，男女的力量素质会有明显不同。由于合成类激素急剧增加，男性肌肉横断面积明显增大，肌肉力量和爆发力也相应增大[34]。通常情况下，与男性相比，女性上肢肌肉的横断面积小 41% ~ 45%，下肢肌肉的横断面积小 25% ~ 30%[25]。10 ~ 16 岁之间，处于青春期的男孩的上下肢肌力可分别增加 3.9 倍和 2.5 倍[7]，而在整个青春期内，女孩的力量和协调性变化微乎其微[5]，灵敏素质和爆发力甚至在 16 岁左右就会处于相对停滞的平台期[34]。和男孩相比，女孩缺乏相应的青春期变化，这导致了其在运动中的力量生成能力明显减弱[15]。青春期男孩的纵跳高度增加了 7.3%，而同年龄女孩却未观察到类似的变化[15]。从 13 ~ 16 岁，男孩和女孩在蹲跳、反向跳、反弹跳和平均爆发力上均表现出明显的不同，且男孩在这些素质上均超过了女孩[41]。

力量及爆发力大小与速度和变向能力高度相关，因为运动员在将最大力作用于地面时需要加速移动自己的身体[9,46]。短跑常被分为三个阶段：加速期（0 ~ 10 米）、过渡期（10 ~ 36 米）和最大速度期（36 ~ 100 米）。加速阶段需要所有下肢关节强有力的伸展，特别是臀大肌和伸膝肌[9]。在最大速度期，腘绳肌、臀大肌和大收肌在驱动机体前进中的作用明显增加。由于青春期力量和爆发力的增加，男性在短跑能力上会相应提高，而女性则进入停滞期[9]。

（二） 运动损伤风险

青春期女运动员特殊的生理过程可能会影响其运动能力：脂肪的增加、肌力的不均速发展、身体重心的改变、臀部的增宽、Q 角的增大[38]、月经周期的开始、关节松弛度的增加、膝关节外翻角的增大和落地时对股四头肌依赖程度的增加。所有这些因素均可增加非接触性前交叉韧带（ACL）损伤的风险。在青春期之前，男女前交叉韧带的损伤概率无明显差异。事实上，前交叉韧带扭伤在青春期之前的儿童中并不常见[47]。但是，一旦进入生长高峰期，女孩前交叉韧带损伤的风险会明显升高[42]。

女运动员更易发生前交叉韧带损伤。在同一项目中，相同竞技水平的女运动员前交叉韧带损伤的概率是男运动员的 2 ~ 6 倍[28]，足球和篮球女运动员的损伤概率更高。对 461 名男性和 278 名女性足球运动员进行为期 5 年的跟踪研究发现，女运动员前交叉韧带损伤的概率是男运动员的 2 倍多（0.31:0.13）[44]。在同一研究中，对 531 名男性和 576 名女性篮球运动员的追踪调查发现，女运动员前交叉韧带损伤的概率是男运动员的 4 倍多（0.29:0.07）。篮球运动中会导致非接触性前交叉韧带损伤的可能动作有切入（29%）、直膝落地（28%）和膝关节过伸（26%）[1]。女篮球运动员更易发生运动损伤的原因是青春期出现的有明显性别差异的生理改变。

与男孩不同，女孩在青春期虽然也会经历快速的身体发育，但不会出现明显的神经肌肉的适应性改变。女孩进入青春期标志着神经肌肉的不均衡发展开始显现，这将导致运动中下肢关节负荷的明显增加[15]。具体来说，女性易出现关节韧带发育不均衡、远超腘绳肌的对股四头肌的过度依赖、肌纤维动员和协调性的不平衡，以及左右下肢肌力和协调模式的不平衡[28]。与男性运动员相比，女性运动员更容易出现这种失衡。这些会使女运动员前交叉韧带损伤的风险增高[20]。

（三）实践应用

如前所述，男女短跑和变向能力在生长高峰期均趋于下降[17]。女孩的生长高峰期早于男孩（女孩 12 岁，男孩 14 岁），因而其训练方案中应更早地考虑短跑和灵敏训练[24]。及早纳入增强速度和变向能力的针对性练习可减缓青春期到来时运动能力的下降[20]。

在青春期，运动员在体成分、肌力和爆发力方面均会出现明显的性别差异。体能训练师有责任通过优先考虑力量训练来减小女性运动员的这种性别弱势[1]。

青少年开始抗阻训练的时间应在生长高峰期前，至少是在生长高峰期间，即男性 14 岁左右，女性 12 岁左右[21]。抗阻训练的纳入，尤其对女性运动员来说，有助于减少青春期出现的脂肪堆积[38]。此外，抗阻训练还可改善力量和爆发力，进而转化为运动能力的提高[4]。特别需要注意的是，下肢肌力（如臀大肌、股四头肌、腘绳肌、内收肌、外展肌）的增强可导致速度和变向能力的明显增加[9]。为了使短跑运动员能在 36～100 米时获得最大速度[40]应考虑纳入速度－力量训练（一种在最大速度时利用最大力的方法，如跳蹲）[9]。

青春期女运动员损伤的风险会显著增高，因此，应特别关注性成熟期女性的训练。关节松弛度的增加会导致骨骼肌损伤概率的增加[48]，教练员在安排灵敏训练时应有意识地加入适当的练习内容。抗阻训练应着眼于增强臀肌和腘绳肌肌力的训练（如弓箭步行进、靠墙蹲、反向和向前冲刺、臀部伸展、直腿硬拉）及提高落地缓冲能力的增强式肌力训练（如侧跳、前跳、单脚跳、垂直跳、深蹲跳）[14,23]。适当纳入这些运动技能可使前交叉韧带损伤的概率下降88%[23]。在适当的安排和指导下，抗阻训练可抵消非接触性损伤的高风险。

小结

在第一个"机会之窗"加强灵敏训练和增强式训练可改善神经元激活、冲刺速度和爆发力。在紧随生长高峰和体重高峰出现的第二个"机会之窗"，除了最大限度地增强冲刺能力以外，还应纳入提高肌力和爆发力的训练。教练员必须充分认识到，随着青春期的到来，青少年运动员的体成分和神经肌肉的适应性会出现明显的性别差异。体能训练师需要设计和实施与年龄、性别相适应的训练方案，以保证在降低运动损伤风险的同时实现训练效果的最大化。

第五章　灵敏测试、评估与监控

罗伯特·洛克

在为运动员选择合适的测试方案之前，教练员必须了解灵敏的组成要素。谢泼德和杨[74]认为灵敏由两大要素组成：变向速度的感知和决策因素。变向速度是灵敏的重要组成部分，它包括技术、加速和减速能力、强度及力量。真正的灵敏应该包含一些感知和决策形式，即视觉扫描、对当前情况的了解（如识别足球进攻和防守的队形）、模式识别和预测。灵敏性要有反应要素及某种形式的外部刺激（如对手）促使运动员改变方向的要素。也有人将灵敏定义为一种多层面的技术，包括加速能力、反应能力和爆发力[58]，本质上是指理解并对情况做出反应的能力[87]。

尼菲斯、卡拉汉、贝佐迪斯和洛克[59]表示，变向可以发生在计划和反应的情况下。因此，当教练员测试时必须知道实际评估的内容。如果所有操作都是预计好的，那么应该提供变向速度的测试标准。如果涉及外部刺激，那么更有可能是灵敏测试。然而，在描述选择某种测试过程之前，必须首先了解为什么测试运动员。以下是测试有益于教练员和运动员的原因。

（1）预测运动潜力。现场测试可用于预测运动员在某项运动中取得成功的潜力[55]。为此，测试应尽可能地模拟具体的运动形式、肌肉群动员和持续时间，提高测试的有效性和准确性。例如，职业橄榄球大联盟（NFL）在选秀之前，会使用专业灵敏折返跑和三锥筒测试评估大学橄榄球运动员[28,69,76]。

（2）确定优势和劣势。适当的测试可以确定运动员身体的、生理的生物力学特性，这是提高运动员水平的目标[55]。针对运动员的变向速度和敏捷性，教练员可以通过某些测试来确定运动员是否具有某项运动的必要技术或决策能力[74]。此外，某些测试也可用来确定运动员康复过程中损伤的恢复情况。例如，505 灵敏测试可以识别机体表现能力[33]和运动模式[59]的差异，这些差异能提示下肢损伤情况。

（3）评估进度。测试运动员的好处之一就是根据训练板块[55]确定其运动能力。如果运动员的成绩得到提高，就意味着教练员的训练方法有效。如果运动员成绩没有提高，则教练员应适当地修改训练计划，使训练更加有效。

正如职业橄榄球大联盟的球队利用测试来评估球员一样，教练员和各级运动员也可以利用测试来预测和提高运动能力。

（4）对比标准数据。教练员还可以用运动员测试数据与某队运动员进行比较，或者与来自可比人群或优秀运动员的标准数据进行比较[43,56]。这能为运动员的变向速度或敏捷性测量提供更好的依据。本章包含的许多规范性测试和描述性数据，可以在美国体能协会（NSCA）提供的资源中找到，如体能训练的要点、测试和评估指南。

（5）设定目标。教练员可以测得的结果为依据为运动员设定目标[23,54]。洛克、里索、朱利亚诺、奥贾洛和贾利文[43]指出，专业人员应该意识到测试中的优势或劣势表现可能对运动员产生的影响。测试成绩会影响运动员的积极性、焦虑或其他心理因素[81,86]。

因此，教练员必须有效地传达测试结果的意义，以及如何利用这些结果来调整训练计划。例如，低于预期的测试分数可以用来激励运动员进步。

一、选择和管理测试

为了监测运动员灵敏素质的发展，教练员必须选择适合运动员的测试项目。在选择合适的灵敏测试时，必须考虑许多因素，考虑测试的具体要求，如变向的类型、持续时间及有无刺激等。有文献提供了许多加强和限制灵敏测试的详细信息[59,67]。本章还提供了教练员在测试运动员灵敏素质时必须考虑的一些问题。

二、效度、信度和准确度

效度是指某一测试能否测出它应该测量的程度，这对于收集运动员数据是必不可少的[23]。信度是指测试的重复性或一致性[55]。这意味着，如果一项测试在两种条件一致的情况下进行，会得到相同（或非常接近）的结果。测试可以有效但并不一定可靠，反之亦然。例如，垂直跳跃是一种有效的、可靠的下肢力量测试[64,72]，但它并不能作为一个有效的变向能力的指标。准确度与测试的实际情况紧密相关[84]，所采用的测试程序可能会影响准确度。例如，自动计时程序往往比手持计时方法更准确[22,51]。因此，对于教练员来说，选择一项有效、可靠、准确的灵敏测试程序非常重要。正如下面要讨论的几个因素可以影响灵敏测试数据的效度、信度和准确度，包括从测试过程中采用的程序到实际测试设计本身。

三、测试程序

根据美国体能协会的研究可知，灵敏测试应在运动开始时完成，或者在日常活动产生疲劳的前一天完成，因为这些测试会对运动表现产生负面影响。麦克圭根[55]认为这是必要的，因为这类型的测试通常需要较高的技能水平。教练员应尝试在每天的同一时间进行多个训练，因为昼夜节律（个人生物节律）会影响运动成绩[1]。天气也会影响测试性能，在室内进行灵敏测试，不仅可以减少热、风和雨等因素的影响，同时也能提供一致的测试条件[55]。如果测试必须在室外进行，温和的天气是最理想的。尽管多项试验表明温度升高会加快疲劳[15]，但是在高于77华氏度（25摄氏度）的温度下，运动员直线短跑的速度更快[17]。因此，教练员应随时记录室外测试的温度和条件。

灵敏测试的条件会影响运动员的测试表现。例如，盖斯、斯威登耶姆、梅休、伯德和豪斯[14]等的研究详细说明了大学足球运动员在草皮上比在草地上灵敏速度快3%。教练员在决定测试地点时也可以考虑周围的因素。足球教练员更喜欢使用草皮或草地进行测试，而不是硬木地板，因为运动员就是在草皮上踢球的。但是，教练员不常被允许选择测试条件，并且可能受到可用位置的限制。在条件允许的情况下应使用防滑地面，并且应该根据地面情况选用合适的鞋子。根据测试的地面（如草地、草皮、室内球场），运动员应使用专用的鞋子（如足球运动员的足球鞋、篮球运动员的篮球鞋）和服装（如专业的训练服）。

教练员进行测试时还应限制管理人员的数量。当试图评估一大群运动员时，这一点至关重要。教练员可以让运动员轮流测试，以确保在两次测试之间运动员能够完全恢复[44]。要向工作人员提供管理测试的具体要求，并向运动员提供说明、反馈和鼓励。这对于确保一组运动员测试程序的一致至关重要。测试结果可以提供给运动员，以便为随后的测试提供依据[55]，但这取决于教练员的意愿，并且从运动员到测试都应保持一致。教练员还应在测试日进行适当的热身和放松，并在以后的所有测试中重复这些步骤，保持一致性。

四、测试设备

理想情况下，教练员应使用定时系统等设备，以便记录更准确的数据。有文献报道，专业灵敏折返跑测试采用了手持式秒表计[8,52]，虽然经验丰富的计时测试人员可以记录可靠而一致的数据[22]，但是秒表（包括手机和平板电脑上的计时器）因受到测试者反应时的限制，与其他电子计时方法相比，往往具有更大的测量误差[19]。如果教练员无法使用电子计时设备，为了降低测量误差，应提供有关秒表操作、测试开始和结束时测试人员身体位置的要求、测试开始和结束的规程[22]。此外，如果通过手持设备记录时间，教练员可能还需要提供数据表、记录本和笔等记录数据。梅休、豪斯、布里尼、威廉姆斯、派珀和布雷丘等建议[51]，为了加快反应时间，应使用食指而不是拇指来启动计时程序。

尽管如此，理想情况下应使用电子计时设备（如计时门）进行测试。计时门由光源或发射器及光学传感器或反射器组成[5]。发射器和反射器相对放置，形成一个可以穿过的阀门，来自发射器的光束击中反时器，再被反弹回被检测到的发射器。时间是通过平板或与笔记本电脑（PC）记录的，这意味着教练员可能不需要用纸笔记录数据。教练员可以使用许多不同的计时门系统，例如 Brower 计时系统（Knoxville，美国），它采用的是门之间的单光束[20]；Swift Speedlight 计时系统（Swift Performance，澳大利亚利斯莫尔）是光束定位在两个高度的调制双光束系统[5]；融合 Smart Speed 系统（Fusion Sport，澳大利亚萨姆纳公园）是可以在检测错误和信号数据后进行处理的单光束系统[78]。每个系统都有其优缺点，因此教练员应该了解它们，并且知道它们是如何影响运动员测试结果的，从而根据已知的优缺点确定使用哪个系统可以使测试结果最优。

当使用计时门时，教练员还应考虑测试所需的启动程序。融合 Smart Speed 系统在光束内启动，运动员在门内（光束内）就开始计时。该方法已用于专业灵敏折返跑测试中，通常从三点式姿势开始[40,44]。除此之外，根据测试要求，运动员可以在计时门后的一定距离便启动计时程序（例如 T 形测试、三锥筒测试和伊利诺伊灵敏测试）。距离计时门后 0.3 米[47-48]和 0.5 米[37,40]启动计时的测试已被使用过。其他测试还有通过计时门即时启动，如 505 灵敏测试。尽管如此，在长时间评估相同的运动群体时，重点是教练员在测试过程中应该始终使用相同的起跑程序。

五、测试设计

教练员应该考虑灵敏测试的实际距离，以及这与运动员的运动有何关系。尼菲斯、卡拉汉、贝佐迪斯和洛克等指出[59]，许多灵敏测试的主要局限就是短跑冲刺对测试成绩的影响。这就意味着，虽然运动员不擅改变方向，但如果他们的冲刺速度更快，那么在长距离冲刺测试中这一不足可能不会体现出来。以尼菲斯、卡拉汉、贝佐迪斯和洛克等的专业灵敏折返跑为例，该测试的特点包括 18.3 米的短跑和两次 180 度变向[59]。以上研究表明，进入方向时的转入速度和离开方向时的转出速度是衡量变向能力的最佳指标[71]。然而，这在实地中很难测量。因为，这导致了变向速度的间隔度量指标，即变向逆差[36,60-61]。通过分析变向和等距离短跑变向之间的差异来计算变向逆差，这决定了方位变化对运动员动作速度的影响。例如，如果教练员采用 505 灵敏测试来测量运动员 10 米的短跑成绩时，可以通过以下公式计算出变向逆差[60]：

变向逆差 = 505 灵敏测试的时间 - 10 米短跑的时间

变向逆差越大，变向能力就较差，这表明运动员减速有利于变向，加速则不利于变向。变向逆差包括变向能力的两个度量：总测试时间和变向逆差。尽管如此，教练员应该选择与运动员相适应的短跑距离进行测试。

如果在较长时间内完成灵敏测试，则限制因素可能不再是变向能力。相反，代谢限制会更多地影响测试成绩[83]。超过 6 秒的极限运动，其供能会从磷酸原系统过渡到糖酵解系统[21]。因此，运动能力的下降可能是由于肌肉的磷酸肌酸消耗导致疲劳，而不是因为较低的变向能力。这可能是伊利诺伊灵敏测试的一个缺点，因为该测试的持续时间是 14~18 秒，具体取决于人群[25,46,83]。教练员应该意识到，如果使用这样的测试，可能无法专门分析变向速度。但是，这些测试可以评估包含变向的长距离冲刺能力[37]。

教练员还应考虑测试中的变向角度，因为动作要求和影响变向的能力取决于此[59]。相应地，教练员应选择一项涉及运动员变向相关的测试。例如，专业灵敏折返跑具有三点式姿势和足球运动特有的侧移[28,69,76]。505 灵敏测试的特点是向前和向后 180 度的方向变化，类似于篮球[77]或板球[32]运动的"切入"。

例如，505 灵敏测试，可以单独测试每条腿的变向能力，也可以分析双腿的差别[6,32-33,47-48,62-63]。尽管没有研究表明双腿变向能力的差别，但力量和功率（爆发力）测试中 10% 的差异是由腿部功能障碍导致的[79-80]。尽管如此，洛克、卡拉汉和杰弗里斯[33]等指出，对于有踝关节扭伤史的普通男女运动员而言，505 灵敏测试中 2% 的差异是有意义的，因为有踝关节扭伤史的运动员的患肢动作较慢。以上测试能用来说明运动员用这条腿变向是否比用另一条腿变向更有效[39]，或者他们下肢损伤是否已恢复[18,33]。

六、测试次数

灵敏测试通常需要进行多次，以确保运动员的表现一致或最佳，如果只进行一次测试，则可能无法实现。例如，为了取得最佳成绩，短跑测试要进行三次[57]。然而，测试次数可能受测试时间的限制，尤其是在有大量运动员进行测试的情况下。例如，美式橄榄球联合测试通常包括两项测试：专业灵敏折返跑和三锥筒测试[24,40]。克罗宁和坦普尔顿[5]表示，拥有一个优良可靠的计时系统，教练员可能只需要记录一次或两次测试，就能收集到可靠的数据。在进行灵敏测试时，教练员应该让运动员至少完成两到三次测试，如果时间有限，两次测试也行。然而，在确定最佳的测试次数时，教练员还应决定是否需要最快的表现或测试平均数。

七、外部刺激

如前所述，在进行灵敏测试时，运动员必须受到某种外部刺激并做出反应。变向速度测试没有任何刺激，因为测试中要求的所有动作和变向都会在测试前向运动员解释并预先计划好。保罗、加比特和纳西斯[67]在综述文献中详细介绍了当前灵敏测试的优势和不足。教练员必须考虑进行灵敏测试的问题。首先是测试体系，评估反应灵敏最常用的形式是"Y"形测试，在测试中运动员左移或右移，完成 45 度变向，然后在前面的刺激下冲刺。然而，这种体系可能并不总是合适的，因为并非所有的运动在比赛中都需要做出一个相对简单的决定，即左转或右转。尽管如此，"Y"形测试[16,26,39,65]或反应灵敏测试，需要对刺激做出左转或右转反应[10,13,75]，往往是该领域最容易复制的模型。

反应灵敏测试中使用的刺激可以是发光箭头、闪光灯、视频投影和人为刺激[67]。几个计时门系统被设计成闪光灯来产生刺激。学院和俱乐部橄榄球联合会运动员[16]、半职业和普通篮球运动员[39]使用灯光作为刺激的"Y"形测试。洛克、杰弗里斯、麦甘、卡拉汉和舒尔茨[39]等认为，这可能与高水平运动员较高的视觉扫描能力有关。然而，光刺激并不是运动特有的，它不能使优秀运动员在运动中运用实际的感知[59,67]。因此，其他的灵敏测试都包含了视频投影或人为刺激[67]。此外，保罗、加比特和纳西斯[67]指出，虽然视频投影可以使刺激一致，但通常在实验室外使用并不实际。

人为刺激让运动员做出反应，是最具运动特性的灵敏测试。但这取决于人为刺激所做出的动作反应，他们的动作及运动员如何对这些动作做出反应，应该尽可能具体地针对这项运动本身[67]。尽管人为刺激激发运动员反应可能存在潜在的可变性，但先前的研究表明，使用人为刺激可以产生有效和可靠的数据[13,75]。然而，保罗、加比特和纳西斯[67]指出，在正式收集数据之前，运动员应该熟悉人为刺激的灵敏测试。他们还建议采取严格的方法，对作为刺激物的人和运动员所需的反应给予指导。

八、变向速度、反应灵敏测试

以下内容分为三个部分：短距离变向速度测试、长距离变向速度测试、反应灵敏测试。教练员每次测试时都需要用秒表或电子计时门记录成绩，还需要一个卷尺测量所需的距离。如果要使用计时门，测试图将显示这些门的位置。除了测试程序外，还应注明每次测试所需的锥筒数量。

支撑面的起始位置通常指足部以舒适错开的姿势站立的位置（图1.4）。运动员的重心主要集中在前腿上，臀部和膝盖处弯曲以承载腿部重量，与前腿相对的手臂放在身体前方，后腿的臀部稍微伸展，同时弯曲膝关节。三点式姿势是指前腿和后腿，以及前腿相对的手臂与地面接触的起始姿势，类似于田径起跑的姿势（图1.5）。另一只手与前腿的位置、起跑线平齐。前腿位于前手后面16~20英寸（40~50厘米），后腿位于前腿后面。当运动员从三点式姿势抬起臀部时，前膝的角度约为90度，而后膝的角度应为120度左右。表5.1列出了本章中包含的变向速度、反应灵敏测试。

表5.1　变向速度、反应灵敏测试

测试名称	页码
短距离变向速度测试	
专业灵敏折返跑	80
505灵敏测试	80
改良505灵敏测试	81
三锥筒测试	82
改良"T"形测试	83
长距离变向速度测试	
伊利诺伊灵敏测试	84
60码折返跑测试	85
箭头试验	86
"T"形测试	87
反应灵敏测试	
"Y"形灵敏测试	88
反应灵敏测试	89

（一） 短距离变向速度测试

1. 专业灵敏折返跑

专业灵敏折返跑测试的目的是评估运动员加速、减速和左右侧移的能力，以及每条腿完成 180 度切换的能力。这是美式橄榄球运动员[28,40,44,69,76]的主要测试项目，也被用来评估足球运动员[37-38,42,50,52,68]。

测试安排

3 个圆锥筒应依次相距 5 码（4.6 米）放置，形成一条总距离为 10 码（9.1米）的直线。起跑线在 10 码（9.1 米）距离的中点。圆锥筒的位置应使其代表三条线：左、中（起点和终点线）和右。

步骤

在开始测试时，美式橄榄球运动员应采用双脚平行的三点式姿势。其他运动项目的运动员，应采用双脚平行的运动姿势。一旦测试开始，运动员先向右侧跑 5码（4.6 米）用右手触线。然后再转身冲刺 10 码（9.1 米）到对面用左手触摸线。最后，运动员转身冲刺回起跑点（终点）。如果没触摸到线则测试终止。从运动员离开起始位置开始计时，当运动员通过终点后停止计时。教练员应允许运动员至少完成两次测试，一次在右侧开始运动，另一次在左侧开始运动。

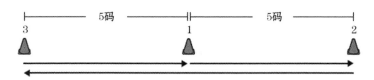

2. 505 灵敏测试

505 灵敏测试可以评估运动员在具有挑战性的 180 度变向变化中的加速和减速能力，并可用于确定其每条腿的变向能力[31,33]。该测试适用于橄榄球联盟[6,13]、橄榄球联合会[29]的运动员，以及足球[35,41,49]、美式橄榄球[36]、无挡板篮球[9]、篮球[77]、垒球[62-63]和板球[32,60]等运动项目的运动员。

测试安排

505 灵敏测试在 15 米的距离内进行。起跑线、计时线（距起跑线 10 米，计时器或定时门应设在此处）和变向线（距计时线 5 米）。如果可以，应该在地面上标明线路。

步骤

运动员应该采用两点或三点式姿势开始测试。一旦测试开始，运动员要从计时线冲向变向线。然后，运动员应将左脚或右脚踩在变向线上，并通过计时线向后冲刺。从运动员最初通过计时线时记录时间，并在运动员沿 180 度变向通过计时线后停止。教练员应允许运动员至少完成两次测试：一次是右脚踩在变向线上，另一次是左脚踩在变向线上。数据可以在两条腿之间取平均值，或者教练员也可以分别分析两条腿的表现。

3. 改良 505 灵敏测试

洛克、贾利万德、奥里亚洛、朱利亚诺、莫雷诺和赖特[36]等采用了改良 505 灵敏测试，通过将距离建立在英尺而不是米的基础上，使其更适合足球运动员。这可能在足球场上更容易测试，因为距离可以显示在地面上。洛克、贾利万德、奥里亚洛、朱利亚诺、莫雷诺和赖特[36]等记录了改良 505 灵敏测试和 505 灵敏测试记录时间的相关性，而且发现改良 505 灵敏测试能够区分位置（后卫比前锋快）。

测试安排

改良 505 灵敏测试与 505 灵敏测试布置相同。

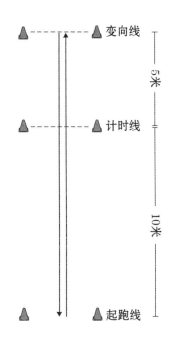

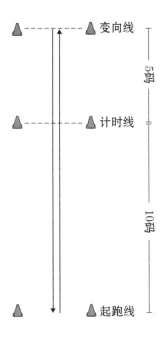

然而，改良 505 灵敏测试在 15 码（13.7 米）的距离上进行。起跑线与计时线的距离为 10 码（9.1 米），计时线与变向线的距离为 5 码（4.6 米）。

步骤

改良 505 灵敏测试与 505 灵敏测试的步骤相同。与 505 灵敏测试一样，运动员应至少完成两次改良 505 灵敏测试，分别测试左右腿。同样，与 505 灵敏测试一样，教练员可以取平均两条腿之间的数据，或者也可以分别分析每条腿的表现。

变向逆差

变向逆差是变向能力的另一个衡量标准，它被用于计算在等距离的短跑冲刺中方向改变对短跑成绩的影响[59]。这是根据专业灵敏折返跑[61]、505 灵敏测试[60]和改良 505 灵敏测试[36]中的第一个方向变化计算得出的。为了计算变向逆差，教练员应该在测试中记录运动员的表现，如专业灵敏折返跑、505 灵敏测试或改良505 灵敏测试。教练员还应记录运动员在 10 码（9.1 米）距离内的直线冲刺时间，以便进行专业灵敏折返跑和改良 505 灵敏测试，或 10 米距离内的 505 灵敏测试。然后，可通过以下公式计算变向逆差：

专业灵敏折返跑变向逆差 = 专业灵敏折返 10 码分段测试时间 − 10 码测试时间

505 灵敏测试变向逆差 = 505 灵敏测试时间 − 10 米时间

改良 505 灵敏测试变向逆差 = 改良 505 灵敏测试时间 − 10 码时间

根据变向速度测试的设计，以及是否可以记录测试中变向的分段时间，上面的公式还可为其他运动测试计算变向逆差。

4. 三锥筒测试

三锥筒测试可以评估机体的加速、减速、横向运动能力和机动性。该测试也是美式橄榄球运动员[28,40,44,69,76]的主要变向速度测试项目，并已经被用于橄榄球联盟运动员的测试[12]。

测试安排

3 个圆锥筒呈"L"形。圆锥筒 1 是起始圆锥筒，圆锥筒 2 位于 90 度角，圆锥筒 3 位于 L 的另一端。圆锥筒之间的距离为 5 码（4.6 米）。三锥筒测试可以设置为"L"偏左或偏右。

步骤

运动员应该用两点式或三点式姿势开始测试。一旦测试开始，运动员向前跑向 2 号圆锥筒，弯腰并用手触地，接着跑回 1 号圆锥筒并用手触地（a）。然后运动员跑回第二个圆锥筒，绕到它外侧，在第三个圆锥筒内侧迂回，然后绕着第三个圆锥筒和第二个圆锥筒的外侧迂回，最后到达第 1 个圆锥筒（b）。计时从运动员移动开始，直到运动员在测试中最后一次冲出起跑线为止。教练员应允许运动员至少完成两次测试，一次是运动员必须向右转弯，另一次是运动员必须向左转弯。

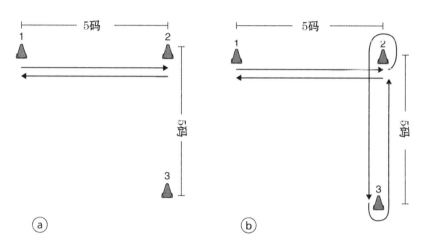

5. 改良 "T" 形测试

改良 "T" 形测试是传统 "T" 形测试的变形（参见"长距离变向速度测试"），最初为足球运动员设计[70]。萨西、达多杜里、雅哈迈德、马达加斯加、马富迪和加尔比[70]等认为改良 "T" 形测试与传统 "T" 形测试存在相关性。传统 "T" 形测试由男女大学生执行，且在距离上可能更适应于集体项目。该测试随后被用于评估集体项目运动员的变向速度[47-48]（如足球、篮球、无挡板篮球、垒球、橄榄球、澳式足球）和网棒球运动员[50]。

测试安排

4 个圆锥筒呈 "T" 形。起点和终点线为圆锥筒 1。圆锥筒 2 与圆锥筒 1 相距 5 米。圆锥筒 3 和圆锥筒 4 分别距圆锥筒 2 的左侧和右侧 2.5 米。

步骤

改良"T"形测试与传统"T"形测试的步骤相同。运动员用两点式或三点式姿势开始测试。一旦测试开始，运动员要向前冲刺，触摸圆锥筒2的顶部，然后侧移到左侧，触摸圆锥筒3，再侧移到右侧，触摸圆锥筒4，接着侧移回到左侧，再次触摸圆锥筒2，然后在起跑线上后退完成测试。计时从运动员开始运动到返回起跑线。用侧移方向同侧的手（向左移用左手，向右移用右手）触摸圆

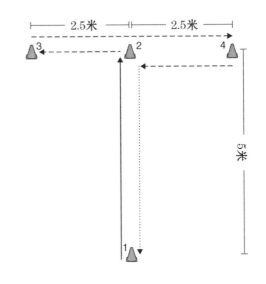

锥筒。运动员在侧面移动时不能交叉双脚，每次都必须触摸圆锥筒，否则测试将终止。运动员应至少完成两次改良"T"形测试，一次是运动员先向左移，另一次是运动员先向右移。对于此测试，数据可以在两次方向之间取平均值，或者教练员也可以分别分析每一次的表现。

（二）长距离变向速度测试

1. 伊利诺伊（Illinois）灵敏测试

伊利诺伊灵敏测试是一个更费劲的变向测试，包括线性冲刺、迂回和可操控的圆锥，以及更难切换的加速和减速。这项测试曾被用来评估曲棍球[27]、橄榄球联合会[25]、足球[82]、澳式足球[46]、壁球[85]运动员及警务人员[266]。

测试安排

伊利诺伊灵敏测试需要8个锥筒。4个圆锥筒用来围成长10米、宽5米的区域。另外4个圆锥筒位于长10米，距离

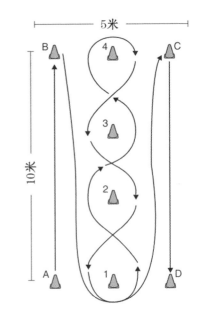

侧面 2.5 米的中心区域,每个圆锥筒相距 3.3 米。

步骤

运动员应该用两点式或三点式姿势开始测试。一旦开始测试,运动员从圆锥筒 A 冲刺到圆锥筒 B,再绕着圆锥筒侧面向圆锥筒 1 冲刺。运动员再锯齿式地绕进绕出圆锥筒 1 到 4,绕圆锥筒 4,然后回到圆锥筒 1,再反方向绕进绕出圆锥筒中心。然后运动员冲刺到圆锥筒 C,绕到这个圆锥筒的外侧,最后冲刺到圆锥筒 D,完成测试。计时从开始运动到返回圆锥筒 D。运动员必须绕过或越过圆锥筒,否则测试将终止。此试验至少要进行两次。

2. 60 码折返跑测试

60 码(54.9 米)折返跑的运动模式与专业灵敏折返跑类似,只是要求在较长距离内进行。这项测试强调在更大的无氧压力下测试加速、减速及横向运动的能力,而不是进行更短的灵敏测试。因此,这个测试被用来评估美式橄榄球[28,53] 和足球[37-38,68]运动员。

测试安排

4 对圆锥筒应分别距起跑线 0 码(起跑线和终点线)、5 码(4.6 米)、10 码(9.1 米)和 15 码(13.7 米)。第 2 至 4 对圆锥筒分别表示线 1、线 2 和线 3。

步骤

运动员应以两点式或三点式姿势开始测试,双脚平行,面朝右侧。一旦开始测试,运动员需冲刺到第一条线(步骤 1),并用左手触线,然后再冲刺回来,用右手触摸起跑线(步骤 2)。接着冲刺并用左手触摸第二条线(步骤 3),再冲刺回来,用右手重新触摸起跑线(步骤 4)。然后运动员冲刺并左手触摸第三条线(步骤 5),最后冲刺回起点和终点线(步骤 6)。计时从运动员开始运动到返回起跑线。每次不触摸线,测试将终止。教练员应允许运动员至少完成两次测试:一次是运动员面向右侧开始测试,另一次是运动员面向左侧开始测试。当面向左侧开始测试时,用右手触摸线 1、2 和 3,而用左手触摸起始线。数据可以在两次试验间取平均值,或者教练员也可以分别分析每次试验。

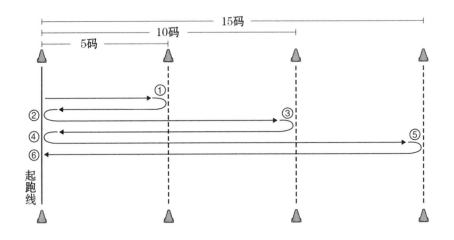

3. 箭头测试

箭头测试最初被用于评估足球运动员[37,42]。这项测试已被证明能够区分青少年和职业男子足球运动员，它是能够提供一些区分效度的测量方法[3]。

测试安排

这项测试需要 6 个圆锥筒。如右图（a），两个圆锥筒作为起跑线，一个圆锥筒距起跑线中间 10 米，另外两个圆锥筒距起跑线左右各 5 米，最后一个圆锥筒距离起跑线（A）中间 15 米。

步骤

运动员应该采用两点式或三点式姿势开始测试。一旦测试开始（右图 b），运动员冲刺到中间的圆锥筒（步骤 1），变向左侧或右侧绕着侧圆锥筒冲刺（步骤 2），然后绕着顶部的圆锥筒冲刺（步骤 3），最后冲刺回起跑线（步骤 4）。计时从运动员开始运动到回到起跑线。运动员必须绕着圆锥筒跑而不是越过圆锥筒，否则测试将终止。教练员应允许运动员至少完成两次测试：一次运动员向左转弯，另一次运动员向右转弯。数据可以在两个方向之间取平均值，或者教练员也可以分别分析每一侧。

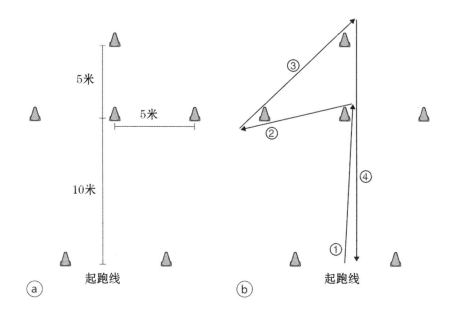

4."T" 形测试

"T"形测试通过直线加速、减速、侧向移动（侧滑步）和返回（向后跑）来评估变向速度[73]。它被用于评估警察学院学员[4]、业余男女运动员[45]，以及篮球、排球和足球等项目的专业运动员。

测试安排

4 个圆锥筒呈"T"形。圆锥筒 1 是起点和终点，圆锥筒 2 与圆锥筒 1 的距离为 10 码（9.1 米），圆锥筒 3 和圆锥筒 4 分别在圆锥筒 2 的左右两侧各 5 码（4.6 米）处。

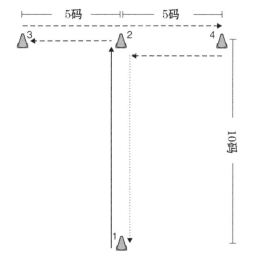

步骤

运动员应该采用两点式或三点式姿势开始测试。准备好后，运动员向前冲刺，触摸第二个圆锥筒的顶部；然后向左侧移，触摸第三个圆锥筒；再向右侧移，触摸第四个圆锥筒；接着向左侧移，再次触摸第二个圆锥筒，然后返回起跑线，完成测试。计时从运动员开始运动到返回起跑线。用侧移方向同侧的手（向左侧移用左手，向右侧移用右手）触摸圆锥筒。运动员在侧向移动时不要交叉双脚，每次都必须触摸圆锥筒，否则测试将终止。教练员应允许运动员至少完成两次测试，一次先向左转，另一次先向右转。数据可以在两个方向之间取平均值，或者教练员也可以分别分析每一侧。

（三）反应灵敏测试

1. "Y" 形灵敏测试

"Y" 形灵敏测试是在计时门的闪光刺激条件下进行的测试。虽然这类刺激不是专门针对运动的，但它确实可以评估运动员视觉扫描环境的速度[39]。这类测试可用于评估篮球运动员[26,34,39]、橄榄球联合会运动员[16]和其他运动员（如曲棍球、足球和执拍运动）的反应灵敏水平[65]。

测试安排

该测试使用四个计时门。启动门位于起跑线上，第二个门距启动门5米，第三个和第四个门在距离启动门中心45度的5米处。教练员应确保计时门系统能够控制照射每个测试门，教练员知道，但运动员不知道。

步骤

运动员应该用两点式或三点式姿势开始测试。一旦开始测试，运动员就冲刺通过启动门和触发门。他（她）应该被告知不要试图预测哪个门会发光，这样他们就可以更好地准备好变向任一方向。运动员通过触发门后，一旦发现有灯光的门，应尽快变向，冲刺通过该门。如果运动员确实预料到哪个门会亮起，那么测试将被忽略并重新进行。教练员应该使用足够的测试以确保运动员左右尝试的次数相同。

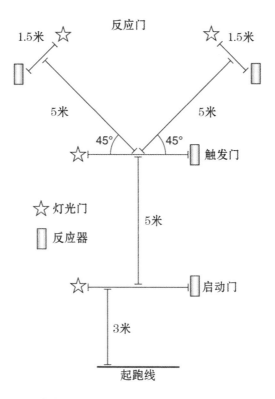

反应门

1.5米 ☆　　　　　　　☆ 1.5米

5米　　　　　　　5米

45°　45°　☆—|—　|触发门

☆灯光门

5米

▯反应器

|启动门

5米

3米

起跑线

引自：Jeffriessm D，Schultz AB，McGann TS，et al. Effects of Preventative Ankle Taping on Planned Change of Direction and Reactive Agility Performance and Ankle Muscle Activity in Basketballers ［J］. J Sports Scimed. 2015，14（4）：864 – 876.

2. 反应灵敏测试

反应灵敏测试是一个含有人为刺激的测试示例。该类测试可以让运动员用特定的视觉线索改变方向。它最初被用于评估澳式足球运动员[15]，但也被用于橄榄球联盟运动员[10,13]的测试中。

测试安排

两个圆锥筒用于标记起跑线（a）。计时门设在起跑线中心的左右各 5 米处，且距起跑线前方 2 米。因此，计时门之间的距离应该是 10 米。另一个计时门位于起跑线的对面；当测试人员（人为刺激）通过时，该门启动计时。

步骤

运动员应将双脚踩在起跑线后，平行起跑。测试员站在计时门后，即运动员对面。测试员移动便开始计时（b）。运动员对测试员的动作做出反应，向前冲刺，然后根据测试员的动作向左或向右移动。应该让运动员尽快识别线索，不要预测测试员指令的方向。测试者有四个选项可供运动员选择，所有选项大约 0.5 米的距离：

- 测试员右脚向前走，运动员向左改变方向；
- 测试员左脚向前走，运动员向右改变方向；
- 测试员右脚向前走，再用左脚走，运动员向右改变方向；
- 测试员左脚向前走，再用右脚走，运动员向左改变方向。

当运动员冲刺通过左或右计时门时，测试时间停止。应强调反应的准确性，如果运动员确实预料到测试员的走向并完成了一个不准确的反应，测试将被忽略并重新进行。教练员应该使用足够的测试，使运动员能够对四种选项都做出反应。

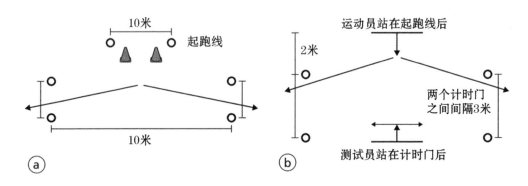

引自：Sheppard JM，Young WB，Doyle TL，et al. An evaluation of a new test of reactive agility and its relationship to sprint speed and change of direction speed［J］. J Scimed Sport，2006，9（4）：342 - 349.

第六章 变向速度训练

马克·罗曾

正确的步法、身体姿势、技巧及加速/减速能力，是准确且熟练地改变运动方向的重要基础。本章重点介绍变向速度训练，旨在向运动员传授高水平灵敏运动表现所需的基本技能和运动机制。掌握这些动作非常重要，可以促使运动员在特定运动中有效地运用这些技巧。

本章将介绍基本的步法训练。运动员在几个不同的点或标记之间跑动进行训练。训练之前要记住"不是练得越多越好"。设计大量的变向速度训练方法，有益于增加训练计划的多样性，但是随机选择训练方案很可能无法让运动员熟悉适当的运动机制或成功地掌握运动所必需的高水平技能。训练的科学选择必须基于专项需求，以及运动员的动作掌握水平、技能水平及运动员的发展水平。

本章重点介绍了一些用于识别灵敏训练的运动机理要点，以及有关如何根据运动员的水平选择和开展变向训练的建议。运动训练从业者深入了解这些基本概念，将非常有助于更大限度地挖掘运动员的潜力，使每次的训练效果最优。

值得注意的是，循序渐进地设计训练计划进度尤为必要，确保运动员学习适当的变向速度技术，能在多个方向上进行加速和减速。这将帮助运动员为发展有效的运动技能做好准备。在下一章中我们将会讨论有关加速和减速的有效核心运动机制。

一、加速和减速机制

在运动中，从原位（静态）或运动（跑动）开始加速是必不可少的。向前冲刺加速的关键是"三大关节的屈曲位置"，即踝关节、膝关节和髋关节协调而有力的伸展启动[2]。它们有力的启动使运动员可以通过产生巨大的地面反作用力（GRF）来向前快速推动身体。根据牛顿第三定律（每一个动作都有相等且相反，并在同一直线上的作用力与反作用力），运动员在有限的时间内，脚与地面接触所产生的地面反作用力越大，就能越快地沿预期的方向推动身体。在观察变向或横向运动训练时，情况也是如此。

在身体减速或制动时，三大关节踝关节、膝关节和髋关节的屈曲可降低运动员的速度并使其为变向做好准备。在这种情况下，运动员产生的制动力越大，越有利于运动员减速并重新定位身体姿势，为下一个动作的准备也越迅速。指导训练时，应强调以下几个关键点[1-2]。

（一）姿势

在加速过程中，运动员的重心应位于支撑脚的前面。这样可以为产生地面反作用力提供最佳的身体方位，增加水平推进力。不要通过弯曲腰部来实现这种方位改变。相反，当运动员的膝关节在脚与地面失去接触之前完全伸展时，教练员应该能够观察到一条与耳朵相交的假想线，其向下穿过支撑腿的躯干、髋关节、膝关节和踝关节。在进行线性加速运动时，运动员的头部应保持与躯干在一条直线上，躯干与腿在一条直线上（图6.1）。

在向前加速期间，如果发现前倾不明显，可能的原因是运动员为了减小身体的动量，与下半身相比，躯干必须采取更直立的姿势，并在减速时采用更大的后倾姿势。躯干的这一动作将重心后移到支撑部位的后方。这样可以使下半身处于更好的位置，能更好地制动在加速过程中产生的水平推进力（图6.2）。

图 6.1　加速时三大关节的屈曲位置

图 6.2　减速时三大关节的屈曲位置

（二）手臂动作

应该指导运动员在加速时使手臂弯曲成 90 度。应该注意的是，在向后摆臂的过程中，由于手臂向后有力地摆动所产生的力很大，运动员肘部的弯曲可能会超过 90 度。手臂有力地向后摆动利用了牵张反射，提供了推动身体前进所需的大量力量。为了帮助抵消下肢的旋转力量，手不应该越过身体的中线。一般来说，运动员的步幅越长，手臂摆动的幅度就越大，因为手臂的速度和腿的速度是相互依赖的，即随着手臂摆动幅度的增加，步幅也会增加（反之亦然）。

减速时，手臂将主要继续在矢状面上移动（前后摆动），当使用更短的步幅使身体减速或准备改变方向时，肩膀的运动范围和手臂摆动的幅度将会变小。当侧向移动或进入运动位置时，手臂应该在身体的两侧。

（三）腿部动作

快速启动需要同步伸展髋关节、膝关节和踝关节以生成地面反作用力。在进行加速训练时，应指导运动员将脚踝保持在背屈位置，并用手掌辅助拍打来驱动动作（拍打膝盖来加速脚掌下踩）。脚着地时，运动员的重心应放在脚掌上。该动作可以最小化制动并产生最大化的推进力。运动员胫骨与地面的角度最初呈锐角（小于 90 度），并且每次连续的步幅都会使其略有增加。在加速过程中，步幅长度开始会变短，但是随着运动员加速时间的增加，步幅也将逐渐增大。脚掌触地时间在第一次跨步时最大，并且随着跨步长度的增加也会逐渐减少。同样，由于克服惯性，开始的触地时间较长，步幅频率在开始时也较缓慢，而后逐渐增加。

在减速期间，情况相反。脚下踩时，运动员的重心应更多地向脚后跟移动，以减小推进力并最大化制动力。运动员的胫骨与地面的角度最初应大于 90 度，随着每次的连续跨步，再稍微减小。随着运动员尝试放慢速度、调整准备姿势或过渡到另一个动作（如侧滑、后蹬），触地时间会逐渐增加。

二、训练方案和进阶方法

如前所述，并非每一次的训练都适合所有的运动员或所有的运动项目。训练方案的选取包括两个关键因素：第一，运动员的运动技能水平和训练年限；第二，专项运动要求（如行进距离、运动方式、运动幅度和方向、所需的力量水平）。

以下是训练的一些基本注意事项和建议。

（一） 从动力性热身开始

在执行任何类型的训练之前，适当的热身非常重要。它可以加快肌肉血液循环，增加神经活动，并使运动员有时间为锻炼做好心理准备。最有效的方法之一就是进行动力性的热身运动。此外，这种运动准备也有助于降低运动员受伤的风险。动力性热身在第三章中有详细的介绍。

（二） 训练强度由低逐步提高

可以根据行进的速度、所需的分解次数或变向，以及训练持续的时间来量化变向速度训练的强度。一般而言，强度和量成反比。换言之，减速的次数越多，要求运动员在减速时化解的力就越大，产生的疲劳也越大。随着疲劳的加剧，运动员保持高质量的运动技术的能力也会随之下降，这可能会导致运动员接下来的运动技术动作变形或不规范，无法运用恰当的变向速度机制。因此，如果变向速度训练的强度很高，运动员的重复训练次数应减少，最大限度地降低受伤和过度训练的可能性。

（三）　从封闭式训练到开放式训练进阶

封闭式变向速度训练是众所周知的运动训练方式。进行训练时涉及的运动有固定的模式（例如，从锥筒 A 到锥筒 B 再到锥筒 C 的冲刺）。本章中的所有训练都是封闭式的。随着运动员运动水平的提高，应将开放式变向速度训练（也称速度训练）纳入训练计划。在开放式训练中，运动员必须对视觉或听觉提示信号做出反应，朝着信号刺激的方向冲刺。第十一章将详细讨论开放式训练。

（四）　强调质量而不是数量

正确技术的重要性需谨记。很多时候，无论距离有多远，教练都会要求运动员尽快地正确执行变向速度训练。用良好的技术促进协调一致的运动方式，可为运动员长期的成功提供最好的基础。因此，教练员最初应允许运动员以 1/2 ～ 3/4 的速度完成训练，强调要用良好的身体机制完成训练。当运动员表现出熟练的水平时，教练员应提高这些训练的速度，直到他们能全速训练为止。但是，如果他们的技术开始变形，则应该放慢速度！表 6.1 提供了本章包含的速度和灵敏训练的列表。

表 6.1　速度和灵敏训练

训练名称	页码
线型训练	
前后跳线	98
横向跳线	99
剪刀步跳线	99
前后跳线（横向移动）	99
横向跳线（向前和向后移动）	99

续表

三、线型训练

教练员通常使用线型训练来改善运动员的步法、速度和协调性。线型训练对初学者尤为适用，因为它组织起来相对简单并且不需要太多设备，只需在健身房的地板或运动场上画出边界线，或在有弹性且防滑的地面上绘制粉笔线即可。此外，还可以根据运动员的年龄和能力来调整沿线条运动的长度；或者，如果是定时训练，则可以调整训练持续时间的长度。以下是线型训练及其多样化的示例。

1. 前后跳线

运动员与线平行站立，然后在指定的时间段或重复次数中，双脚并拢来回跳动。运动员每次跳步着地后，应立即跳到线的另一侧，不要有任何额外的跳步或弹跳。

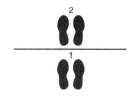

单腿变换：运动员也可以用一条腿来回跳线。应在指定的时间段或重复的次数下完成训练。每条腿训练的次数要平均，确保训练的均衡性。

2. 横向跳线

运动员垂直于线站立，然后在指定的时间段或重复的次数下左右跳跃。

单腿变换：在一条线上左右跳动也可以用一条腿进行。运动员应在指定的时间段或重复的次数下完成训练。每条腿训练的次数平均，确保训练的均衡性。

3. 剪刀步跳线

运动员与线平行站立，然后用右脚跨过线，左脚在线后。接下来，运动员快速移动脚步，将两脚的前后位置互换，然后通过类似剪刀工作的方式改变脚的位置，继续进行练习。

4. 前后跳线 （横向移动）

运动员与线平行站立，然后双脚并拢，向前和向后跳跃。同时，运动员要在指定的时间段或预定的距离内沿线横向移动。运动员应左右移动，确保训练的均衡性。

5. 横向跳线 （向前和向后移动）

运动员与线平行站立，在双脚并拢的情况下并排跳跃。沿着线向前移动时，双脚从一侧跳到另一侧，向前跳跃直至到达线的终点，然后向后从一侧跳到另一侧，直至跳回起始位置。在指定的时间段或预定的距离内完成此练习。训练期间，运动员应将双脚并拢。

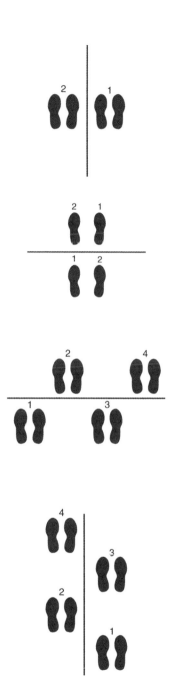

　　单脚变换：运动员可以在一条线上双脚左右跳动，也可以单脚进行。应在指定的时间段或重复的次数下完成训练。每条腿训练的次数均等，确保训练的均衡性。

6. 行进剪刀步跳线

　　运动员与线平行站立，然后一只脚跨过线，使一只脚在线的前面，另一只脚在线的后面。训练时，迅速交替双脚的位置，以剪刀式的运动将脚向前、向后移动，同时沿线在指定的时间段或预定的距离内横向移动，确保训练的均衡性。

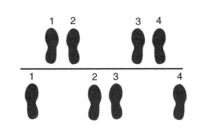

7. 180 度转体行进跳线

　　运动员站立在线上，保持肩、臀与线平行，然后跳起将身体旋转 180 度后落在线上。运动员在指定的时间段或预定的距离内继续沿线跳跃和横向行进。每次跳跃时双脚必须落在线上。

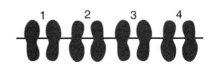

　　单腿变换：此训练也可以用一条腿完成。与双脚的方法一样，运动员沿线跳跃，每次跳动将身体旋转 180 度。脚必须在每一跳后落在线上。应在指定的时间段或预定的距离内进行训练。每条腿训练的次数均等，确保训练的均衡性。

　　线型训练还可以加入以下内容，使训练内容更富于变化。

● 多样化

　　多样化会增加这些基本线型训练的复杂性，并降低枯燥乏味带来的风险。每个练习的基本结构不发生改变，但是运动员可以使用其他形状的练习代替直线运动，增加训练的挑战性和多样性，包括折线、矩形、椭圆形、三角形或双线（图 6.3）。

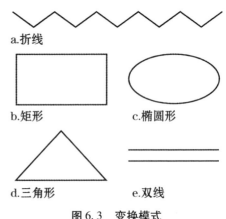

图 6.3　变换模式

双线（图 6.3e）可以增加训练的强度和运动员的代谢需求。例如，在前后跳线中，运动员可以用双脚跳过第一条线，然后越过第二条线。无须暂停，他们可立即向后跳跃。教练员应将线的距离设定在 12～18 英寸（30～46 厘米）。如果运动员无法保持平衡和身体姿势，教练员则应缩短线之间的距离，然后在运动员能够完成更大的训练量时再次增加距离。

- 增加听觉或视觉刺激

教练员可以向这些训练中的任何一个训练添加外部刺激，使运动员产生反应。例如，同伴或教练员可以在运动员进行训练时喊出随机的方向提示（例如，"改变方向！"或"停止！"），运动员必须快速有效地做出反应。此外，教练员还可以引入视觉刺激来提高运动的特异性，比如在训练期间定期将球扔给运动员。为了挑战运动员的认知和决策能力，教练员可以预先安排几个锥筒，要求运动员随时暂停后，在视觉或言语的提示下立即冲向某个锥筒。

四、绳梯训练

绳梯训练是一种非常好的训练方式，可用于训练初学者基本的身体控制和意识，发展他们的运动节奏和节律，以及在产生和减小力量时学习基本的身体控制能力。这些训练也可以促进运动康复，并且可以在运动员受伤后作为重返比赛的功能性训练[3]。

大多数速度和灵敏训练的绳梯都是由塑料制成的，这些梯级被连接在尼龙皮带上，围成格子。通常，梯级的间距为 12～18 英寸（30～46 厘米），但是，可以通过向上或向下滑动尼龙皮带的横挡调整格子的大小。教练员可以定期更改每个格子的大小，使运动员调整运动的步幅。脚部位置的调整类似于比赛中实际用到的情况，符合专项化需求。

在进行这些训练时，运动员应从简单的训练过渡到较复杂的训练。最初，运动员应该集中精力以良好的身体控制和技巧，尽快完成每次训练。同时，应鼓励无法保持适当体态的运动员以较慢的速度进行。

1. 单脚跳格子

运动员站在绳梯的末端，与绳梯平行站立，然后让一只脚踏入绳梯的第一个格子。接下来，运动员让另一只脚进入下一个格子，并沿着绳梯重复上述过程。运动员两脚交替，重复此练习。

2. 双脚跳格子

运动员站在绳梯的末端，与绳梯平行站立。运动员让一只脚进入第一个格子，然后让另一只脚进入同一个格子。通过绳梯继续行进，重复此模式。运动员应在随后的训练中交替用脚。

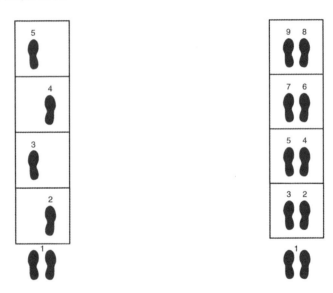

3. 双脚横向跳格子

运动员让一只脚进入第一个格子，然后让另一只脚进入同一个格子，且不能交叉双腿。通过绳梯横向行进，重复此模式。运动员应在随后的训练中交替用脚。

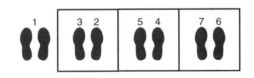

4. 跳跃

跳跃可增加绳梯训练的复杂性，如单脚跳格子、双脚跳格子，以及双脚横向跳格子。为了完成这种变换，运动员应使用跳步或跳跃进入每个格子。跳跃模式要求运动员以同一只脚跳起和着地。相反，常规模式要求运动员在跳起和着地之间交替换脚。在绳梯上进行跳跃模式训练之前，教练员应确保运动员可以跳过10～15码（9.1～13.7米）。

5. 恰恰舞步

运动员站在第一个格子的侧面，肩和臀垂直于绳梯的一侧。一只脚（先脚）靠近绳梯，横向进入第一个格子，然后另一只脚进入同一个格子。接着，将先脚迈到绳梯的外侧（起点的另一侧），后脚跟上。运动员将先脚向外迈一步，然后将后脚迈入第二个格子，并作为新的先脚。现在，把后脚（开始时的先脚）迈入第二个格子。保持这个模式行进，直至绳梯的尽头。随后切换先脚，重复练习。

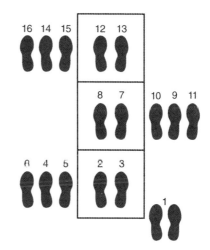

绳梯训练还包括其他变式的灵敏训练，具体如下。

6. 冰球侧滑步

运动员站在第一个格子的侧面，肩膀垂直于绳梯的侧面。靠近绳梯时，运动员横向进入第一个格子的一半，然后将另一只脚踩入同一个格子。接下来，运动员用先脚踩到格子另一侧的外面，然后把另一只脚踩到下一个格子内。格子外的脚接着完成此步骤。运动员在绳梯的另一侧完成相同的踩踏模式，并沿绳梯继续移动，可交替改变双腿进入的顺序及站立的侧面。为了进一步提高动觉意识和运动能力，运动员可以进行向后移动的练习。

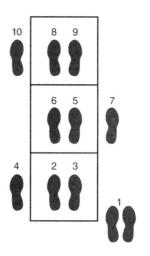

7. 卡里欧卡侧交叉步

运动员站在绳梯末端，身体与绳梯平行。运动员将距离绳梯最远的脚迈过另一条腿，横向进入第一个格子，然后将后腿向后移动，进入第二个格子。

接下来，重复先前的动作，将第一个格子内的脚向后交叉，迈入第三个格子。然后，继续横向移动，交替移动两脚。运动员从另一只脚开始，重复此训练。

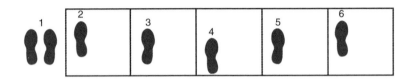

8. 交叉步

运动员站在第一个格子的一侧，肩膀垂直于绳梯的侧面，然后将远侧的脚越过另一条腿进入第一个格子的中心。随后，运动员将另一条腿移到领先的腿后面，跨过绳梯并移到第一个格子外面，与此同时，第一只脚要快速跟上。接下来，运动员沿绳梯重复此模式。训练时，运动员应在每个框的外部完成以上两个步骤，并在每个框的中央进行跨步。

9. 跳房子

运动员站立时，两脚跨立在绳梯第一格子的两侧。左脚在左侧，右脚在右侧。运动员迅速跳入第一个格子，一只脚落地。落地后，立即向前跳，落地后使两脚跨立在第二个格子外。然后，运动员迅速跳入格子2，另一只脚着地。运动员继续沿着绳梯行进，双脚在绳梯外面跳来跳去，着地脚在格子内交替跳动。

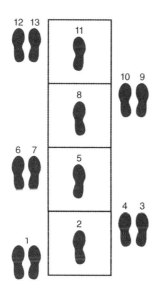 

10. 阿里侧交叉步

运动员站在第一个格子的后侧，身体与绳梯平行。运动员跳跃时，将一只脚移到第一个格子中，另一只脚移到侧面。以类似剪刀步的动作再次跳动，将 只脚踩到第二个格子中，并将原来的先脚移到第二个格子的下面。运动员继续前进，切换脚并沿绳梯横向移动。此训练应交替换腿，确保训练的平衡。

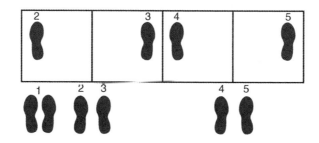

11. 横向单脚跳

运动员站在绳梯第一个格子的后方，身体与绳梯平行。运动员将一只脚放进第一个格子的中心，然后双脚跳到第二个格子的后方，接着用同一只脚跳到第二个格子内。随后，双脚跳到第三个格子的后方，然后继续沿绳梯横向移动，并让先脚进到每个格子中。以相反的方向重复此训练，并把另一只脚放在每个格子中。

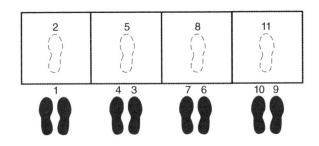

12. 横向双脚行进跳步

运动员站立在第一个格子的后方，然后将最靠近第二个格子的脚踏到第一个格子的中心，另一只脚立即跟上。当第二只脚进入格子时，将第一只脚斜向后退，放到第二个格子的后方，另一只脚立即跟上。运动员沿绳梯横向移动，将双脚依次放在绳梯的每个格子中。切换前导脚，以相反的方向重复此训练。

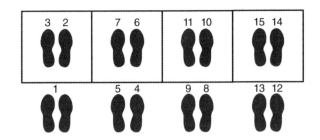

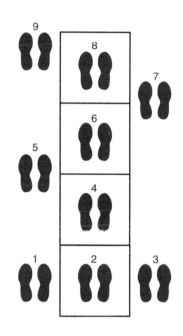

13. 激流回旋

运动员站在第一个格子的一侧，双脚跳到第一个格子的中心，然后立即将双脚跳到格子的另一侧。接下来，双脚斜向跳到第二个格子的中心，然后立即斜向跳到另一侧，落在第二个格子的顶部。按照这种模式继续沿绳梯移动。此训练也可以横向或向后进行。

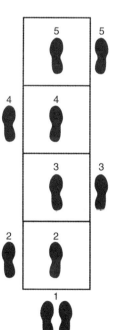

14. 摘樱桃步

运动员站在绳梯的末端，一只脚迈到第一个格子的中心，另一只脚立即跟进，迈到第一个格子的外侧。随后将第一个格子外的脚迈入第二个格子，另一只脚迈到第二个格子外。运动员按此模式沿绳梯移动，依次将双脚放在绳梯的每个格子中。切换前导脚，以相反的方向重复此训练。

15. 180 度转体跳步

运动员站立时，双脚跨立在绳梯的第一梯级两侧。然后，将身体旋转 180 度跳到一侧，并跨立在下一个梯级两侧。按此模式，跳到绳梯末端。

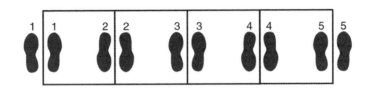

五、定点训练

运动员通常使用定点步法训练来提高自身的移动速度、运动知觉和反应速度。这些训练涉及三个阶段：着地、蹬地（地面接触）和起跳。理解这三个阶段很重要，因为它可使这些类型的训练效率最大化。

一旦肌肉开始做离心运动，着地阶段就开始了。肌肉这种快速的离心伸展能激活拉长—缩短循环[4]。此循环能利用肌肉组织的一系列弹性成分的能量存储功能，刺激牵张反射，可在最短的时间内最大限度地增加运动单位的动员[4]。蹬地阶段是脚与地面接触的时间，表示从着地到起跳的时间[4]。蹬地阶段过长，会使因离心动作获得的能量以热量的形式散失，运动员会失去利用存储的弹性能量帮助身体运动的益处。起跳阶段包括向心作用（肌纤维缩短）和起跳后拉长—缩短循环的使用[4]。在此阶段，肌肉中存储的弹性能量可用于增加跳跃高度、运动速度和行进距离。

定点训练被称为多响应训练，因为它涉及重复进行单腿或双腿运动，通常包括改变方向或身体定向。在这些训练类别中，强度级别有所不同。

初学者的单一响应训练涉及向前和向后或双腿并排移动。着地时，运动员应停下来，在进行下一个动作之前，可以实现并保持良好的身体控制。两次运动之间停顿的目的是要确保运动员在进行多响应训练之前，具有身体控制的能力，但两次重复的间歇很短。尽管这类训练相对容易执行，但它们为更高难度的训练进程奠定了基础。这些训练的重点是发展特定运动的动觉意识，以及在控制下快速改变方向的能力。

中级多响应训练包括向前、向后和左右移动或旋转的动作。这些训练的目的是让运动员在保持适当身体姿势的同时尽快完成相应的动作。尽管运动模式和技能水平更为复杂，但重点是在控制身体的情况下，尽快改变方向。

更高级别的多响应训练在单脚训练的基础上进行向前、向后和左右移动或旋转的动作模式。这类练习会增加运动员正在执行的练习的强度，并且要求他们具有足够的力量和身体控制能力来高质量地完成这些动作。

基本的定点步法训练的设置需要以"X"形的图案排列 5 个锥筒（或点），也可以通过使用粉笔或在锻炼场地上粘贴胶带来制作这些标记。每个点的直径约为 4 英寸（10 厘米）。组成边长为 3 英尺（0.9 米）的正方形，并按以下顺序编号：中心点为 1，正方形左上角为 2，右上角为 3，左下角为 4，右下角为 5（图6.4）。

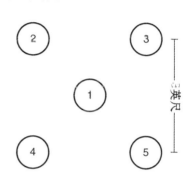

图6.4　定点步法训练设置

文中提供的定点步法训练可用于帮助提高运动员的变向技能水平和反应能力，它们可以通过每个标点的运动回合数、时间长度或总训练量（重复次数×组数）进行设计安排。

1. 前进和后退

此步法速度训练集中在方向的快速前进和后退的变化上，快速向前和向后的变向训练的顺序是 4—2—4 或 5—3—5。

2. 对角跳步

这个训练的目的是在向后和进行对角线移动的同时提高机体变向的速度。训练的顺序是 2—1—5—1—2 或 3—1—4—1—3。这两种模式都应执行，确保训练的平衡。

3. "V" 形训练

这个训练以向前、向后和对角线的变化进行。训练顺序为 1—2—1—3。

4. "M" 形训练

这个练习的目的是以向前、向后、横向和对角线模式提高脚步速度。此练习的顺序为 4—2—1—3—5。运动员也可按使用 5—3—1—2—4 的顺序，以相反的方式重复此练习。运动员从图形中最先列出的点开始，并在每次训练内保持相同的方向。

5. "8" 字形训练

这个训练的目的是提高机体的动觉意识和变向速度。训练顺序为 2—3—1—4—5—1—2。运动员反向重复此训练，也可使用 2—1—5—4—1—3—2 的顺序进行，但每次都要从第 2 点开始。

6. 跳房子

运动员的一只脚从点 4 开始，另一只脚从点 5 开始，面对点 1、点 2 和点 3。双脚跳入并落在点 1 上，然后再次跳起后双脚分别落在点 2 和点 3 上。运动员重复此模式，向后跳回起始位置。

六、锥筒训练

把锥筒当作标记，可以设置各种预先设计的灵敏训练。以下所述的每个灵敏训练的目的都是通过一系列预先计划的变向训练改善运动能力。通过创建运动选项让运动员对外部刺激做出反应，也可以将锥筒训练转换为半开放式练习。

训练中，移动模式也可以改变。在大多数示例中，除非另有说明，否则所有动作的完成都使用变向进行前滚、慢跑或冲刺。想要变换训练方式，可以使用各种移动方式：后踏步、滑步、侧滑步、交叉步等。下文介绍了几种不同的锥筒训练和灵敏训练模式。应该注意的是，这些只是建议，教练员在开发这类训练时仅受其自身创造力的限制。此外，第五章中介绍的测试还提供了专业灵敏训练方案。为避免冗余，本节未予介绍。

（一） 两锥筒训练

教练员将两个锥筒隔开一定的距离，大多数情况下，5 ~ 10 码（4.6 ~ 9.1 米）的距离足够了。运动员可以使用此设置进行大量的训练，以改善基本的变向运动能力。下面是一些训练建议。

1. 向前跑

运动员从锥筒 1 的前面开始。准备就绪时，运动员冲向锥筒 2。到达后，运动员要完全停下来，然后立即转弯，向相反的方向加速并冲过锥筒 1。

2. 后踏步

运动员从锥筒 1 的前面开始，背对锥筒。准备好后，后踏步到锥筒 2。到达后，运动员立即转身再后踏步到锥筒 1。此练习的重点应放在保持低重心和运动姿势上。

3. 横向侧滑步

运动员从面向锥筒 1 的运动姿势开始。准备好后，移动 5 码（4.6 米）到达锥筒 2，使重心保持低位，并使臀部、肩膀、躯干与锥筒平行。到达锥筒 2 时，运动员立即侧滑移动回锥筒 1。在此训练中，脚不要交叉。

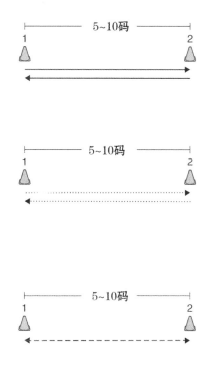

4. 两锥筒卡里欧卡交叉步

运动员从面向锥筒的位置运动。保持臀部低位，右腿越过左腿（a），向侧面移动，接着将左腿向侧面跨出（b），两腿分开，然后将右腿移向左腿后侧，交叉后（c）将左腿伸出向侧面跨出，依此类推。运动员应保持臀部、肩膀、躯干与锥筒平行。当运动员到达另一锥筒时，重复此动作回到出发点。

5. 180 度转体跑

运动员从锥筒 1 开始，冲刺到锥筒 2，使用短而快的踏步绕过锥筒，然后加速回到锥筒 1。在绕过锥筒时，运动员应尽可能地靠近锥筒。这是通过将身

体的重心移向变向侧完成的。运动员应重复练习向右和向左转弯。

6. "8" 字形侧滑步

运动员面对锥筒 1（并在整个练习中始终朝着相同方向），然后朝锥筒 2 侧滑步，然后按顺时针的方向旋转。当锥筒 2 在运动员前面时，再朝锥筒 1 侧

滑步。然后绕锥筒 1 逆时针的方向旋转，创建 "8" 字形的图案。重复练习，从锥筒 2 的前面开始，在锥筒 1 和锥筒 2 周围绕出 "8" 字形。

7. "8" 字形跑

开始时，运动员面对锥筒 1，然后向锥筒 2 的上侧冲刺（箭头指示的方向），然后围绕锥筒 2 顺时针的方向旋转。当到达锥筒 2 下侧时，朝锥筒 1 的上侧冲刺，

然后围绕锥筒 1 逆时针的方向冲刺，形成"8"字形的跑动图案。重复时，从锥筒 2 的前面开始，在锥筒 1 和锥筒 2 周围绕出"8"字形的图案。

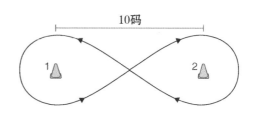

一旦运动员在这些基本训练中掌握了这项技术，教练员就可以以不同的方式组合，创建各种各样的运动模式，例如从简单、离散的运动（一个运动）发展为一系列的运动（组合运动）。以下是组合运动的示例，运动员可以通过用惯用的手触摸每个锥筒来增加训练方式。

- 运动员向前冲向锥筒 2，然后向后踏步至锥筒 1。
- 运动员向前冲向锥筒 2，然后侧滑步至锥筒 1。
- 运动员侧滑步移动到锥筒 2，然后向后踏步至锥筒 1。
- 运动员侧滑步移动到锥筒 2，然后冲刺回锥筒 1。
- 运动员先侧滑步移动到锥筒 2，再回到锥筒 1，然后旋转 90 度并冲刺经过锥筒 2。
- 运动员后退到锥筒 2，然后再冲刺回锥筒 1。
- 运动员向后踏步到锥筒 2，然后侧滑步到锥筒 1。

（二）　三锥筒训练

添加第 3 个锥筒可以进行不同组合的训练，而且这能增加训练模式的复杂性。教练员应在直线上放置第三个锥筒，相隔 5 码（4.6 米）。

在进行三锥筒训练时，运动员必须保持正确的运动姿势。他们还应该使用短而快的踏步，绕锥筒行进。180 度转体训练为三锥筒训练提供了良好的参照。运动员可以使用多种动作组合进行三锥筒训练。此外，前面所有的训练模式都可以为三锥筒训练所用。以下示例仅是三锥筒训练的一些组合。

- 运动员向前冲向锥筒 2，旋转 180 度，向后踏步移向锥筒 3。
- 运动员向前冲向锥筒 2，旋转 90 度，侧滑步移至锥筒 3。重复此训练，朝相反的方向侧滑步跑动。
- 运动员向前冲向锥筒 2，然后绕行 360 度，冲向锥筒 3。

- 运动员侧滑步移动到锥筒 2，旋转 90 度，后踏步至锥筒 3。
- 运动员侧滑步移动到锥筒 2，然后回到锥筒 1，旋转 90 度并冲刺到锥筒 3。
- 运动员向后踏步到锥筒 2，旋转 180 度，然后冲刺经过锥筒 3。
- 运动员向后踏步到锥筒 2，旋转 90 度，然后侧滑步经过锥筒 3。重复此训练，并侧滑步移动到相反的方向。

教练员还可以使用专门为三锥筒训练设计的训练器械。此处介绍的某些训练使用之前讨论的基本锥筒定位法，而其他训练则使用不同的布局。

1. 90 度绕行

该运动模式可以帮助运动员识别身体的方位，身体的控制方式及如何在运动过程中调整力量。3 个锥筒相隔 10 码（9.1 米）。运动员在锥筒 1 的内侧开始，臀部、肩膀、躯干与锥筒平行（面向锥筒）。准备好后，转身向锥筒 2 冲刺。接近锥筒 2 时，运动员略微减速，绕到锥筒外侧旋转 90 度，转弯时加速，然后冲过锥筒 3。

2. 90 度急速转弯跑

该训练的目的是使运动员能够在高速的灵敏类型的运动之间快速切换。3 个锥筒相距 10 码（9.1 米）（图 a），运动员从锥筒 1 开始，准备好后，冲向锥筒 2。到达时，下蹲到合适的运动位置，进行急速的横向转弯（b 和 c），并冲过锥筒 3。应保持在两个方向上进行相同次数的训练。

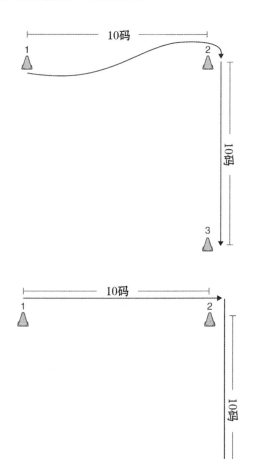

(a)

3. "L" 形训练

此训练的目的是保持运动员在专项运动中的平衡及在快速变向过程中加速的能力。"L"形的3个锥筒相隔10码（9.1米）。运动员从锥筒1开始，然后在提示下从锥筒1向锥筒2冲刺，并通过减速、降重心、抬脚等降到合适的跑动姿势。然后，运动员进行90度的急速变向，加速冲刺至锥筒3。使用短而快的踏步绕锥筒3旋转180度，然后加速回到锥筒2。运动员再次进行90度急速变向，冲刺回锥筒1。训练也可以反向行进。

4. "T" 形训练

沿一条直线摆放3个锥筒，间距5码（4.6米），它们是锥筒2、锥筒3和锥筒4。第4个锥筒（锥筒1）垂直于锥筒3放置，相距约10码（9.1米）。尽管训练在技术上使用了4个锥筒，但由于第1个锥筒仅作为起点，因此它适用于三锥筒训练。生成的T形线路图可用于快速加速、减速和爆发性变向练习中。从锥筒1开始，运动员冲向锥筒3，然后向左冲到锥筒2。运动员通过短而急的步子绕锥筒2进行180度转弯，然后冲向锥筒4。随后，绕锥筒4进行180度转弯，冲刺回锥筒3，接着向左急转弯，加速冲过锥筒1。

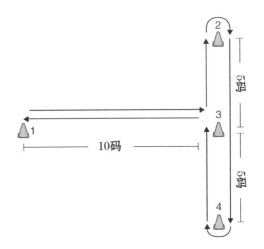

（三） 四锥筒训练

当运动员的运动能力不断进阶时，他们应该添加各种运动模式，包括向前、向后和横向运动，以及不同角度的运动，如45度的侧向后撤。由于运动员要沿多个方向运动并以不同的方式加速和减速，因此增加锥筒的数量能使训练更加复杂多样，这就要求运动员有更强的移动性和更强的身体控制能力。以下训练需要在一个边长10~15码（9.1~13.7米）的正方形中摆放4个锥筒。

1. 正方形跑

运动员从锥筒1外侧开始，臀部、肩膀和躯干垂直于锥筒。准备好或在听到提示后，冲刺到锥筒2，进行90度变向，然后冲刺到锥筒3。运动员在所有锥筒上持续此模式，直到返回锥筒1。此训练可按顺时针和逆时针的方向行进。运动员还可以后退跑或侧滑步，进行横向移动。

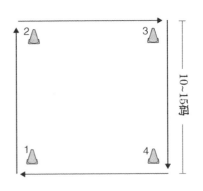

2. 四角跑

运动员从锥筒 1 外侧开始，臀部、肩膀和躯干垂直于锥筒 1。准备就绪或在听到提示后，冲刺到锥筒 2，侧滑步至锥筒 3，后踏步到锥筒 4，最后侧滑步回到锥筒 1 完成训练。

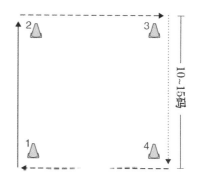

3. 熊爬和后踏步训练

此训练类似四锥筒训练模式，但是熊爬代替了侧滑步（a），运动员从锥筒 1 外侧开始，臀部、肩膀和躯干垂直于锥筒 1。准备好或在听到提示后，向锥筒 2 冲刺，转身面向锥筒 3，用熊爬（b）的方式爬到锥筒 3。到达锥筒 3 后，运动员应尽快站起来，然后背对锥筒 4，向后踏步到锥筒 4。随后，运动员转身面向锥筒 1，用熊爬的方式回到锥筒 1。

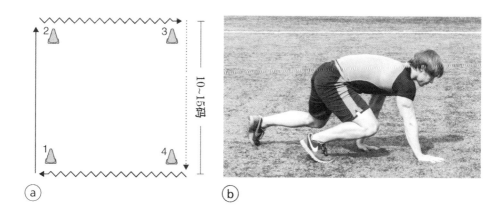

变换训练：可以使用多种移动方式（如侧滑步、短跑或卡里欧交叉步）进行训练。此外，还可以向前、横向（同时继续面向前方）、向后或结合使用这些形式完成熊爬。

4. "X" 形训练

运动员从锥筒 1 外侧开始，臀部、肩膀和躯干垂直于锥筒 1。准备好或在听到提示后，向锥筒 2 冲刺，绕过锥筒 2，后踏步并沿对角线移至锥筒 4。在锥筒 4 处，运动员绕其跑动，转身并冲刺到锥筒 3。在锥筒 3 处，运动员绕其跑动并后踏步沿对角线移至锥筒 1 完成训练。训练的运动模式可以从冲刺开始，然后以侧滑步的形式进行。

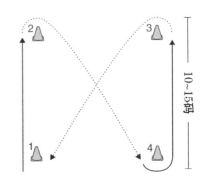

5. "Z" 形训练

运动员站在锥筒 1 处，面向锥筒 2，准备好或在听到提示后，冲向锥筒 2，变向后冲向锥筒 3。在锥筒 3 处再次变向，然后冲刺到锥筒 4。

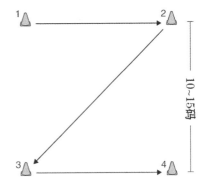

（四） 五锥筒训练

五锥筒训练是再次增加标记物，这对运动的复杂性、运动员的身体位置提出了更高的要求，能使其在灵敏水平和技术上都进一步提高。以下训练需要用 4 个锥筒围成一个正方形，然后中间放一个锥筒。周围的锥筒编号为 1 ~ 4，锥筒 5 位于中间。正方形的边长为 10 ~ 15 码（9.1 ~ 13.7 米）。

1. "M" 形训练

运动员从锥筒 1 外侧开始，臀部、肩膀和躯干垂直于锥筒 1。准备好或在听到提示后，冲向锥筒 2。到达后，运动员回到起始的运动姿态，通过锥筒 2 时改变运

动方向。从锥筒 2 开始，运动员沿对角
线侧滑步到锥筒 5，然后回到起始的运
动姿态，冲刺到锥筒 3。到达锥筒 3 后，
回到起始的运动姿态，背对锥筒 4，然
后后踏步至锥筒 4。运动员通过锥筒 4
后，侧滑步回到锥筒 1。应在两个方向
上进行此训练，确保训练的平衡性。

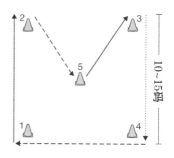

2. 星形训练

运动员站在锥筒 1 的外侧，面对正
方形的中心（并在整个练习中这样做）。
听到提示后，运动员沿对角线向锥筒 5
冲刺，再后踏步回到锥筒 1，然后侧滑
步至锥筒 2。在锥筒 2 处，运动员绕过
锥筒并沿对角线向锥筒 5 冲刺，到达后
再后踏步回到锥筒 2，然后侧滑步至锥
筒 3。接下来，沿对角线向锥筒 5 冲刺，

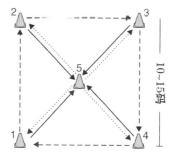

到达后再向后踏步回到锥筒 3，然后侧滑步至锥筒 4。在锥筒 4 处，转弯并沿对角
线向锥筒 5 冲刺，到达后再后踏步回到锥筒 4。运动员从锥筒 4 侧滑步返回锥筒 1。
运动员还应以相反的方向进行此训练并更改运动方式。

3. 星形熊爬

这种变化可提高运动员全身的灵敏
水平。运动员站在锥筒 1 处，朝向正方
形的中心（并在整个练习中这样做）。
听到提示后，运动员沿对角线向锥筒 5
冲刺，然后熊爬回锥筒 1；起身侧滑步
至锥筒 2，转弯并沿对角线冲刺到锥筒
5，然后熊爬回锥筒 2；起身并侧滑步至
锥筒 3，转弯并沿对角线冲刺到锥筒 5，

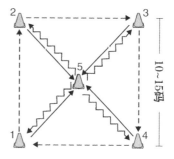

然后熊爬回锥筒3；起身侧滑步至锥筒4，转弯并沿对角线冲刺到锥筒5，然后熊爬回锥筒4；起身侧滑步至锥筒1完成训练。运动员可以反方向进行此训练，也可以将侧滑步换为其他的运动形式。

4. 蝴蝶形训练

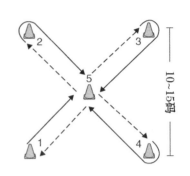

运动员站在锥筒1，面对正方形的中心（并在整个练习中这样做）。听到提示后，运动员沿对角线向锥筒5冲刺；以左腿引导（其后都是如此）侧滑步至锥筒2；继续向锥筒5冲刺，然后侧滑步至锥筒3，继续向锥筒5冲刺；侧滑步至锥筒4，随后向锥筒5冲刺。此后，运动员应侧滑步回到锥筒1，完成训练。运动员应再侧滑步时以右腿为引导，重复此训练。

5. 沙漏形训练

运动员在锥筒1处站立，面对正方形的中心（a）。听到提示后，右腿前移，以卡里欧交叉步移动到锥筒4。在锥筒4处沿对角线向锥筒5冲刺，然后转弯并以后踏步移动到锥筒3。然后，侧滑步至锥筒2，接着向锥筒5冲刺。在锥筒5处，运动员以左腿为引导，侧滑步至锥筒3（b），然后向后冲刺至锥筒5，以左脚引导，侧滑步至锥筒4，然后冲刺回锥筒5。为完成训练，运动员应以左脚为引导从锥筒5侧滑步至锥筒1。变形时，运动员可以改变侧滑步中的引导脚，用后退跑替换冲刺跑。

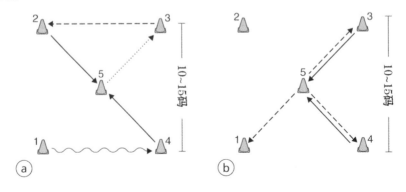

6. 进退步法训练

此训练由 5 个锥筒摆放而成，外侧锥筒与中心锥筒之间的距离是 5 码 (4.6 米)。运动员从锥筒 1 侧开始，听到提示后，面对正方形外侧，向锥筒 2 侧滑步 5 码。在 5 码的标记上，转身并冲刺到锥筒 5，然后，后踏步返回相同的标记处。然后，运动员继续面对正方形外侧，并向锥筒 2 侧滑步，在锥筒 2 和锥筒 3 之间侧滑步至 5 码的标记处、

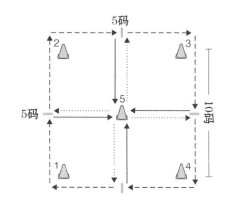

转身并冲刺到锥筒 5，然后，后踏步至同一标记处。然后，重复上述动作经过锥筒 3 和锥筒 4。为了完成训练，运动员应从锥筒 1 和锥筒 4 之间的 5 码标记处侧滑步至锥筒 1。

（五）六锥筒或更多锥筒训练

通过使用更多的锥筒，并要求运动员使用各种步法组合和身体姿势来移动和绕行，训练组合得更为复杂。通常，具有 6 个或更多个锥筒的训练需要更大的运动区域。

1. 专业灵敏训练

这种测试组合需要摆放另一组锥筒，引导运动员测试。摆放方式与前文相同，但两排锥筒之间距离约 3 码 (2.7 米)。听到提示后，一名运动员以传统方式从右开始进行侧滑步冲刺，而另一名运动员从左开始侧滑步冲刺。运动员要尽快完成训练，击败对手。

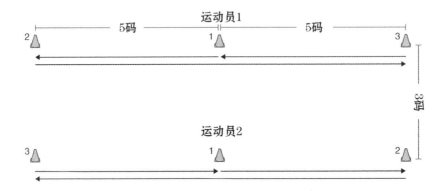

2. "S" 形训练

摆放两列锥筒，第一列摆 4 个锥筒，第二列摆 3 个锥筒，两列锥筒相距 10 码（9.1 米）。两列锥筒的间距为 3 码（2.7 米）。运动员面向锥筒 1 站立。听到提示后，朝锥筒 2 的上方冲刺，沿顺时针方向转弯，然后，向锥筒 3 的上方冲刺，沿逆时针方向转弯。随后，继续向每个锥筒冲刺，绕第二列锥筒时按顺时针转弯，绕第一列锥筒时按逆时针转弯，直到运动员通过锥筒 7。

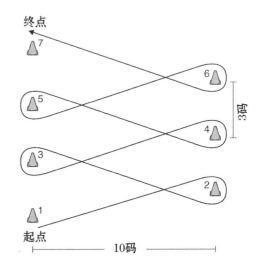

3. 蛇形训练

将6个锥筒摆放成一条直线，间距为 2~3 码（1.8~2.7 米）。运动员站立在锥筒 1 的左侧（面向锥筒），听到提示后，依次向锥筒 2 的右侧，锥筒 3 的左侧，锥筒 4 的右侧，锥筒 5 的左侧冲刺，最后到锥筒 6 的右侧。经过锥筒 6 时，逆时针转弯，此时运动员通过锥筒 6 往回依次绕行。当运动员经过锥筒 1 时，训练完成。

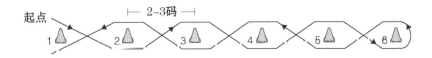

第七章　速度训练

杰伊·道斯

运动员要在运动中表现出色，仅仅具备运动能力还不够。许多教练员发现运动员在进行训练时，虽然有很灵敏的变向能力，但决策能力很差，这使其难以发挥真正的潜力。因此，在提高运动员身体技能的同时也应训练他们的知觉能力和决策能力。

第六章介绍了旨在提高运动员能力的各种训练：一般的运动能力和变向的能力。要把这些训练，作为运动员发展适当的运动技巧、协调性、动态平衡和身体控制等灵敏训练计划的一部分。但大多数运动通常处于变化和无序的环境中，因此教练员需要结合专项的运动感知和决策能力，让运动员更好地为竞赛做准备。这些练习通常被称为开放式灵敏训练、速度训练或反应训练[1,3,7]。就本章而言，这些术语可以互换使用。

开放式灵敏训练应以有助于衔接的方式，缩短实践与竞赛之间的差距。这些训练要求运动员预测、识别和应对各种环境刺激，选择正确的运动模式，以准确、高效地完成任务[3,8]。本章的目的是帮助教练员和运动员理解应如何适应封闭式灵敏训练，使其更具反应性。本章还将介绍一些开放式灵敏训练，为读者提供可以轻松使用或根据自己的需求调整的各种运动。

一、变向速度的适应性训练

运动员精通基本的变向速度训练后，应准备进阶到那些更无序且不可预测的运动训练中。通过一些小改动，几乎可以修改任何变向速度训练，增强运动员的认知能力和决策技巧。以下是进阶方式的示例。

第六章中的许多变向训练是由合并时间、空间和两者结合的（时间和空间）方式设计的。此外，训练还可以通过添加各种听觉、视觉和混合提示，实现多样的变向训练。

（一） 听觉提示

运动员训练时，教练员可能会定期发出口令指示，例如"开始""变换"或"停止"。听到提示后，运动员应立即做出相应的反应。例如，当运动员跑步向前时，教练员发出后退的命令，随后运动员立即减速并跑回起跑线。

可以将其他听觉提示和干扰因素添加到灵敏训练中，这能帮助运动员专注于与任务相关的听觉信息。听觉提示越多会使运动员的反应时间越长，为能更好地训练运动员准确做出多重刺激的反应，教练员应限制可能的反应提示和干扰因素，一般有两种或三种即可。

（二） 视觉提示

比赛期间，运动员必须不断扫视队友、对手或冰球，以及裁判员或教练员的场边信号。结合不同类型的视觉刺激和线索提示可以帮助运动员在比赛中快速识别与任务相关的比赛线索。这些提示可能很简单，比如以教练员或队友为标记提示应立即改变方向，或教练员发出信号让运动员向前冲并追赶下落的球。

（三） 混合提示

听觉和视觉提示可以组合起来，即使是最优秀的运动员也需要强化这类训练。例如，一名美式橄榄球运动员将球随机扔到奔跑中的队友右侧或左侧，接球后，教练员立即呼出 1 ~ 3 之间的数字。每个数字对应一个锥筒。接球的运动员冲刺到指定的锥筒以完成训练。开始时，运动员必须从视觉上跟踪球的轨迹才能接到它。接下来，运动员必须跟随教练员的听觉提示，知道向哪里跑才能完成训练或比赛。

通过这些不同类型的刺激训练运动员的基本变向能力，可以提高他们在特定比赛中所需的目标反应能力。与其他任何训练一样，教练员需要引导运动员将其运用到专项比赛或训练中。例如，用有照明系统的器材为运动员提供一般的反应性刺激。通常，这些系统具有多个显示器，显示器随机亮起，提示运动员以某种方式做出响应。这些类型的系统可以帮助运动员发展一般的反应和视觉技能，但是由于它们没有提供针对具体情况的刺激因素（例如，其他球员或球类动作），这样的训练是否能转换为比赛中的能力值得商榷[5-6,10]。一旦运动员持续展现出良好的身体控制和技术，他们就可以在综合灵敏训练中使用这些训练，改善他们在反应时间方面的能力。这种程序可以帮助运动员在比赛中更快地执行特定的专项任务，因为他们通过训练已经获得了很好的视觉搜索技巧和识别速度[2,8-9]。表 7.1 列出了本章包含的快速训练和游戏的名称。

表 7.1　快速训练和游戏

训练名称	页码
速度训练	
折返冲刺	127
反应式冲刺接后踏步训练	128
波浪形训练	128
侧滑步反应球训练	128
坠球训练	129
侧滑步和向前冲刺反应球训练	130
三角训练	130
速度盒训练	131
"Y"形反应训练	132
号码训练	133
起身跑	133
阴影训练	134
覆盖训练	135
间隙训练	136
对抗控制训练	136

二、速度训练

下文介绍了一些灵敏训练的示例。如前所述，这些训练中讨论的基本反应概念，以及满足运动员特定需求的速度训练类型，都取决于教练员的想象力。

1. 折返冲刺

此训练可提高运动员的启动速度，也能提高他们加速和减速的能力。运动员从相距 20 码（18.3 米）的两个锥筒之一

开始。在教练员发出信号 1 后，运动员开始在两个锥筒之间来回慢跑，强度约为 60%。当教练员发出信号 2 时，运动员加速到全速的 75% ~ 80%。当教练员发出信号 3 时，运动员在锥筒之间全速运动。运动员应在 25 ~ 30 秒内完成训练。为了确保运动员不会超过特定的速度，教练员应该随机发出信号，不要反复按照相同的顺序提示。例如，教练员可从信号 1 跳到信号 3，然后是信号 2，或从信号 2 到

信号 1 再到信号 3。这会使训练变得不可预测，从而使运动员集中精力，专心于教练员的提示。

2. 反应式冲刺接后踏步训练

此训练能提高运动员在前进和后退时加速和减速的能力，如运动员在各种运动中超越对手时可以用到。开始训练时，先放置

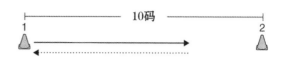

两个相距 10 码（9.1 米）的锥筒。运动员从锥筒 1 处开始。信号发出后，运动员向前奔向锥筒 2。听到教练员说切换后，运动员立即减速并改变方向，后退到锥筒 1。

3. 波浪形训练

运动员识别比赛中来自队友或教练员的视觉信号是很重要的技能。此训练通过视觉提示，能增强运动员的反应速度。放置两

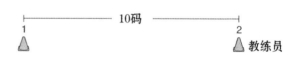

个相距 10 码（9.1 米）的锥筒。运动员应从锥筒 1 开始，教练员站在锥筒 2 的正前方。开始时运动员小步踏步，注意到教练员给出的视觉信号后要迅速改变方向。为了让运动员看清信号，教练员应把双臂举过头顶，向前运行的信号始终是第一位的。一旦运动员到达锥筒的中间，教练员就可以改变信号。向运动员发出后退的信号时，教练员应将双臂向两侧放下。教练员还可以直接向前方伸出手臂，以指示运动员停止在当前位置，原地踏步等待下一个提示。训练应持续 8~10 秒。

4. 侧滑步反应球训练

此训练能改善运动员横向运动的变换和手眼协调能力。两个锥筒相隔 5 码（4.6 米）。运动员站在锥筒之间，教练员站在运

动员面前，朝任一锥筒扔球。运动员必须接住球，然后将其扔回去。随着运动员反应时间和运动方式的改善，教练员可以增加锥筒之间的距离或投掷的速度。

5. 坠球训练

此训练非常适合提高运动员对视觉刺激和启动速度的反应。运动员和教练员之间的距离约为 5 码（4.6 米）。教练员手持一个壁球（或任何反弹的球）。运动员处于准备姿势，教练员将球保持在与肩同高的一侧，然后随机抛下，教练员一放开球，运动员就向球冲刺并在球弹起两次之前接住。运动员应以良好的运动姿势接球，不可以用扑球的方式接球。

教练员和运动员可以使用以下变化来增加训练的挑战性。

* 增加运动员和教练员之间的距离；

* 让运动员从不同的姿势开始；

* 教练员每只手都握一个球，但每次只能投下一个球，这需要运动员时刻高度集中注意力；

* 教练员拿两个球，并为每个球分配一个数字（或使用不同颜色的球），然后喊一个数字（或颜色）提示运动员应尝试接住哪个球；

* 通过使用运动员在比赛中使用的球来增加特异性，如扔足球或橄榄球给运动员。

6. 侧滑步和向前冲刺反应球训练

这类似于侧滑步反应球训练，但是它要求运动员在向前和向侧面移动时要做出反应。在边长 5 码（4.6 米）的正方形的每个角放一个锥筒。运动员站在两个锥筒之间。教练员站在运动员对面，且在区域外。教练员朝四个角任意扔球，运动员沿着边线移动以接住球，并且再把球扔给教练员。随着运动员反应时间和运动方式的改善，教练员可以增加锥筒之间的距离或投掷频率。

7. 三角训练

此训练通过使用听觉刺激来提高运动员基本的速度技巧和反应时。以三角形图案放置编号为 1 ~ 3 的 3 个锥筒。运动员站在锥筒 1 的位置，教练员站在区域外，喊出运动员前面两个锥筒之一的数字（如下图）。然后，运动员立即冲刺到相应的锥筒。此训练的变换方式包括运动员背对锥筒或以俯卧撑开始。后者使运动员必须迅速站起来并向前冲向相应的锥筒。

8. 速度盒训练

此训练对于提高运动员在密闭空间的速度非常有用。用 4 个锥筒设置一个边长 3 ~ 5 码（2.7 ~ 4.6 米）的正方形。锥筒编号为 1 ~ 4。运动员处在正方形中心的位置（a），然后等待教练员喊出锥筒编号。当教练员发出信号后，运动员随即奔跑（b）或按要求移动，用最接近的手或在开始训练之前指定的手触碰锥筒。触摸后，运动员冲刺回起始位置，等待教练员喊出下一个数字。运动员每组重复训练约 10 秒。

9. "Y" 形反应训练

此训练能帮助运动员调整步幅和脚的放置以迅速过渡到其他运动模式。以"Y"的形状放置 4 个锥筒 (a)。在距"Y"形顶部锥筒 3 和锥筒 4 约 10 码处（9.1 米）放置基准锥筒 1，中间为锥筒 2。教练员站在锥筒 2 处，运动员在锥筒 1 处。

教练员发出信号后，运动员冲向锥筒 2。到达后，教练员给出方向提示（b），以使运动员冲向另外 3 个锥筒（1，3 或 4）。方向性提示可以是视觉提示，如指向；也可以是听觉提示，如发出数字指令。教练员可以通过让运动员后踏步或侧滑步到指定锥筒来变换训练方式。

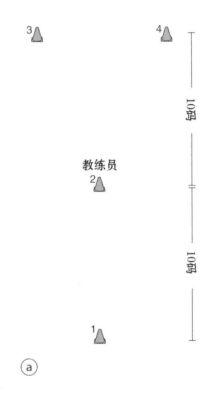

为了增强训练的专项性，可以让一位运动员跟随队友进行这项训练。当队友到达第一个锥筒，在决定是否要向锥筒 3 或锥筒 4 冲刺时，运动员应该对队友的移动做出反应，并尝试在队友到达选定的锥筒之前拖住他。

10. 号码训练

6 个锥筒排成两排，每个锥筒相距约 10 码（9.1 米）。将锥筒从 1 到 6 编号，1~3 号锥筒为第 1 排，4~6 号锥筒为第 2 排。运动员应站在 1 号和 4 号锥筒之间。当教练员喊出一个数字后，运动员冲向相应的锥筒后原地踏步，直到教练员喊出下一个数字。运动员继续进行此训练，训练最多进行 10 秒，其间更改 2~4 次方向。

变换训练：教练员可以喊出一串数字，通常不超过 3 个，并要求运动员尽快按照这个顺序进行移动。听到最后一个号码，运动员应立即执行命令。可以设置多排锥筒，让运动员进行此训练或比赛。进行比赛可能会增加训练的时间压力，提高运动员的动力。教练员可以通过使用二套不同颜色的锥筒，并随机地增加难度，如喊出一个数字或一个颜色让运动员做出反应。

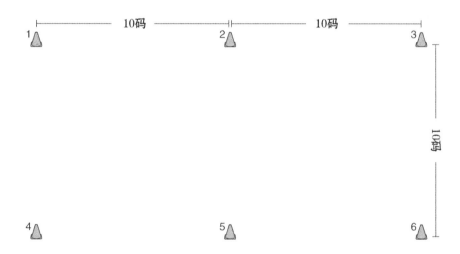

11. 起身跑

此训练使用与"号码训练"相同的设置（尽管图片上仅显示了 4 个锥筒，但实际上使用了 6 个）。运动员腹部向下，俯撑在锥筒 1 和锥筒 4（a）之间。当教练员喊出一个数字后，运动员冲刺到相应的锥筒（b），然后在新锥筒（c）处下降到俯撑的位置。随着训练的进行，运动员要跑到教练员指定的位置。运动员继续进行 10 秒的训练，在休息前应更换 2~4 次方向。

12. 阴影训练

此训练能教会运动员判断对手的运动模式。设置两个相距10码（9.1米）的锥筒。两名运动员彼此面对，站在两锥筒的中间。一名运动员担任领队的角色，另一名运动员必须模仿领队的行为。

此训练也可使用号码训练中用到的六锥训练配置，其中一名运动员（进攻运动员）位于 3 号锥筒和 6 号锥筒之间，另一名运动员（防守球员）位于 1 号锥筒和 4 号锥筒之间。分隔出运动员移动的空间（锥筒 2 和锥筒 5 之间的延伸线），当防守球员尝试模仿进攻球员的移动方式时，进攻球员可以利用整个方格。

13. 覆盖训练

此训练可使运动员判断多个对手的运动模式。在一个边长 10 码（9.1 米）的正方形中设置 4 个锥筒，一名运动员站在正方形的中心，第二名运动员在一对锥筒之间站立，并面对中心处的运动员。第三名运动员站在第二名运动员左侧或右侧的另一对锥筒之间。听到指令后，第二、第三名运动员在正方形两侧的锥筒之间移动。居中的运动员尽量与另外两名在两个锥筒之间移动的运动员保持对齐。随着外围运动员的

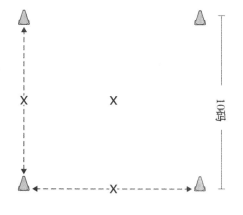

移动，位于中心的运动员必须根据需要调整其在正方形内的位置，使另外两名运动员始终在自己的视野内。此训练进行 10 秒后，运动员休息 20～30 秒，随后运动员向左或向右转，让一名外围运动员移至正方形的中心。必须不断地进行训练，确保每个运动员都在这三个位置上训练过。

14. 间隙训练

此训练可帮助运动员找到一个击败竞争对手的突破点或机会，例如橄榄球或足球。4 个锥筒在一条直线上相距约 1 码（0.9 米），形成三个按 1～3 编号的间隔。运动员距锥筒约 10 码（9.1 米），并处于面向锥筒的位置。听到信号后，运动员立即向前冲刺。在 5～8 码（4.6～7.3 米）的标记处，教练员给出一个间隔编号，然后运动员跑到相应的间隔处。

15. 对抗控制训练

此训练可帮助运动员提高针对特定运动的灵敏水平，并提高其读取对手动作模式并对其做出反应的能力。将 4 个锥筒放在一个设置成边长 15～20 码（13.7～18.3 米）的正方形中。防守运动员在正方形一侧的两个锥筒之间站立，两个锥筒后方作为末端区域。进攻运动员在正方形另一侧的锥筒之间站立。在发出信号后，进攻运动员试图避开防守运动员并尽快进入末端区域。尽管在训练期间会发生一些身体接触，但运动员不应过分争抢，因为这种行为会增加受伤的风险，应该特别告知运动员尽量减少接触。如果运动员接触频繁，则保护末端区域的防守运动员可以使用阻挡垫来增加运动的特异性，并最大限度地减少受伤的风险。此训练的目的是让防守运动员防止进攻运动员进入末端区域。每次训练应限制在 10 秒内，并且两次之间至少要有 30～60 秒的恢复时间。

15~20码

终点

ⓐ ⓑ

三、提高速度的游戏

融合了快速移动技巧的游戏是一种增加运动量的有趣方式。下文所述的快速移动游戏可以帮助运动员发展他们的情境运动技巧和身体意识。

1. 红绿灯

此游戏能提高运动员的灵敏水平，并能使其学会有效的加速和减速。两个锥筒相隔 40 码（36.6 米）。运动员应在一个锥筒旁待命，教练员站在另一个锥筒旁。听到绿灯的指令时，运动员应尽可能地向前冲刺。听到红灯指令时，运动员立即停在原地。当教练员发出绿灯指令时，运动员再次向第二个锥筒冲刺。教练员继续喊指令，直到运动员通过第二个锥筒。

|← —————————————————— 40码 ——————————————————→|

X
X
X
▲
X
X
X

△ 教练员

2. 摸膝对抗

此游戏可提高格斗运动员在专项运动上的速度和灵敏水平，如摔跤或散打运动员。它还可以帮助运动员进行判断，并适当地回应对手的动作。4个锥筒设置成正方形，边长为 2 码（1.8 米）。两名运动员大约相距 3 英尺（0.9 米），彼此面对。听到口哨声后，一名运动员尝试触摸对手的膝盖。请注意，出于安全的考虑，两名

运动员不应试图同时触摸对方的膝盖。对手应该根据需要躲避，避免被触碰，当触摸到对手的膝盖时得分。运动员训练或比赛的时间为 15～30 秒，然后切换角色。游戏可以重复多次，但是运动员在两个回合之间应休息 30～60 秒。两位运动员拥有均等的得分机会，赢得积分最多的人获胜。

3. 正面或反面

此游戏可用于提高运动员的启动速度，缩短其反应时间。两个锥筒相隔 20～40 码（18.3～36.6 米），另一个锥筒位于中间。在中心锥筒处，两名运动员张开双手互相面对，并且他们的指尖直接触碰锥筒（a）。然后，运动员保持运动姿势，双手低放在身体两侧。教练员指定一名运动员作为队首，另一名运动员作为队尾。教练员通过掷硬币来决定谁先跑，在到达标记处之前，该运动员（b）转过身并尝试躲过另一名运动员。运动员在没有被抓住的情况下到达指定的安全区域便得分。游戏应重复进行 6～12 次。

4. 大鱼吃小鱼

此游戏的目的是提高运动员的位置意识并能使其学会判断对手的身体动作。用 4 个锥筒设置一个 20 码 × 40 码（18.3 米 × 36.6 米）的游戏区域。一名或两名运动员扮演鲨鱼（防守运动员）的角色，并将自己置于游戏区域的中心。剩下的运动员在游戏区的两端扮演小鱼（进攻运动员）。这个游戏通常至少要有 6 人参加才能有最佳的效果，但"小鱼"不超过 20 条。游戏区的大小在很大程度上决定了运动员的人数。根据命令，"小鱼"将尝试从一个区域冲刺到另一个区域而不被"鲨鱼"抓住。被"鲨鱼"抓住的运动员要转换角色。

　　此游戏可以通过添加鲨鱼的数量来增加游戏的灵敏性要求，还能加强运动员抓住多个对手的机动能力。

5. 互抓混战

　　此游戏有助于提高运动员的位置感知能力，并能使其学会判断对手的身体动作。用 4 个锥筒设置一个边长 15 ~ 20 码（13.7 ~ 18.3 米）的正方形。将 3 ~ 4 名运动员分派到指定的游戏位置。听到指令后，运动员试着去抓尽可能多的人。被抓的运动员必须立即执行预先分配的任务或动作，例如，在回到比赛之前进行 5 个开合跳或俯卧撑。如果一个运动员被抓时存在争议，那么这两名运动员必须执行指派的任务。这个游戏应进行 15 ~ 20 秒，每组休息 45 ~ 60 秒。

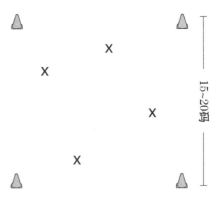

6. 21分

此游戏可提高运动员的速度、位置感知能力和战略思维水平，适合 2~3 名运动员参与。游戏应在一个大的开放空间中进行，游戏开始时，教练员随机扔一个反应球（如图）到比赛场地内的某个地方。运动员必须让球至少弹起一次才能尝试将其捕获。球每次弹起的次数就是运动员的得分。例如，如果运动员

在接球前它弹了两次，那他就得两分。获得分数后，运动员应该返回起始区域并等待下一次抛球。第一位积累获得 21 分的运动员赢得比赛。

7. 团队争球

此游戏可提高运动员的速度、位置感知能力和团队合作精神。将 4 个锥筒设置成一个 30 码×30 码（27.4 米×27.4 米）的游戏区域，每组 8~10 名运动员效果最好。如有更多的运动员，教练员可扩大游戏的区域以容纳额外的运动员。将运动员分为人数相同的两个团队并使他们散布在游戏区内。教练员通过吹口哨示意比赛开始，随后按下秒表并传球（如足球、篮球、橄榄球等）给一支队伍。双方都试图阻止对方拥有球权。得球的运动员必在 5 秒内将球传出，否则将失去球权。运动员可通过抢或拦截来获得球权。游戏预定的时间通常为 1~3 分钟。时间用完后，持球时间最长的队伍获胜。

团队争球的一种变形被称为"三传"。这个游戏形式与前面的一样，当一个队伍连续三次传球时得分。一旦得分，计分队伍需要将球设置在第三次传球完成的地方，另一队获得球权。

8. 终极飞盘改良版

此游戏非常适合开发运动员的情境游戏意识和团队合作精神，规则与足球相似。但是，身体接触有限，运动员的角色可以略做调整。运动员应在较大的开放区域玩游戏，至少要像篮球场那样，因为他们可能会使用飞盘或球（如足球、篮球、橄榄球等）。运动员分为两个人数相等的队伍，每个队伍到各自的游戏区域。一队作为进攻方，另一队作为防守方。比赛开始后，防守队将球

传给进攻方。当进攻方的运动员获得球后，他必须保持静止并把球传给队友。重复此过程并最终将球沿比赛区域传向对手的球门线。若一名球员越过了对手的球门线并在空中接住了球则球队得分。如果球被拦截或得分，则防守队成为进攻队。

第八章　灵敏训练计划设计

伊恩·杰弗里斯

由于灵敏素质要应用于运动的具体环境中，因此，发展运动员的灵敏素质对力量和适应性训练来说是一个巨大的挑战。灵敏素质包括许多不同的能力，如感知能力、认知能力、运动技能和身体能力。此外，灵敏素质还与运动表现的技术要求有关。因此，设计并进行有效的灵敏训练是较为复杂的活动。

两个潜在的矛盾因素进一步加剧了训练的复杂性：灵敏既是一种身体素质也是一种技能素质，而发展这两种能力需要采用不同的训练方法[6]。我们通常在高强度运动中才能观察到运动员灵敏素质的表现。这说明如果要有效地提高和改善这两种能力，运动员就要进行有效的高强度训练。但这种训练会让运动员产生很强的疲劳，所以在特定的时间内，运动员可以进行的高强度训练量是有限的。同时，灵敏素质需要通过大量的重复练习才能得到发展和改善。这就是灵敏训练中存在的矛盾之处，一方面，教练员需要大量的练习才能帮助运动员发展灵敏技能；另一方面，运动员能进行的有效的高强度训练是有限的。因此，在训练设计中平衡好这两点是一个挑战。

一、渐进式训练

灵敏素质是技能主导型的素质，因此，从逻辑上讲，应该采用渐进式的技能训练计划[2,6]。在设计训练计划时，我们可以像教师一样进行思考，因为教师的授课计划是围绕教学大纲设计的。教学大纲是由具体的授课计划组成的，能够将学生从现有的知识水平提高到教学目标的知识水平上。灵敏素质需要经过大量的练习才能在运动中表现出来，因此渐进式训练是系统发展灵敏素质的合理方法。

二、专项运动环境是一切

灵敏是技能主导型的素质，运动员的灵敏水平最终会体现在他是否能够成功地完成比赛中所有的技术任务[4,6]。但目前绝大部分有关灵敏的定义都缺乏运动项目的特异性，而这种特异性恰恰是帮助运动员有效完成动作技术的重要因素[6]。因此，在设计灵敏训练时，要着重考虑运动员发展灵敏素质所需的专项运动环境。

在结合专项运动环境设计训练时，逆向工程（Reverse engineering，又称逆向技术，是一种产品设计技术再现过程，即对一项目标产品进行逆向分析及研究，从而演绎并得出该产品的处理流程、组织结构、功能特性及技术规格等设计要素，以制作出功能相近，但又不完全一样的产品。它源于商业及军事领域中的硬件分析，主要目的是在不能轻易获得必要的生产信息的情况下，直接从成品分析，推导出产品的设计原理。）是非常有帮助的[8]。它有助于逆向分析项目的运动形式和背景，以确定该项运动对灵敏素质的精确要求，以及运动员在该项运动中的位置。这与我们起初定义的灵敏和速度及两者的训练完全不同[6]。逆向工程可以确保我们在改善动作后，达到专项运动环境的要求。分析过程中的关键问题是：运动员究竟想要达到什么目标？这需要我们确定比赛的各个阶段及运动员需要成功完成的任务[4]。然后，可以将这些任务分解为运动员能够成功完成所需掌握的技术动作[4]。这些技术动作是灵敏训练计划的重点内容。这种训练可以确保当运动员的技术动作得到改善时，能保留专项运动的特异性，可以使训练效果最大化地转移到比赛中。如果不考虑专项运动的特异性进行训练的话，可能会出现训练和比赛无法衔接，存在较大差别。最终，会导致运动员所进行的训练几乎不能对他的运动表现产生有益的影响，甚至可能会发展出与运动项目不匹配的（甚至有害的）运动能力。

三、动作分类

一个有效的课程应该包含一门学科所需掌握的全部基本技能。同样，一种有效的灵敏训练应该包含一种运动项目所需掌握的全部技术动作[3-4,6]。考虑到运动项目的多样性和技术动作的范围，确定哪些属于基本技能是一个难题。我们可以通过反向动作练习明确大部分项目都通用的基本技能，例如启动能力、快速加速能力、减速能力及空间变向能力[6]。反过来，这些要求可以被分解成一个个独立的运动单元，如果能够掌握这些运动单元，运动员就能在大多数运动中表现出有效的灵敏技能。虽然不同的运动项目之间存在一些差异，但我们还是能够为各种专项运动提供适合的训练结构，围绕要点设计不同的灵敏训练。

目标分类的核心是明确目标功能，也就是运动员尝试完成的目标[3,6]。在一段给定的时间内，运动员会试图以最大速度去完成启动或变向动作（起始动作），或在动作的过渡期间进行预判，控制身体对运动刺激做出反应（过渡动作）。灵敏训练往往侧重于起始动作和完成的动作，而较少关注过渡动作，所以在运动员进行训练时，训练所强调的是运动速度而不是对身体姿势的控制，这其实是一种错误的训练方式。运动员能够以最大速度进行有效的起跑和移动，往往取决于正确的动作姿势。

表8.1确定了每个目标功能（起始动作、过渡动作和完成动作）中的运动目标和相关的目标动作模式，这些目标功能结合在一起就形成了运动大纲[6]。这也是我们制订训练计划的基础，先要明确动作模式，然后进行改善，最后将其逐步应用到运动项目的特定场景中。运动大纲是对运动中有效基础技能的提炼，我们可以依照运动大纲设计有效的灵敏训练方案。

表 8.1　动作模式的目标分类

目标功能	动作目的	目标动作模式
起始动作	从前面开始	加速
	从侧面开始	跨步
	从后面开始	落步
	变向（直线或侧向）	切步或稳定步法
过渡动作	保持不动	运动姿势
	静态姿势向动态过渡	起跑动作
	向侧方移动	侧滑
	向后方移动	后退
	对角追踪攻击者	交叉步跑
	减速	减速动作模式
	受控向前移动	运动过程中保持碎步或调整步伐
完成动作	加速	加速动作模式
	以最大速度移动	从滚动开始，最大速度模式踢球
	通过细微的方向变化保持高速	弧度跑

引自 Ian Jeffreys. Gamespeed：Movement Training for Superior Sports Performance，Coaches Choice，2009.

四、按照大纲进行训练

高效的灵敏训练会平衡好训练的要求和运动员的能力。通过这种方式，我们可以对训练难易程度进行调整，使运动员可以处于最佳的训练状态，不要过于简单（可能会使运动员感到无聊），也不要过于复杂（可能会使运动员感到焦虑，甚至拒绝训练）。此外，优秀运动员的训练计划与初学者的训练计划应该有所区分。在制订一份灵敏训练计划时应该考虑运动员动作练习的进展及其训练水平。在训练的初始阶段，可以采用封闭式训练。在这种训练中，动作是预先计划好的，通常由单一的动作模式组成（如侧滑步）并且速度是可控的，运动员只用专注于某一部分动作模式的练习。在这个阶段，教练员应该培养运动员在模式中的动作能力，确保运动员在动作方面没有薄弱之处[6]。然后，可以逐步引入开放式训练，即为运动员提供环境刺激[6]。

随着训练的进行，教练员应该将运动员在运动中常用的姿势融入训练动作。例如，后撤步练习可以向后、向侧面或向前方冲刺结束，这些组合在许多运动中都可以见到。随着训练的不断深入，教练员也可以安排越来越多的开放式训练，使运动员能够对一系列的刺激做出反应，即一般运动反应（适用于多种运动项目），然后将动作具体化[6,14]。例如，运动员可以在短跑训练中加入后撤练习。接下来，教练员可以用信号提示运动员做出变向动作，运动员根据教练员的信号进行变向训练。这些类型的训练包括多种因素，如距离、速度、方向和外界刺激等。通过这种训练方式来代替运动中可能会遇到的具体情况。

下面几点表示的是运动能力与实践中运动速度发展的不同阶段[6]。运动员在一个训练阶段表现出稳定的运动能力后，就可以进行下一阶段的训练。同样，灵敏训练也可以采用这种模式：

（1）一般只表现稳定的基本动作；

（2）逐渐从封闭式训练向开放式训练过渡；

（3）在与比赛环境相近的条件下进行通用动作训练；

（4）在比赛环境中完成专项运动动作。

五、动作质量最重要

熟能生巧，这是进行任何灵敏训练必须知道的点。如果运动员想要提高灵敏水平，他们必须在掌握正确的技术后进行训练[4,6]。运动员必须明白，训练只是达到目的一种手段，最终的目的是在比赛中提高自己的灵敏水平。如果动作不能很好地完成，也就无法达到最佳灵敏水平。这就体现出教练员应在训练中不断强调技术的重要性。

表8.1所列的内容为运动员训练的动作表现评估提供了参考，这些内容可以作为灵敏训练计划的开始。当发现了技术的不足之处后，可以将这些内容作为训练的重点，使运动员的技术动作达标。教练员可以按照基本技术到封闭式训练再到

表现出高灵敏水平的专项动作的顺序安排训练。教练员可以按照下面这个顺序，发展运动员对表 8.1 中所有动作模式的灵敏素质：

(1) 发展个体动作模式；

(2) 增加变化因素（距离和方向）；

(3) 发展组合动作模式；

(4) 向开放式训练过渡；

(6) 加入专项运动技术要求。

教练员也可以组织为期 1~2 周的灵敏性发展训练，使运动员的灵敏素质能够在特定的运动模式下得到发展和改善。

六、有效技术改善练习的特点

设计灵敏训练时应该对基础技能有充分的把握。目前，关于如何才能最好地发展技能的研究仍在进行，所以在最佳技能的发展方法上还没有一个明确的说法，但我们可以通过一些训练机制，改善技能的发展程度，如正确地选择和设计训练结构。

（一）认知参与

当运动员参与了认知训练，其技能的发展会得到加强。高水平的认知参与似乎能够将运动员大脑中负责技术自动化的部分与参与解决问题的那部分联系起来。在运动员面临必须解决的问题的时候，采用开放式训练能够最大限度地调动运动员的积极性[10-12]。

每次训练都应在运动员能力的极限范围内进行。技术挑战和技术发展之间似乎存在一个最佳结合点[6]。如果所有训练都很简单，那么，运动员便无法有效地发展技术。另外，如果训练过于复杂，挑战系数过高，那么运动员很可能会因为完成的概率太小而失去积极性。因此，要合理安排训练的结构，将训练的难易程度控制在运动员的能力极限内。教练员必须掌握这样一个平衡点，让运动员在最佳结合点进行灵敏训练。在训练逐渐推进的过程中，自由度是一种特别有效的手段。我们可以将自由度视为运动员进行训练时必须考虑和控制的因素[6]。我们可以将所有的灵敏训练视为封闭式和开放式动作之间的连续动作练习。教练员可以在训练中增加自由度这一变化因素，但要注意，一旦增加自由度，也就意味着要增加一个额外的认知因素，这会为训练带来一个额外挑战。教练员可以将自由度加到所有的目标动作中，使训练逐渐从封闭式动作向开放式动作变化，最终发展为通用运动和专项运动皆适用的活动[6]。

（二）确保训练中的变化

当运动员重复技术动作时，遇到各种突变情况反而可能会提高运动员的技术能力[11]。使用开放式训练是一种能够遇到各种突变状况的训练方法，因为相对于封闭式训练来说，开放式训练可以通过改变起始位置、运动组合等方式来实现一定程度的变化。同样地，随机分配各项练习，而不将灵敏训练中的所有练习放在一起进行训练，也可以提高运动员的技术水平[6,9-10]。这些方法可以通过增加成功完成这些练习所需的认知程度来达到增强练习效果的目的。

（三）外界环境注意力

引导运动员增加对外界环境的关注度（关注动作的结果），比过多地关注内部因素（关注自身动作）更能增强其技术水平[6,12]。开放式训练和任务型训练在培养外界注意力方面非常有效。其实，通过适当的指导，封闭式训练也可以加强运动员对外界环境的注意力[5,11,13]。

（四）重复

运动员动作技术水平的提高来自大量高质量动作的重复练习，也许我们需要考虑的最重要因素就是重复训练。由此看来，运动员在训练过程中有规律地重复技术动作是很重要的。在一段训练周期中，运动员将不断重复进行运动项目所需的技术动作。

七、构建一个有效的灵敏训练

任何有效的灵敏训练都必须有一个明确的目标，该目标应该与想要改善或发展的特定运动技术有关。目标的类型则取决于运动项目和运动员的能力。对于初学者来说，这个目标可能是发展单项动作的能力，比如减速。对于经验丰富的运动员来说，这个目标会变得更加复杂，例如变向能力。而最终的目标则是更加具有运动专项性，例如篮球项目中防守的关键点。

在整个训练计划中，这个目标可以指导全部练习的内容。一旦确定了目标，就需要确定能够完成这个目标的最佳训练结构。这种训练结构将由理论和实际问题决定，后者包括可用的训练时间和训练资源。训练计划并不仅仅是一个简单的理论问题，我们要确保在设计训练计划时要考虑上述实际问题。否则无论这个训练计划在理论上多么合理，如果不能够应用到实际训练中，则不能被用来发展运动员的灵敏素质。

一旦确立了训练的总框架，就可以确定达到目标需要进行的最佳练习，然后将这些练习进行适当的组合。我们要确保所挑选的练习能够实现设立的目标，并且要保证对于运动员来说，这些练习的难易水平是恰当的。

一般来说，灵敏训练最好在运动员处于无疲劳状态时进行，所以理想情况下应该安排在训练初始阶段[6]。灵敏训练的持续时间较短（3~5秒），这样可确保运动员在整个训练过程中，能够保持适当的运动质量，包括技术表现和质量[6]。灵敏训练的休息间隔应确保运动员在后续重复训练中能够表现出高质量的技术。在某些情况下，练习的休息间隔可以适当延长或减少，其目的是发展运动员在疲劳状态下保持技术和质量的能力。通常，这种练习只会在运动能力较高的运动员中使用。

在进行开始动作和完成动作时需要较高的运动强度（参见表8.1），这样可以确保模拟比赛的环境，使运动员能够感受到较强的刺激，促进机体产生所需的身体适应性。但是，这并不是说所有灵敏性动作都必须进行高强度的练习。进行较低强度的运动练习，尤其是过渡动作，能够帮助运动员发展高水平运动表现所需的适当技术。通常来说，高强度的动作练习每周不应超过2次。而低强度的动作练习可以稍微频繁一些，因为低强度练习会引起较少的神经性和生理性疲劳，但也可以发展所需的运动技术。对技术发展的强调也就意味着某种形式的灵敏训练应该始终存在于运动员的训练计划中，本章稍后概述的热身方法是至关重要的。

（一）教练员是关键

本章所讲述的系统性和战略性训练过程应确保每次练习都有最大机会去实现

设立的目标。但是，每一节训练的最终效果及整个训练的最终效果，都是取决于每一节训练中教练员的指导质量。无论选择的练习有多么合适，只有运动员以适当的方式进行练习，才能称为一个有效的训练。在训练中，观察运动员表现的能力、评估与技术动作相关表现的能力，以及提供适当的反馈和技术指导使运动员的表现能够朝着目标发展的能力是十分重要的。永远都不要低估一个有效指导在灵敏训练计划中的重要性。

（二）　需要高质量的热身活动

在本章前面的内容中，我们强调了平衡好技术发展的需求与控制训练总量之间的关系是一个难题。在这里，我们所要讲到的 RAMP（raise，activate，mobilize，potentiate）热身系统是增强和协调教练员指导的有效方法[3,7,10]。热身运动的特点是运动员在训练的任何时候都要进行热身，这里将介绍一种省时的方法，可以在不需要额外训练时间的情况下使运动员的技术水平得到发展。在 RAMP 热身活动中，第一阶段是指提高运动员的生理参数，例如心率、体温等。虽然生理参数也可以通过一般运动方法来实现，但通过系统地应用动作模式来提高生理参数会使运动员在以后的每次训练中得到适应，这不仅能够为接下来的训练热身，还有助于所涉及的运动技术的发展，最终帮助运动员提高灵敏表现[3,6-7,10]。此外，在强化阶段，运动强度逐渐增加，以便为接下来的训练做好准备，强化阶段是进一步发展动作技术并将其应用于专项运动项目的练习阶段。这些热身的阶段可以针对技术表现的特定方面，如加速或变向，甚至可以针对专项运动，如创造空间（Creating Space）。这意味着我们不仅可以通过专门的灵敏训练，还可以通过有针对性的热身活动来发展灵敏素质[6-7,10]。

八、　小结

灵敏素质是包括身体和认知成分在内的复杂运动素质。因此，只有渐进的技能发展计划才能有效地提高灵敏素质。大纲式的训练模式可以用于发展灵敏素质：教练员可以根据具体的运动项目和运动员的能力水平，确定进行这项运动所需的基本动作模式，然后设计一套训练计划来建立、完善和应用大纲。

第九章 不同运动项目的专项灵敏训练

本章针对不同运动项目的自身特点，分别介绍了具有针对性的灵敏素质训练方案，这些训练方案由各小节的作者从实际训练中的经验总结而成。就像其他任何训练计划一样，灵敏素质的训练的方案也需要根据运动员的专项特点、场上位置、训练年限、技术水平、训练诉求以及教练员与运动员的训练条件来进行选择。

表9.1提供了本章将要介绍的运动项目的灵敏训练清单。

表9.1 运动专项的灵敏训练

项目	页码
棒球和垒球	153
篮球	161
搏击运动	167
板球	170
曲棍球	178
美式橄榄球	182
冰球	186

续表

项目	页码
网棒球	190
无挡板篮球	192
橄榄球	201
足球	207
网球	213
排球	216
摔跤	218

感谢以下人员的贡献：阿尔·比安卡尼（Al Biancani）、迈克尔·道舍尔（Michael Doscher）、托德·德金（Todd Durkin）、格雷格·因凡托利诺（Greg Infantolino）、凯蒂·克拉尔（Katie Krall）及迈克·桑德斯（Mike Sanders）。

　　运动员和教练员可以很容易地适应这些训练，或者根据他们的表现水平、训练背景、年度训练周期计划及训练目标等从第六章和第七章中找到替代训练方式。随着训练的进行，教练员应该根据实际需要修改这些训练方式。训练难度的提高应该根据运动员是否能正确地完成训练动作，以及他们的生理技能水平（如力量大小等）来决定。此外，教练员也应该将运动员完成训练时整体的身体控制、意识及技术等因素纳入考虑范畴。

第一节　棒球和垒球

贾维尔·吉列特

　　为了给棒球和垒球运动员找到一种有效的灵敏训练方式，教练员要熟悉项目的专项特征和技术特点等相关知识。这类运动项目需要身体的运动能力、技术及心理过程等的特殊结合才能取得成功。棒球和垒球中的大部分决定都是运动员在明显受限的时间内做出的。因此，棒球与垒球运动员不仅需要有良好的身体技能和能力，而且需要有良好的情境意识和反应能力，以便能快速并准确地执行一个成功的运动策略。严格来说，灵敏训练的训练方式应该与专项相结合，并从预先规划和结构化的训练方式最终过渡到在一个随机且变化的环境中设置的训练方式。

灵敏训练的设计应该满足场上基本技术动作的需求，并且可以满足不同位置运动员，如内野手、投手、外野手及捕手等的专项需求。无论运动员在场上的位置如何，防守动作通常都包括快速启动及奔跑中的突然变向。视觉转动同样是运动员要提升表现的必要因素。对于所有位置的运动员来说，视觉追踪与上肢配合的训练都是灵敏训练的重要内容。高速、多平面的步法训练可以改善运动员对身体的控制和定位能力，同时有助于其更精确地追踪飞行中的球。涉及与高飞球有关的灵敏训练时，应重视脚步的快速调整及臀部和肩部的协调旋转运动。接地滚球技术的专项灵敏训练应该包括上肢在接球位置时的正手和反手训练。在正手训练时，运动员一只脚横向跨出一步，同时转动身体呈箭步，并将戴手套的手向地面伸展。在反手训练时，运动员转动身体，单脚旋转的同时另一只脚跨离身体一步，身体呈箭步并用戴手套的手接球。

一、训练计划的制订

最好的棒球和垒球的专项灵敏训练，应满足场上不同位置运动员的特殊需求，并能够模拟运动员在一个随机变化的比赛环境中的动作。内野手与投手的技术动作频繁涉及短距离的快速横向并步移动，以及用交叉步冲刺覆盖不同的距离。外野手跑动覆盖的距离最大，而且大多需要经常改变身体的位置，同时还要高速移动。捕手的技术动作与场上任何其他位置的球员有很大的不同，因此专门针对这个位置的灵敏训练应该模拟运动员在场地中拦截球，并以不同的角度在短距离内取回球的内容。击球手应重视在击中球瞬间后动作的灵敏训练。跑垒的灵敏训练可以模拟绕垒时需要做出的转身技术动作，并且强调运动员在跑垒路径内的启动、制动能力。

在赛季期间，每天应进行针对球员具体位置的灵敏训练，但从一个全面的力量与体能训练计划考虑，休赛期也应每周进行两次棒球和垒球的专项灵敏训练。在季前赛期间，灵敏训练的频率应该增加到每周三次，以达到增加该项训练的总量。此外，灵敏训练时训练与间歇的时间比值应该在 1:20 至 1:5[1]。由于大多数的训练都是短距离且持续时间少于 5 秒，所以 1:20 的训练与间歇比足够满足 ATP - CP 供能系统的恢复。随着赛季的临近，间歇的时间应该模拟比赛时的实际情况，即运动员通常在两次投球之间有 20 秒的休息时间。

在确定灵敏训练总的负荷量时，必须综合考虑训练的方法、覆盖的距离、变向的需求及训练强度，后两者是最为重要的。例如，一个短距离的高速 180 度转身（如在减速时）与一个长距离的弧形转身（如在绕过一垒时）对运动员的灵敏水平的要求显然是不同的。马格里尼等人建议每节训练课应保持 300 - 600 米的负荷量。至于变向训练，为了全面发展，应在各个方向上重复训练 4 ~ 5 次。对于高频率超等长收缩训练来说，运动员应该在 5 ~ 6 秒内尽快完成各次训练。很多训练同时组合了较多变向的训练内容（如移动时向左或向右移动，向前或向后移动，向左上或向右上移动等），这同样会消耗运动员的注意力，因此应该将其纳入运动员总的负荷量进行考量。灵敏训练时总的负荷量应该为各个方向上重复训练次数的总和。一般的灵敏训练每次应至少进行 2 ~ 3 组，而各位置的专项灵敏训练每次应该超过 4 ~ 5 组。一般的灵敏训练可以使运动员保持一个好的基础运动技能，从而展现出全面的运动能力，而各位置的专项灵敏训练能确保他们在自己的位置上具有更好的专项能力。捕手在场上需要的独特运动技能将他们与其他位置的运动员区分开来。因此，为了实现训练向实际需求的转移，捕手的灵敏训练计划应该是可变的个性化方案，同时他们要进行规律性的训练。

二、一般目的的灵敏训练

（一）臀部多平面的弹跳训练

此训练强调的重点是身体重心突然改变时的身体控制和变向能力。旋转臀部的弹跳训练增加了髋关节旋转和肩关节分解动作的内容。在动作变化的过程中，运动员应该尽量保持头部和肩部不动。进阶版本可以单腿完成动作。

1. 直线前后跳

开始时运动员面朝前,双脚站在一条线后面,然后双脚向前和向后跳过这条线。

2. 横向跳

开始时运动员侧身站立,双脚紧挨一条线,然后双脚横向跳过线后再跳回来。

3. 旋转45度跳

开始时运动员面朝前,双脚站在一条线后面。跳跃使臀部旋转45度,一条腿跳至线前,另一条腿同时起跳但依旧置于线后。跳跃时两脚应该同时着地,然后快速连续起跳,交叉切换前、后腿,每次跳跃时尽量让前、后脚都踏在同一位置。

4. 旋转90度跳

开始时运动员侧身站立,一只脚站在线的一边,另一只脚站在线上。跳跃使臀部旋转90度,同时让置于线的一边的脚踏到线上,而站在线上的那只脚跳跃后也落回线上。然后快速地回到初始姿势开始下一轮训练。跳跃时注意两只脚应该同时着地,保持肩部始终与线所在的平面垂直。在训练的过程中,注意向左或向右旋转的训练次数要均衡。

5. 旋转180度跳

开始时运动员面朝后,双脚立于线上。开始之前旋转肩部,使其垂直于直线。双脚跳跃使臀部旋转180度,然后反方向落回线上。跳跃时两只脚应该同时着地,保持肩部始终与线所在的平面垂直。在训练的过程中,注意向左或向右旋转的训练次数要均衡。

6. 弹跳并接球

在运动员专注地完成弹跳训练3~5秒后,教练员投掷一个球让其在空中接住。球应该扔在训练区域附近的不同地方,目的是使运动员进行随机的身体调整,这有助于模拟运动员在比赛中的实际需求。

（二）　手臂滑动伸展

跳跃接球或飞扑上垒的动作，是很难在训练环境中安全重现的。灵敏训练涉及落地和伸展的部分有助于运动员为撞击地面建立自信，补充相关的知识，同时可以改善其动态稳定性，能在机体核心部分和肩部增强反应力量。

这里探讨了上肢的变向原则。为了建立一个更通用的情景，可以添加一个目标，并改变伸展的距离和（或）方向。

四肢触地，双手放在地上的滑竿上，然后当一只手臂沿着地面在身体前方伸展扩大范围的同时身体向前倾斜。像传统的俯卧撑训练那样，用另一只手臂支撑，防止摔倒，注意胸不要接触地面。为了增加难度，在跪姿下上身开始时直立，然后向前倾斜，一只手臂落地、滑动并向目标伸展，另一只手臂协助支撑并预防摔倒，手向前滑动到位后，身体向后弹起，回到上身直立的跪姿姿势，或直接回到站立姿势。

三、内野手和投手的专项训练

（一）　正手和反手箭步接球

优秀的棒球和垒球运动员最初会放慢手速，限制头部运动，并且会在视觉上更深入地追踪球，以便在球接近时有更多的时间来决定并调整他们手的动作。在正手和反手灵敏训练中结合上肢伸展可以帮助运动员获得必要的技能，从而在高度依赖视觉追踪和上肢伸展运动的比赛中强化合理的顺序和时机。

传统的接球训练是在两端接球时，在两个方向上各横向滑动 2~3 次。

第 1 阶段：最初在没有接球的情况下进行这个训练。以一只脚为中轴旋转身体，并用正手箭步接球，然后回到起始姿势。旋转身体，跨出一只脚呈反手箭步接球，最后再回到中立位置。一旦掌握了正确的技术，可以通过移动双脚和尽可能快地切换箭步来加快训练的速度。

第 2 阶段：在两侧选择三个不同的位置，改变每一步的着地区域（8 点钟、9 点钟、10 点钟向左，2 点钟、3 点钟、4 点钟向右）。只要准确度和控制力能得到维持，就可以加快动作速度。

第 3 阶段：不要从起始位置就开始旋转，而是在跳跃和转动身体的同时快速地切换脚。进入箭步的姿势后，用戴手套的手触地。

第 4 阶段：运动员应该对教练员的击球做出反应。运动员必须决定用正手或反手箭步去接球。

（二）快速踏步

传统的快速踏步训练是一种固定的计划，进行高频的训练来减少运动员触地的时间和提高脚的移动速度。棒球和垒球快速踏步灵敏训练在踏步训练内穿插了接球、传球和投球等内容，从而使其变得更具棒球和垒球的专项特点。

开始时，双眼注视前方，双手做好接球的姿势，同时双脚原地踏步 3~5 秒。下达开始指令后，运动员迅速反应，将身体旋转 90 度，切换双脚至投掷姿势（垂直于开始时脚的位置），并且开始跳动。对于右手投掷者来说，右脚先着地，跳到身体正下方的位置，同时左脚轻微摆动超过肩的宽度，在右脚落地后紧接着落地。此时，运动员的重心应该主要在身体正下方的右脚上。重复训练，达到所需的重复次数。为了更具实战性，可以不用口令指示运动员开始训练，而是让运动员戴上手套并向其抛球，接到球后立即开始训练，这样就可以让运动员在训练中完成接球、换手、再投球的整个过程。

四、外野手的专项训练

（一）"之" 字形训练

这些训练模拟的是在一个小角度下往回跑接越过头顶的一个飞球。运动员将髋关节朝向跑动的方向，同时将视线保持在球上。训练的最终目标是建立一个随机、可变的环境。

1. 过肩 "之" 字形

先向前跑到每个锥筒，然后将髋关节旋转朝向下一个锥筒。在每个锥筒处，让一只脚在不完全停下来的情况下改变方向。保持头部和肩部朝前，同时髋关节旋转，从而让运动员能够向前奔跑。

2. "之" 字形接球

教练员站在起跑点，在完成 2 ~ 4 次切入后，将一个球抛向空中，运动员顺着球的轨迹完成接球。为了增加反应的训练部分，教练员还可以在将球抛向空中之前提示运动员需要变向的方向。

（二）"Y" 形训练

这些训练通常涉及在一个可变的环境中快速做决定、身体控制及在追球时快速切入的情况。

1. "Y" 形前进法

从 "Y" 形的顶部开始（左侧或右侧），冲刺到中间的锥筒，然后突然向底部的锥筒切入。在接近底部的锥筒时，用正手或反手扫地，双脚同时跳过锥筒，从而模拟接地滚球，然后将其换到投掷手。

2. "Y" 形后退法

从 "Y" 形的底部开始，以一个面向前方的中立姿势，向左或向右转，并冲刺到中间的锥筒。然后突然切入 "Y" 形的顶部（左边或右边）。在这个训练的第 1 阶段，完成切入中间锥筒的方向应该跟起始变向一致。在训练的第 2 阶段，完成切入中间锥筒的方向可以与中间锥筒的方向相反。为了增加训练难度，教练员可以指向初始变向的方向，然后向空中扔一个球，使运动员必须在中间的锥筒处做切入动作，接着追赶一个越过肩膀的球。

五、捕手的专项训练

（一）捕手的内野飞球灵敏训练

此训练可以从捕手想象球已经被挡在泥土中时开始。捕手从跪姿开始，双手收拢到身体附近，略高于地面。教练员或队友站在捕手身前，将球扔到捕手附近，这样，捕手抬头就可以看到球触地的地方。听到球触地的声音后捕手立即做出反应，迅速跳起来，并尽快地将球接回。在升级版本的训练中，捕手需要护腿板。从蹲位开始，等待教练员或队友指向左边或右边。捕手对此做出反应，朝着指定的方向移动，然后跪下。到指定的方向后，教练员或队友在捕手附近丢一个球。捕手立即双脚跳起，并接回球。

（二）捕手的触击灵敏训练

此训练是一种多变的训练，目的是改善捕手从蹲位移动到触击的反应和移动时间。捕手从蹲位开始，等待站在其后的教练员或队友将球抛到身前，球滚动的距离不远（在垒线之间）。直视前方时，捕手保持警惕，利用视觉和听觉线索来定位球，并尽快将球取回。为了增加投球后的难度，教练员可以喊出一个垒，让捕手在接球后投球。

六、基础的专项跑步训练

（一）"之"字形穿梭训练

"之"字形穿梭训练为运动员在跑垒时改善身体的控制提供了一个情境。这里探讨了侧向加速和减速的技术，由于距离决定了短期往返爆发的速度，随着跑动距离的增加，运动员的每一次变向应该变得更困难。为了增加时序难度，教练员可以移开锥筒，用指向或口令的方式提示运动员后续的变向。

1. 蛇形穿梭（内侧角切入）

在这个训练中，运动员将向前跑，并以弧形的方式紧紧地绕着锥筒旋转，而不是突然、急转地切入，让内侧脚在每个锥筒的外侧站稳。弧度越大，完成这种专项的穿梭训练就越简单。在平地上做这个转身会很困难，因此需要运动员探索以不同的速度绕每个锥筒变向而不减速的方法。

2. 皮克尔跑

5个锥筒以两两相隔5码（4.6米）的距离摆成一条直线。起初，运动员的躯干应该朝前，同时旋转臀部，从而使其侧身向后跑，然后转身并从1号锥筒向右冲刺到2号锥筒，类似于盗垒时的技术动作。随后运动员变向左边并冲刺回1号锥筒。以相似的方式，运动员不停地在1号和3号锥筒之间往返冲刺，然后再回到1

号锥筒。接下来，运动员从 1 号锥筒冲刺到 4 号锥筒，再回到 1 号锥筒。运动员跑到 5 号锥筒后再跑回 1 号锥筒，整个训练就完成了。

第二节　篮球

贾维尔·吉列特

篮球运动员必须有能力以很快的速度在各个方向上完成协调运动，他们经常需要在运球时完成急停和突然启动的动作。此外，他们必须能够在受到侵犯或面对防守球员的压力下完成所有这些技能。要想成功的话，运动员必须具备快速、准确的决策力和良好的外围意识。

一、训练计划的制订

一个有效的篮球专项灵敏训练计划应该包括满足运动员适应知觉、认知、神经肌肉控制及体能需求等训练目的。为了将训练成果转化到球场上，灵敏训练需要在未设定、多变的情境中发展成全速的篮球专项技术动作。篮球运动可以分解为加速、减速和多方向的切入等简单的片段技术动作。现代篮球运动的时长根据比赛的水平有所差异，但通常会持续 40 ~ 48 分钟，分为 2 个半场和 4 个小节，每次控球最多持续 24 ~ 30 秒[2]。比赛时篮球运动员会完成超过上千次的技术动作，在整场比赛期间运动员大概每 2 秒就会换一次位[1-2]。由于失误、超时、犯规等原因而导致比赛暂停的发生频率和时间长度有很大的差异。尽管一个标准的篮球场有 92 英尺（28 米）长，但是运动员很少会在直线上跑这么远的距离。此外，每次控球时的移动速度和运动员的尽力程度也有所不同。对于较高水平的高中运动员来说，高强度运动只占到全场运动的 14% ~ 18%，而且强度在比赛的过程中会显著下降[2]。由于场上位置的不同，后卫的高强度运动需求明显高于中锋[2]。基于这些研究的支持，篮球专项的灵敏训练应该持续 5～30 秒似乎才是合乎逻辑的。在这个时间内，应该安排各种不同强度和距离的灵敏训练，从而更好地模拟这项运动中经常出现的情形及运动员的疲劳。

可以设计一个灵敏训练课模拟篮球比赛的分段。总的休息时间约占篮球比赛活动的 30%[2]。因此，持续时间较长（30 秒）的高强度训练的训练与间歇时间比率可以是 1:1，而持续时间较短（5 秒）的高强度训练的训练与间歇时间比率可以是 1:20。为了更好地模拟比赛的需求，建议篮球专项灵敏训练休息方式的安排应该对接比赛中的实际情况（如站立、步行、慢跑和快跑等）。

灵敏训练总的负荷量应该根据运动员的场上位置安排，并且要基于运动员在比赛中的实际出场总时间。特谢拉等人[4]发现，一个包含三次变向的往返跑在提高无氧能力方面优于仅包含一次变向的往返跑。

每周进行灵敏训练的频率也应该依据一年中的不同阶段、篮球训练总的负荷量，以及实际比赛活动有所不同。此外，特谢拉等人[4]发现，每周 2 次，进行多组往返跑的训练能够明显改善运动员的竞技表现。为了保持运动员的适应能力，在训练量和比赛量较少的休赛期应该安排更多的灵敏训练。每周 2 次的灵敏训练已经足够了，因为一个均衡的训练周计划应该同时包括力量、爆发力及其他形式的训练。需要强调的是，训练还需要考虑运动员的场上位置及比赛时的专项需求。这些灵敏训练应该有进攻或防守的重点。在大部分情况下，有进攻意识的训练应该加入一个篮球。中锋和前锋的动作应该与后卫有很大的不同，因此，他们可能包括更多的篮板球和其他靠近篮筐的训练。后卫的训练应该包括更多的在全场和外场移动时覆盖更长距离的运球。

（一）限制区灵敏训练

训练最初阶段的焦点可能是在预先计划好的情境中学会适当地运用运动力学及其转化过渡。在篮球场上，最基本的动作就是直线的加速和减速、后退及侧滑步。限制区灵敏训练的模式和第六章中描述的四角跑训练相同，但有所区别的是这个训练是在限制区边线的周围进行（球场上的矩形区域包含围绕篮下地板中间的关键区域）。此外，它有别于四角跑训练的地方还包括，在到达最后一个锥筒时，运动员要沿着相反的方向重复这个训练模式（因此运动员会绕着禁区边线转两圈）。

（二）半月形训练

此训练是一种多方向的灵敏训练，对运动员技术动作的提高和完成预先计划好的变向有很好的效果。教练员可以轻易地修改这个训练中的某些变量，从而使训练更加丰富，这包括不同的过渡和运动模式（并步移动、交叉步、90～180 度转身等）。在本例中，锥筒相距 5 码（4.6 米），运动员从 3 点钟

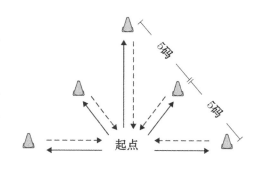

和 9 点钟位置的锥筒之间的起点出发，跑动时保持面向 12 点钟方向的锥筒。首先跑到 12 点钟方向的锥筒，右脚要略微超出左脚前面一点，并用右手触碰锥筒，然后后退到起点。最后，运动员以顺时针的方向重复这个动作（顺序：3 点钟—9 点钟—2 点钟—11 点钟），冲刺到每个锥筒后再后退到起点位置。

（三）星形收尾

此训练是一种预先设计好的篮球专项灵敏训练，它是在多个方向移动的合理的防守技术。在这个训练中，合理的方法是让运动员改变站姿（脚间距离略宽），放低臀部，能以很快的速度降低重心。运动员在完全停下来之前要通过一些小碎步减速。在训练过程中，运动员总是会回到起点位置，也就是固定物处。5 个锥筒摆成星形，锥筒相距 5～10 码（4.6～9.1 米），固定物在星形的中间位置。如果训练不在篮球场上进行的

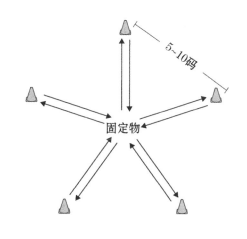

话，12 点钟方向的锥筒就代表了 3 分线的顶端。从固定物的位置开始，运动员先

跑到 12 点钟方向的锥筒，并且以合适的收尾形式停下来。在第一种情境中，当运动员完全停下来时，右脚应该略微在左脚前面一点，这样，右手会在身体前面较高的位置。这种站姿模拟了防守球员阻止进攻球员向左移动的情况。然后，运动员转身并迅速地跑回起点，面朝前（12 点钟的方向）。接下来，运动员再次跑到 12 点钟方向的锥筒前，但这次完全停止时左脚略微在右脚前面一点，左臂也处在身体前较高的位置。同样地，运动员转身并迅速跑回固定物处。随后，运动员跑到 2 点钟方向的锥筒，完全停止时左脚略微在右脚前面一点，然后再跑回固定物处。接着运动员跑到 10 点钟方向的锥筒，完全停止时右脚略微在左脚前面一点，然后再跑回到固定物处，此时仍然面朝 12 点钟方向的锥筒。之后，运动员转身跑向 5 点钟方向的锥筒，完全停止时左脚略微在右脚前面一点，然后再跑回固定物处。最后，运动员转身并跑向 7 点钟方向的锥筒，完全停止时右脚略微在左脚前面一点，然后再跑回固定物处。

（四）"L" 形固定物训练

此训练是一种预先设计好的篮球专项灵敏训练，对场上的进攻端和防守端都很有用。在这个训练中，锥筒被摆成"L"形，锥筒间的距离可以根据训练目标进行调整。在本例中，锥筒之间的距离为 5 ~ 6 码（4.6 ~ 5.5 米），以向右移动的训练为例进行介绍（向左的移动遵循同样的规则）。1 号锥筒是起点，放置在罚球线上，2 号锥筒放置在 3 分线顶端或 3 分线上，3 号锥筒放在 2 号锥筒的右侧。这个训练里有多个进阶的动作。用于改善篮球专项步伐的做法是通过在 2 号锥筒处设置挡拆组合，从而练习后撤步。另一个进阶是将四个阶段的训练合并成单个训练，使其达到更好的生理刺激和机动性训练的效果。

第 1 阶段：运动员从 1 号锥筒冲刺到 2 号锥筒，完全停止时右脚略微在左脚前面一点，然后再后退冲刺到 1 号锥筒。

第 2 阶段：运动员从 1 号锥筒冲刺到 2 号锥筒，向右滑步到 3 号锥筒，再冲刺跑回 2 号锥筒，最后再后退冲刺到 1 号锥筒。

第 3 阶段：运动员从 1 号锥筒冲刺到 2 号锥筒，向右滑步到 3 号锥筒，然后用分腿步（向内转）冲刺回 1 号锥筒。

第 4 阶段：运动员从 1 号锥筒冲刺到 2 号锥筒，分腿步（向内转）滑步到 3 号锥筒，再冲刺回 2 号锥筒，最后利用分腿步（向内转）冲刺回 1 号锥筒。

（五）"V" 形切入训练

此训练是一种预先设计好的篮球专项灵敏训练，它强调的是前场球员（如中锋和前锋）经常用到的，与球场进攻端相关的掩护走位和跑动等技术动作。在这个训练中，锥筒被摆成"V"形，筒间的距离可以根据训练目标进行调整。在本例中，锥筒之间的距离为 5~6 码（4.6~5.5 米），以向右移动的训练为例进行介绍（向左的移动遵循同样的规则）。1 号锥筒放在左边靠近底线的位置，2 号锥筒放在 3 分线的顶端或者 3 分线上，3 号锥筒放在篮下。运动员从 1 号锥筒冲刺到 2 号锥筒，然后通过左腿直切冲刺到 3 号锥筒。随后运动员冲刺回 2 号锥筒，左腿站稳并旋转，向内朝篮筐变向，然后再滑步返回 1 号锥筒。为了丰富训练形式，可以在 2 号锥筒处放设计挡拆，从而进行不同的转身模式。

（六） 线形锥筒灵敏性训练

此训练是一种预先设计好的训练，它可以重复训练并能在一个设置中提供多种不同的变化。在球场内设置两列直线排列的锥筒（1—2—4—6—8 组成一条锥筒线，3—5—7 组成一条锥筒线），均朝向篮筐。1 号锥筒在底线上，2 号和 3 号锥筒与罚球线对齐，4 号和 5 号锥筒放置于半场线上，6 号和 7 号锥筒与对方半场罚球线对齐，8 号锥筒在对方半场底线处。

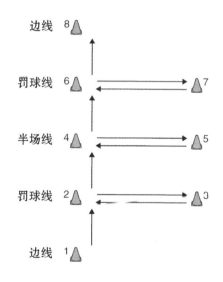

两条线之间的宽度可以变，但不应过宽，因为这个训练是为了改善运动员初始的第 1、第 2、第 3 步的灵敏水平。训练的起点可选在左边的锥筒线起点（1 号），也可以选在右边的锥筒线起点（3 号）。下面以 1 号锥筒开始为例进行示范。注意，当运动员在己方半场，以左边线的 1 号锥筒为起点时，从对方半场返回时，应把对面的 1 号锥筒设置在右边锥筒线上。

第 1 阶段：滑步。运动员向前冲刺，在 2 号锥筒处快速向右横向滑步到 3 号锥筒，再跑回 2 号锥筒，接着冲刺到 4 号锥筒处，重复 2 号和 3 号锥筒之间的动作。在训练过程中，应将精力集中在向右移动上，运动员在训练滑步时，要想象面前有一名防守队员也在横向防守自己。

第 2 阶段：交叉步。运动员向前冲刺，在 2 号锥筒处快速地旋转臀部并冲刺跑到 3 号锥筒处，再横向滑步返回 2 号锥筒，接着冲刺跑到 4 号锥筒处，随后再重复上述 2 号和 3 号锥筒之间的动作。训练的重点应聚焦在向右横向移动上。在这个训练中，运动员应该想象自己正试图追赶一个已经成功完成过人动作的进攻球员。

第 3 阶段：绕锥筒移动。运动员向前冲刺，在 2 号锥筒处快速地旋转臀部并冲刺跑到 3 号锥筒处，围绕 3 号锥筒做一个贴紧的快速转身后绕回 2 号锥筒。接着向前移动到 4 号锥筒，并重复 2 号和 3 号锥筒间的动作。在返回的过程中，所有的动作都集中在向右侧的横向移动上。在这个训练中，运动员应该想象自己正在紧紧跟随着一个想摆脱防守的对方球员。

（七） 网球落点结合运球

优秀控球后卫的典型特点是他们具有良好的灵敏素质、出色的运球和过人的技术，以及较低的走步率。在篮球专项的灵敏训练的某些关键环节中，应加入篮球运球和模拟实战速度的认知训练才能成功地提高运动员比赛时的竞技能力。除提高准确度和缩短完成的时间外，参加训练的运动员还期望自己能在训练中改善运动技能，缩短反应时间。网球落点训练是运动员在各类体育项目中经常使用的一种普通的训练方式，因为它提供了灵敏训练中一种非计划性的、可变的方式。网球落点和运球结合使这项训练更具篮球专项的特点。在这个训练中，教练员将网球抛向空中，运动员在运动时应在网球一次触地弹起后将其接住。一旦接住网球后，运动员必须准确地将球抛回教练员手中，并为下一次接住教练员的抛球做好准备。限定一个更固定（如要求只能用右手抓）的情境可以增加训练的难度。

（八） 菱形投篮

此训练是一种可变的篮球专项训练，旨在提高球员在运球和投篮时的灵敏水平。锥筒摆成菱形：1号锥筒位于3分线弧顶。2号和3号锥筒摆在罚球线左右两端，4号锥筒放置在篮筐下边缘前方的位置。训练时运动员的运球方法是由自己根据情况自由选择的。

运动员从3分线的顶端或3分线开始运球。第一个任务是做一个横向或向后的移动（为防守球员创造空间），然后拿起球并投篮。教练员或队友随后立即将球传给运动员，他运球至2号锥筒，再进行另一次快速的横向或向后跨步，然后拿起球并投篮。接着运动员运球到3号锥筒，并进行一次失衡的投篮。最后，运动员运球至4号锥筒，然后选择向左或向右以上篮的方式结束训练。在这个训练中，唯一明确的是，目标和每次投篮的地点。没有防守球员的话，特定的控球和投篮风格是可以控制的。面对防守球员时，运动员必须在不断变化的情境中成功地找到每个标志点。

第三节　搏击运动

罗伦·兰多

搏击运动员是指参加搏击运动的个人，与综合格斗、跆拳道或者拳击运动的参与者一样。如上所述，尽管灵敏训练对于场地和球类运动的重要性不言而喻，但是将灵敏训练纳入搏击运动员训练计划的效果似乎并不显著。然而，实际情况是，在搏击运动中应用灵敏训练有很大的价值，因为良好的步法和快速变向的能力是避免对手的攻击或在短距离内对对手发起攻击的关键[2]。

训练搏击运动员时，必须考虑步法训练和灵敏训练之间的差异。在本文中，步法训练指的是提高纯粹步速和协调性的训练（如阶梯训练、点式训练、直线训练），而灵敏训练主要侧重于训练运动员绕障碍物的机动能力。两种类型的训练可能都有助于运动员发展平衡、提高意识、增强一般的反应能力[2]。有多种途径可以接近这些训练领域。例如，体育专项训练可以用来提高专项技能，而一般性的技能训练则为运动能力的全面发展提供了良好的基础，也能提高运动员的专项运动能力。简单来说，随着搏击运动员在身体控制能力和意识方面更加熟练，他们可能会成为更全面的"战士"。

一、训练计划的制订

下文介绍的训练只是几个用来培养搏击运动员运动能力的选项。教练员和运动员都应该记住，这类训练的目标不是追求无止境的各种类型的训练；相反，当限制训练的数量并且每种训练都被掌握时，运动员能力提高的效果会更好。教练员必须考虑如何让每一个训练更好地符合总体的发展计划。虽然我们鼓励创造性，但是教练员应该避免在没有明确选择目标的情况下随意使用这些训练。教练员应该确保运动员能用良好的身体姿势（根据运动项目的要求），恰当的体能分配和良好的身体控制完成每一次的动作。每次训练的速度可以随运动员的进步而提高，但不能以牺牲技术质量为代价。最后，训练的重点是让运动员理解各种运动和力量训练模式怎样才能更好地适应、优化搏击运动竞技表现的总体目标。

二、步法训练

节奏和时间是步法的关键，对掌握运动技术至关重要。这些内容可以通过相对简单的训练来获得，如跳绳、跳线和绳梯训练。步法训练还有许多额外好处，例如，可以帮助运动员发现潜在的优势腿和双腿的不平衡，进而通过训练增强劣势腿的能力。步法训练也有助于运动员下肢的康复及协调性的恢复[1]。

（一）进出训练

运动员以膝盖弯曲的站立姿势开始，双脚距离略窄于髋。同伴或教练员发出"开始"命令后，运动员要将脚在地面上"超出肩宽"和"小于髋宽"两点快速移动，并保持臀部的动态稳定性。训练时间 8 ~ 10 秒，重复 6 ~ 8 次，组间休息30 秒。

（二）转髋训练

运动员从绳梯的一端开始，以准备姿势面向绳梯的第一个格子，双脚与髋同宽。然后，来回地将臀部旋转45度，交替地将一只脚移到格子内，另一只脚移到格子外，依此类推，沿着绳梯向前移动。训练时间 8 ~ 10 秒，重复 3 ~ 6 次，组间休息 30 秒。

（三）跳线训练

运动员的膝盖微微弯曲，双脚间的距离较窄。两只脚来回往返跳过标志线，速度越快越好。训练时间 8 ~ 10 秒，重复 3 ~ 6 次，组间休息 30 秒。

（四）脚触药球训练

运动员站在一个放在地上的药球前面（膝盖微微弯曲），抬起一只脚碰触药球顶部的同时，另一只脚仍然停留在地上。然后，立即用另一只脚碰触药球的顶部。运动员在快速交替用脚碰触药球顶部的同时，绕着药球做顺时针或逆时针的旋转。随着训练熟练程度的提高，教练员或同伴可以命令运动员在旋转的过程中改变方向。训练时间 8 ~ 10 秒，重复 3 ~ 6 次，组间休息 30 秒。

三、灵敏性训练

为了提高灵敏素质，搏击运动员必须掌握混合步法和速度技能。灵敏素质的发展需要将这些成分组合在一起，以便于通过技能和效率机动地绕过障碍物。搏击运动高度依赖运动员的反应能力，因此，灵敏素质是运动员全面发展的关键因素。这些训练可能需要一段时间的学习才能掌握，但是在运动员为每项训练任务习得适当的运动技能后，为了进阶训练或提高反应性，教练员可以增加训练的难度。

（一）同伴反应式折返跑

两名运动员以准备姿势面朝对方站立，膝盖微微弯曲，双脚间距大于髋宽。

当一名运动员从一边折返跑至另一边时，另一名运动员要尽量模仿他，并且尽可能地紧跟他的折返路线。这个训练要求运动员保持适当的低位运动姿势，以实现最佳的身体平衡和变向。持续 8～10 秒的高强度训练，重复 3～6 次，组间休息 30 秒，每次训练后领跑者和模仿者互换角色。

（二）栏架跑

将 4 个锥筒或低栏架排成一条横线，间距 18 英寸（0.5 米）。运动员站在排线的一端，面朝前站好，横向移动并用膝触锥筒（或栏架），直至横线的终点。前后沿线连续移动 10 秒，重复 4～6 次，组间休息 30 秒，每次重复时移动至横线的另一端后转身 180 度改变头的朝向，再横移回起点。

（三）横向加速折返跑

将 7 个锥筒排成一行，间距 2～3 英尺（0.6～0.9 米）。运动员以准备姿势站在锥筒的一端，然后迅速地在锥筒之间来回折返穿梭移动。运动员向前移动的同时要在每个锥筒的周围做横向攻击的动作，直到到达锥筒的另一端。在整个训练的过程中，要保持良好的分腿站立姿势并始终面向同一方向。运动员必须交替更换起始端，重复跑 4～6 次，每次跑完后休息 30 秒。

第四节　板球

西蒙·费罗斯

板球是一种使用球和木制板式球拍的比赛，由两支 11 人的队伍组成，在一个椭圆形的草地上进行，中间是一个矩形的球场。每队在一局或两局的比赛中用球拍击球和投球（取决于比赛的形式）。击球队的目标是多得分，而投球手和防守队的目标是将击球手赶出局或减少其得分的次数，得分最多的队获胜。

在板球比赛中，击球手对投球手投出的球做出反应（速度或旋转）。投球速度影响击球手决定是否击球的反应和动作时间，并使其根据该决定做出必要的姿势调整（如脚、躯干、头部和手臂）。在击球轨迹改变较晚的情况下，无论是挥拍还是偏离板球场地，通常都需要击球手做出快速的调整，才能成功地完成防守或进攻击球。

为了成功地从一次（或多次）投球跑动中得分，击球手要跑向板球场上的投球端，而他的同伴要跑向板球场上的击球端。这段跑动的距离为 17.7 米如果情况有变，运动员可能需要 180 度的转身。跑动的强度取决于比赛的情景，以及球相对于最近的外野手的移动轨迹和速度。最大强度的跑动通常发生在击球手意识到自己必须尽快跑到另一端，否则可能要被防守队赶出局时。这时运动员不仅需要拥有快速的加速能力，有时可能还需要快速的减速和 180 度的转身（如果情况有变的话）。确实，拥有 180 度转身的能力对跑动时的快速转换、过渡是至关重要的[1-2]。

防守队中的防守任务由外野手执行，这对运动员的反应能力和专项技能提出了较高的要求。可以说，最专业的位置是捕手，他负责接越过击球手的球，并跑到板球场上的击球端，从而影响另一名外野手回投的一记截杀。当投手是速度型选手时，捕手主要以半蹲位的姿势做准备，但是当捕手是旋转型选手时，捕手则应以深蹲位的姿势靠近三柱门做准备。捕手可以调整脚的位置，从而切换站姿以最合理的方式接球。有时需要运动员快速调整，因此反应能力是至关重要的。例如，击球手将球击出边线，使球在球棒上以不同的轨迹快速偏转。

一般来说，外野手离板球场越近，成功接球或截球对反应性的依赖就越大。如果球恰巧越过内野手，那么这个外野手通常会快速转身（通常是 180 度，但可能会有变化）并追球。在某些情况下，外野手必须冲刺 5~50 米追球，接到球后将其投到球场的另一端。这意味着外野手不仅需要快速的反应能力，而且需要快速的变向、加速、最大速度及减速等能力，从而不让对方的跑动得分或者拿到一个截杀。

可以将投球看作一个闭合的技术动作。然而，一旦球从手上投出，投手就开始扮演外野手的角色。击球手可以将球击向投手，这时投手需要快速的反应和调整身体，从而完成接球或截杀。速度型的投手通常比旋转型的投手更难完成这项任务，因为当球被击球手击中时，速度型投手仍处于投出球的后续动作阶段。然而，无论是速度型投手还是旋转型投手都需要好的减速和协调能力来快速改变身体的方向，从而为预判的来球轨迹做好准备。

一、训练计划的制订

由于板球比赛中存在着各种各样的运动模式（及各种比赛的形式），因此对于场上不同位置的运动员有着不同的专项要求。制订发展板球运动员的专项反应能力、速度能力、灵敏素质和变向能力训练的工作往往会让教练员感到难以应付。然而，通过分析击球手、投球手及外野手的运动模式，教练员可以将板球的运动方式进行分类并将其纳入一个基本的框架，从而建立一个发展运动员反应能力、速度能力、灵敏素质和变向能力的有效方案。

分解板球运动，首先要确定击球手、投球手和外野手想要在比赛中达成什么目标，以及他们在比赛中会遇到哪些情况。教练员可以使用目标分类的方法有效地进行这种类型的分析。在任何时候，板球运动员都可能尝试开始一种运动或改变运动的方向（起始运动），尝试以最大加速度或最大速度运动（运动的实施），或者处在等待对特定刺激做出反应的转换阶段（过渡运动）。表 9.2、表 9.3 和表 9.4 分别列出了击球手、投球手和外野手在每个运动分类中的关键运动，所提供的信息可以帮助教练员对每个运动模式进行定性评估，从而确定运动员的优势和劣势。如果在运动模式上发现不足，运动员可以进行专项训练，使这些运动模式达到最低的标准。但是，优势的运动模式仍然需要不断实践和强化，因为这些是球队取胜的法宝。根据这一分析，教练员可以沿着以下的顺序发展每一种运动模式，从基础的闭合式训练模式（动作是预先计划好的，运动员可以集中地把注意力放在完成手部的动作上）到表现运动员的反应能力、速度能力、灵敏素质和变向能力的随机专项运动模式。有了这种思路，教练员可以通过各种运动模式发展板球运动员专项的灵敏素质。需要提醒的是，训练的强度和频率要考虑训练的要求和运动员的能力。

表9.2　板球击球手的运动模式

运动类型	运动目的	目标运动模式
起始	在击球之前，将前脚或后脚抬离地面，身体重心放在脚掌上	从四分之一蹲位开始，然后短暂过渡到单腿蹲位，再回到1/4蹲位
	击球后，移动前脚、后脚或两者同时移动，确保头部（或体重的大部分）接近预期的击球点	向前、向后或斜四分之一箭步姿势（有时也会进行交叉步或侧向折返）
	变向（180度转身）	低而宽的稳定步法，对侧躯干屈曲并旋转，向加速过渡
过渡	静态等待击球	四分之一蹲姿，重心均匀分布在双脚上
	静态等待以决定如何跑	用一只手或两只手拿板球棒，将重心稍微放在前脚上
	动态转换（侧向折返）	以四分之一深蹲的姿势侧向并步折返移动
	减速以变向	加上特定变向力学的减速模式
实施	加速	加速运动模式

表9.3　板球投球手的运动模式

运动类型	运动目的	目标运动模式
起始	改变方向以对击球手的击球做出反应（直线或横向）	在任何方向的切步和稳定步法
过渡	动态等待击球	在投球的后续动作中，需要更快、更有力的减速，以便更好地做出反应并适应击球
实施	加速	加速运动模式（线形或曲线形）

表9.4 板球外野手的运动模式

运动类型	运动目的	目标运动模式
起始	从前面开始	加速运动模式
	从侧面开始	跨步
	从后面开始	落步
	改变方向以对击球手的击球做出反应（直线或横向）	在任何方向的切步和稳定步法
过渡	动态等待击球	当投球手跑去投球时，外野手向击球手走去（当球要被击出时，外野手要保持一个宽距四分之一深蹲姿势，这样能使任何一只脚都能快速地向任意方向进攻）
	移到侧面	侧向折返
	移到后面	后退
	减速以变向	加上特定变向力学的减速模式
实施	加速	加速运动模式（直线或曲线）
	以最快的速度移动	最大速度模式

　　下文将描述击球手、投球手和外野手发展反应能力、速度能力、变向能力及灵敏素质的训练。所有训练开始前运动员都应该进行一个动态的热身活动，可以在技能训练和比赛前的热身中进行。穿着板球专用服装（如钉鞋、击球装备）在草坪上进行训练对运动员的表现和损伤的预防（如外野手的滑行技术）非常重要。这些训练方式可以用来为板球运动员设计一节专项灵敏训练课。因为每个人都需要在比赛中击球和接球，所以在任何训练课中至少要进行两次击球训练和两次接球训练。鼓励投手先完成两个专项投球训练，然后再和小组内的其他成员一起完成击球和接球训练。为了提高运动员的反应能力、速度能力、变向能力和灵敏素质，在休赛期这些训练应该每周进行 3 天，而在季前赛期间应该每周进行 2~3 天。在板球赛季，运动员的反应能力、速度能力、变向能力和灵敏素质应该通过每周进行1~2 天的训练来保持。应该采用 1:3 的训练休息比，确保运动员的技术得以保持，并避免在完成训练时疲劳带来的负面影响。

二、击球专项训练

（一）落下和跑动

要求击球手把球打到他们自己脚下，然后立即加速跑动。初学者可以用一个沿着地面滚动的球来做这个训练。下一步是教练员把球以慢到中等的速度抛给他们。优秀的板球运动员应该尝试这个训练从而发展与速度型投球手对抗的能力，并将球短击到 5 米的半径范围内，然后在特定的场地条件下跑动。

（二）反应和调整

要求速度型投球手从板球场长度的 75% 处开始投球。击球手需要对球的轨迹做出反应，并在步法和身体位置上进行快速调整，以决定防守或进攻。防守动作包括前脚或后脚挡球或安全避开球。

（三）跑 3 个球（封闭式技能版本）

需要击球手在网中击球，并跑 3 个球。这包括 3 次 17.7 米的跑动和 2 次 180 度的转身，即快速减速转身及快速加速结束转身。应鼓励击球手用优势手（而不是双手）握球棒，并向自己的优势侧转身，因为在三柱门之间使用这种跑法已被证实比向弱势侧转身跑得更快[2]。

（四）跑 3 个球（开放式技能版本）

需要击球手在模拟的比赛环境中击球，如果合适的话，在不被击出局的情况下跑 3 个球。虽然在每一回合结束时，向自己的优势侧转身可以跑得更快[2]，但击球手能尽快向外野手转身看去，也是非常重要的，这样他就可以迅速决定是否需要再跑一次。反复训练变向的弱侧，可使球手最终将消除这一弱点。

三、投球专项训练

（一） 快速减速

要求投球手在较短的时间和距离内完成随球动作，以四分之一的蹲姿做准备并在需要时改变方向。旋转型的投球手会发现这个训练做起来比速度型投球手更容易。速度型投球手需要保持谨慎，因为减速太快可能会导致受伤。在球被投出后，速度型投球手通常要跑完他们助跑距离的一半。减少 25% ~ 50% 的随球动作距离对速度型投球手来说足够了（减少多少取决于助跑速度最终达到多快）。

（二） 快速减速和捕捉

要求投球手做快速的减速训练，并要求其在随球动作结束时接住一个球。这个训练在提高运动员的反应性和速度方面的效果很好。对于板球新手来说，教练员可以按照投球手事先知道的方向，在投球手完成随球动作后再把球以较慢的速度扔出去。为了使这个训练更加困难，教练员也可以将球抛得更快，离投球手更远，扔向随机的方向，或在随球动作的更早阶段。投球手可以通过接住抛过头顶的球来训练自己的后退能力。为了训练投球手预测球被击中的能力，他们应该把球投向击球手，然后观察击球手的步法和球拍的下摆。这意味着鼓励投球手即使在随球动作中也要盯着击球手（在这个过程中，投球手的躯干经常弯曲，并会旋转到非投球手的手臂一侧）。

四、接球专项训练

（一） 偏转和捕捉

需要 4 名或更多的板球队员（人数不限），他们围成一个两臂宽间隔的圆圈。

面对面的两名运动员同时向对方投一个下手球。投球的目标是让两球在中间相互碰。这会使球偏转，并让圈内任何一个人注意接住。圆圈越小，球抛得越快，对运动员反应力和速度的要求就越高。需要注意的是，如果用板球进行这项训练，可能会使运动员的手指受伤，所以建议使用网球。为了使这个训练更具专项性，可以向击球手投一个下手球，并在向击球手投球时，尝试将球偏转到外野手的弧线上。

（二）　跳跃、转身、落地、投掷

要求外野手把球捡起来，然后扔到板球场上的非前锋段。它包括捡球、跳跃、转身，以及一个侧向非前锋端三柱门的落地。落地时，外野手应该在投掷的早期准备阶段，这样球就能很快地被释放出来。

（三）　小碎步和多方向变向（开放式技能版本）

包含一场模拟比赛，即外野手和投球手向击球手走去，并在击球前做一个小的跳跃。落地时，双脚分开大约与肩同宽，体重均匀分布，外野手应根据来球的轨迹迅速改变方向。这可能涉及向前加速、后退、交叉步、分腿步或侧向折返。

（四）　小碎步和多方向变向（封闭式技能版本）

可以通过让教练员将球朝预定的方向抛（如前方、头顶、左侧或右侧），从而训练运动员使用特定的运动方式对特定球的轨迹进行响应（如交叉步）。

第五节　曲棍球

法扎德·加利尔沃特

曲棍球是一项间歇性的运动，要求运动员在一场比赛中完成各种各样的运动技能，如加速、减速和多个变向[8-9]。比赛分为两个 35 分钟的半场，中间有 5 ~ 10 分钟的休息时间。相比之下，精英级别的国际比赛分为四节，每节 15 分钟，第一节和第三节后休息 2 分钟，半场休息 10 分钟。

曲棍球运动员的成功与否取决于其在比赛中反复执行灵敏类型的任务和加速的能力的高低[4-5,8,10]。根据研究可知，一场典型的曲棍球比赛包含超过 500 次的变向，每 8 ~ 11 秒切换一次运动方式[6]。此外，还有多个持续 1.8 ~ 3.1 秒的冲刺跑，通常每次冲刺覆盖 20 米[7]。这些重复的冲刺运动每分钟发生 6 ~ 7 次[1]，每场比赛有 2 ~ 60 次冲刺[7]。

在制订曲棍球运动员的灵敏训练计划之前，应该考虑几个基本因素。例如，由于曲棍球棒的尺寸较短，运动员在运球、防守和争夺球的时候，大部分时间都是半蹲式的姿势。从运动表现的角度来看，从半蹲姿势（运动姿势）过渡到冲刺跑或有效地改变方向时需要掌握许多基本动作，如交叉步、开合步、并步移动和冲刺，同时还要使用良好的身体力学[2-3]知识。此外，由于运动员必须携带球棒，速度可能会比运动员在没有器械的情况下慢[11]。因此，重要的是，在训练时，将使用器械作为一种进阶方式，可以最大限度地将技能转移到场地和练习中。

一、训练计划的制订

在身体准备的训练中，从最简单的动作模式过渡到最复杂的动作模式的训练是很重要的。这需要教练员以一种系统的、合乎逻辑的方式帮助运动员发展专项身体特征。使用这种结构模型的专项训练目标包括：

（1）强调运作的质量，以发展运动员在开放场地上的机动能力，完成运动的专项任务（如接球、运球、分球或争球）；

（2）发展启动的速度，以躲避对手并入侵对方的领地；

（3）培养阅读比赛的能力及对具体情况、对手和队友的反应能力。

这一旨在提高曲棍球运动员专项灵敏素质的训练结构模型分为三个阶段，重点关注以系统和渐进的方式安排具体的训练目标。每个阶段代表一个不同的赛季，每个阶段的设计都是为了下一个阶段的训练。当训练从休赛期到季前赛和赛季内不断进阶时，监控训练的负荷变量（强度、量和频率）非常重要。这些变量有助于追踪运动员的累计负荷（如总冲刺距离），从而确定运动员的疲劳程度。最后，在进行灵敏训练时，动作的质量在数量之上，因此，无论处在赛季的什么阶段，动作质量都应该被优先考虑。表9.5 提供了针对赛季不同阶段的灵敏训练示例。

表9.5　曲棍球赛季专项灵敏训练指导示例

类别	休赛期		季前赛		赛季中
强度	低至中等		高		最大
负荷量	总的加速度距离≤500米	变向速度训练（每组训练重复 5～25 次）*	总的加速度距离≤1 000米	变向速度和灵敏素质训练（每组训练重复≤25 次）*	**多变的加速度	**多变的变向和灵敏素质训练
频率（每周）	2～3次	2～3次	1～2次		
训练与休息时间比	1:20～1:12	1:20～1:4	1:20～1:12	1:20～1:4	可变的

注：* 表示变向速度的距离应该在加速度距离的范围内。** 表示取决于运动员的疲劳情况、空间及比赛日程。

（一） 休赛期

休赛期的首要任务是基础性训练，旨在发展运动员在敏捷性和灵活性方面的基本素质。这一阶段的训练强度应低于季前赛。在这一阶段，应更加强调训练量和技术，使运动员发展良好的运动模式。以下是休赛期应该强调的主要训练目标。

1. 通过减速训练提高制动能力

这些训练应该强调通过使用良好的身体力学原理来提高运动员吸收地面反作用力的能力（空手和持球棒的训练同样重要）。奔跑和弓步姿势（例如左腿或右腿在前）下的减速训练同样重要。

2. 关注运动质量和变向技术

应该让运动员保持一个运动姿势，同时在肌肉群之间建立最佳的长度－张力关系，以完成下一个运动任务。在进行预先设计的低强度的横向移动和纵向切入训练时，应强调良好的身体力学原理。应该通过使用强调过渡运动的训练（例如横向并步移动、斜切、碎步等）让运动员学会如何在多个方向适当地发力。

3. 包含强调低速和中速的加速训练

冲刺时，教运动员如何更好地加速有助于为其发展运动技能打下坚实的基础，使运动员能完成更激烈和更复杂的运动。

（二） 季前赛

季前赛的目标应该建立在休赛期培养的技能和能力的基础上。与休赛期相比，季前赛阶段训练的特点是更高的强度和更复杂的运动任务。此外，这一阶段的训练量比前一阶段略少，以抵消强度增加的水平。除了继续完善在休赛期发展的技能外，下面介绍了在季前赛期间实施灵敏训练计划应该考虑的问题。

1. 结合预先计划好的变向加速训练，强调在大范围速度下的加速能力

在这一阶段，训练的重点应放在教运动员在多个方向根据具体的情境以适当的速度和强度从减速到加速的过渡。

2. 包含在更小的切入角度及更小的踝关节、膝关节和髋关节角度下的变向加速训练

小角度增加了大多数训练的强度，因为这样会产生更大的离心负荷。

3. 引入开放式训练

将需要视觉扫描、模式识别、听觉刺激和动觉线索等元素的基本感知与决策任务结合起来，可以帮助运动员学习如何以专项运动的方式应用新技能。

（三） 赛季中

在季前赛后期和赛季内，应尽快进行高强度的训练，并将与竞赛项目相类似的因素纳入训练。以下是帮助缩小训练和实际比赛表现之间差距的一些因素。

1. 将知觉和决策技能融入变向速度和灵敏性训练中

训练旨在结合知觉和决策技能，要求运动员对视觉或听觉刺激做出反应和表现，这有助于其为比赛做好准备。

2. 完成多回合最大直线加速和多方向加速训练

为了减少运动之间的时间间隔，应该强调减少减速和加速之间的时间。当进行最大直线和定向加速训练时，应该允许运动员有更多的时间休息，因为这个训练会让他们感觉非常疲劳。然而尽快完成这些动作是很重要的，所以在两回合的训练之间应该安排足够的休息时间，以减少疲劳对运动员的影响。

下面的训练集中在基本的变向加速能力上，这些能力适合在休赛期的初始阶段发展，并且可以通过应用前面讨论的修正版本在随后的各个阶段进阶。

1. 交叉加速

放置 5 个锥筒，使其距离超过 20 米（21.9 码），锥筒之间距离 5 米。运动员面朝第一个锥筒呈准备姿势并保持该姿势，直到教练员吹响哨子示意训练开始。哨声一响，运动员就转动髋部，旋转并移动内侧脚加速跑 5 米。到达时，运动员需要向下过渡到准备姿势，并面向起始姿势的相反方向。运动员必须保持这个姿势，直到哨声再次响起。在整个距离内重复运动，如果使用更大的距离，则每只脚重复相同的距离。

2. 直线加减速 （带或不带曲棍球杆）

在 60 米的距离内放置 7 个锥筒，锥筒之间距离 10 米。运动员在起始点呈准备姿势。教练员吹响哨子时开始练习。运动员将加速移动 10 米。到达时，运动员需要在不完全停下来的情况下，再减速移动 10～20 米的距离。到达后，运动员要尽快过渡到加速阶段，在剩下 30 米内重复上述运动。减速区可以缩短，以增加训练的复杂性。

3. 回撤带来的三威胁姿势

这个训练的目的是让运动员进行视觉扫描和预测。具体来说，它强制让运动员带球进入射门、传球和运球的三威胁姿势，以应对后卫的防守动作。一名运动员向前运球对抗一名正在后退的防守球员。后退的时候，防守球员偶尔会尝试拦截进攻球员。进攻球员必须预测防守球员的动作并做出反应，做一个回撤动作以形成三威胁姿势，并尝试绕过防守球员。此时防守球员必须改变方向，进入防守位置。这个训练可以在教练员指定的距离内重复进行。

第六节　美式橄榄球

洛伦·兰多

美式橄榄球是一项集体项目运动，由两支 11 人的球队组成。这项运动的主要目的是让进攻队员通过跑动或传球将球推进到对方的禁区。防守球员的主要作用是阻止这种推进。在四轮进攻中，进攻队员必须至少前进 10 码（9.1 米），否则他们将失去控球权，而对方的进攻队员将有机会得分。

格里森等人[1]通过对实践和比赛规则的观察发现，与灵敏素质相关的比赛需求会随着运动员位置的不同而不同。例如，一个四分卫必须完成一系列的动作，从快速、低速的转投，到传球时脚的位置，再到为了躲避扑球而进行的快速多向移动。进攻型的边锋必须快速地向前加速，利用快速的反应步法，使他们能够将防守的边锋带到他们希望的方向，为本方的后场打开一个缺口。例如，中卫、后卫、四分卫，突破争球线并获得码数，或阻止防守球员，干扰传球。像接球手这样的技能型球员，通常会选择相对固定的路线，并会试图避开对方的防守，以获得一个良好的接球位置，后卫则会提供额外的传球保护，他们也可以在"闪击战"

中作为额外的接球手。

一、训练计划的制订

美式橄榄球的灵敏训练应该强调一个发展运动策略的系统。运动员首先应进行从额状面运动向矢状面运动的转换练习。这需要额状面上的过渡，这个过渡也被视为桥梁，即横向平面运动在本质上是变向向加速过渡的桥梁。例如，一个后卫并步移动，减速然后加速。这名运动员正试图回到正确的加速过程中，从一个动作到另一个动作转换的效率在很大程度上取决于他对这些动作模式的练习情况。换句话说，这种转换的速度和效率取决于机体神经肌肉系统在执行运动任务时的熟练程度。训练程度高，运动员才能以良好的形式和技巧完成运动任务。这个概念通常也被称为自动性。无论如何，运动员为了改变方向而选择的运动模式取决于重心的支撑基础。脚的位置，无论是窄的、宽的，还是介于两者之间，决定了重心的分布，从而决定了运动员的运动策略。

为了教授这些动作转换，推荐使用基于多运动方向练习的训练体系。这个体系应该涵盖所有运动平面的运动，以及如何将训练和情境有机融合。多方向运动是高度情境化的，运动员必须学会在不同的情境下使用正确的技能。例如，球员接球后应在额状面内迅速横移，但如果动作控制能力不高，身体重心会过度转移到脚支撑点的外侧，导致失去平衡。然而，如果运动员已经学会如何根据有效的重量分布、关节对齐和目标位置来选择最佳的运动方式，那么，成功变线移动的机会就更大。

在教授多向运动技能的过程中，首先，运动员要着重掌握直线运动和减速技能（矢状面内），因为如果他不了解相关的加速力学，就无法学会将方向转换成加速度。其次，运动员要进行额状面内的横向移动联系，包括诸如折返和交叉跑等动作，以及横向减速能力。最后，运动员再开始练习矢状面运动和冠状面运动之间的转换和过渡。一旦掌握了不同平面内的移动动作，运动员应该进一步将这些动作融合在一起，做到无缝过渡。

（一） 矢状面运动和减速进阶

对于加速训练，教练应着重帮助运动员掌握如何保持稍稍向前倾斜的预备姿势，以及如何做出高效的瞬间发力启动动作，这种瞬间启动动作的特征是膝盖猛然向前伸出，然后脚向后方迅速蹬地，以快速产生向前的驱动力。墙壁训练应该尽早并经常使用，然后是抗阻前进，A 字形跳跃，抗阻冲刺，最后是无阻力的短距离冲刺跑。在加速训练中常见的错误动作通常是运动员加速时，后腿的足跟向后用力时抬得太高，正确的姿势是保持踝关节背屈的同时快速向前伸膝盖和蹬脚趾。这个失误降低了运动员从膝盖和臀部基于脚踝撞击地面时的机械优势。强调正确的姿势可以随着时间的推移纠正这个错误，改善运动员多方位的运动水平。

当进行减速训练时，一个简单的 5 码（4.6 米）低速向前和向后移动训练（包括在两个方向上的连续减速）是非常有效的。进阶的训练也很相似，运动员慢跑 5 码（4.6 米），并在减速过程中加入转身动作，旋转 90 度，然后转回原来的位置，进入后撤的姿势，然后向后减速。这种训练方法增加了纵向移动和横向移动之间的过渡环节。当运动员停下来时，运动员的脚应该是平的，小腿应该互相平行，大部分重量分布在内侧的脚上，类似于滑冰时用内刃蹬地制动的动作。

这些训练允许运动员在矢状面学习适当的加速和减速，同时引入下面介绍的正面和横向训练。使用这样的次序可以帮助运动员以合理的顺序巩固技能，而不会让他们承担过多的复杂任务。在此基础上，教练员可以将更多的注意力放在前场的折返和交叉跑上，然后在加速上增加横向平面桥接训练。

（二） 额状面平移动作和横向转换训练

虽然额状面横移训练的具体动作可能不会在赛场上真实发生，但这种封闭式额状面训练可以使运动员产生良好的适应性改变。这种适应性改变指的是运动员能够发展出一种较高效理想的额状面内横向移动的启停动作，同时也能提高机体相应的神经肌肉控制能力。

例如，运动员进行横向运动的方向转换训练时，应在进行 5 码（4.6 米）的往返跑时使用接"冰鞋内刃制动"的减速动作（运动员的大部分重量应该传递到足弓的内侧），这样才能更有效地将运动方向转换到相反的方向。这种转换技术可以在任何运动方向上使用（例如，并步移动、交叉跑、加速），但要注意在运动员刚开始进行此类训练时，最好不要设计太复杂的动作。

在熟悉单独的并步移动和制动训练后，运动员可进行进阶的训练。先并步移动，然后制动，立即接一个反应性的持续变向并步移动。这种类型的进阶也可以使用交叉跑。

这些额状面的横向移动训练，加上前面提到的矢状面纵向移动训练，应该是美式橄榄球教练员强调的基本训练动作。只有掌握了矢状面和额状面的加减速技术后，才能进一步进行不同运动方向的转换训练。教练员需要发挥自己的创造力，为不同水平的运动员制订具有针对性的训练方案和训练场地。一旦教练员理解了训练的一般原则和框架，他就可以运用创造力制订多样化的训练计划。表9.6为美式橄榄球灵敏训练的示例。

表9.6　美式橄榄球的灵敏训练示例

训练	距离	组数	重复次数	间歇时间
课程1：正面和横向平面训练				
并步移动和制动	5码（4.6米）	4组	每个方向4次	30秒
并步右移和制动	5码（4.6米）	4组	每个方向5次	30秒
并步左移和制动	5码（4.6米）	4组	每个方向5次	30~45秒
卡里欧卡交叉步：旋转小步	20码（18.3米）	4组	每个方向2次	45~60秒
卡里欧卡交叉步：膝盖旋转击打	20码（18.3米）	4组	每个方向2次	45~60秒
课程2：正面平面的反应力训练				
横向并步移动和制动	5~8码（4.6~7.3米）	2组	每个方向4次	60秒
横向并步移动的反应（第一拍开始减速，第二拍暂停等）	5~8码（4.6~7.3米）	2组	每个方向4次	90秒

续表

训练	距离	组数	重复次数	间歇时间
持续侧向折返的反应（多节拍；变向并在每个节拍反向并步移动）	5~8 码（4.6~7.3 米）	2组（每组10 秒）	每组 4 次	45~60 秒
四对四训练		2组	每个方向 3 次	2 分钟
课程 3：变向反应力训练				
冲刺—并步移动	冲刺 10 码（9.1 米）后并步移动 5 码（4.6 米）	1组	4 次	30~45 秒
同伴镜像	并步移动 5 码（4.6 米）后冲刺10 码（9.1 米）	2组	4 次	次间歇 60 秒；组间歇 3 分钟
"Y" 反应	锥筒间隔 5~10 码（4.6~9.1 米）	1组	4 次	60~90 秒

第七节　冰球

马克・D. 斯蒂芬森

　　冰球是一项具有侵略性的运动，其中一个队进攻另一个队的球门[8]。冰球是在冰上进行的，分三局，每局 20 分钟。60 分钟的比赛以五对五的方式在一个有限的空间内进行。因为冰面场地的面积相对较小，所以灵敏成了运动员的核心素质[4]。

一场典型的冰球比赛是动态的、涉及间歇性的高强度运动，通常每 30 秒换一次人。高速碰撞和不可预测的变向都是冰球比赛中常见的[5]。除了要对其他球员的动作做出反应外，运动员还必须能够对冰球的不可预测性做出反应。这种对灵敏素质的要求不仅需要运动员具有反复加减速的能力，同时还需要其在保持运动的状态下间歇性地改变方向[3,5]。

由于冰球训练会在不同的场地上进行，因此在非比赛场地上进行的训练通常被称为旱地训练或非冰面训练。先在旱地或非冰面上进行灵敏训练，然后再进行冰上训练，是典型而合理的过程。按照这个顺序进行训练，以确保教练员根据竞技表现的要求，对运动员的运动技术进行改进及调整。冰上灵敏训练通常只在赛季训练时进行，因为冰上训练的时间比较长。合理的灵敏训练进程从封闭式灵敏训练开始，确保运动员能正确理解动作的身体力学原理，执行战术。一旦封闭式灵敏技能的基础建立起来，对开放式灵敏技能的发展就可以开始了。在进行开放式灵敏训练之后，加入认知成分会增加训练的难度。

一、训练计划的制订

反应灵敏需要决策[9]。运动员经常被要求评估情况、处理信息，决定做什么，然后执行适当的行动。这个过程可以简单地描述为感知、处理和反应。对灵敏的感知和决策都是可以训练的，应该纳入灵敏训练计划[6]。将认知方面的内容纳入训练将有助于发展运动员的感知、处理和反应能力，并有助于其在特定比赛环境中完成灵敏类型的动作。

二、认知灵敏训练

开放式和封闭式灵敏训练都可以通过简单地增加认知方面的训练而成为高级训练。让运动员在进行灵敏训练时进行简单的数学计算将增加训练的负荷量。如果教练员把答案变成训练中另一个动作方面的刺激，负荷量会进一步增加。

例如，训练前，教练员告诉运动员，在定向冲刺时，他将遇到个位数的加法问题，奇数答案需要运动员向左移动，而偶数答案要求运动员向右移动（图9.1）。

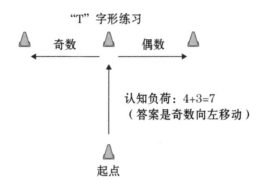

图9.1 使用"T"字形训练作为认知灵敏训练的方式

三、反应灵敏训练

反应灵敏包含了因某种刺激，导致运动员方向或技能的变化，如冲刺、横向滑步移动或后退。这种刺激可以是听觉的，如哨声或语音命令，也可以是视觉的，如人的动作（图9.2）。

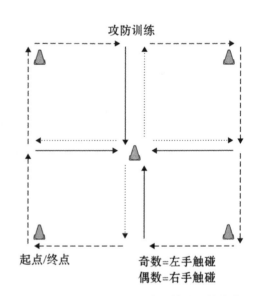

图9.2 用攻防训练作为反应灵敏训练的方式

四、指导实施

这些训练的复杂性取决于运动员的技术水平和战术成熟度。在灵敏训练中融入的决策应该遵循从简单到复杂的原则。如果教练员发现运动员在正确执行任务时反复出现困难，那么训练中的认知负荷应该被简化，直到他能够展示出有规律地正确执行任务的能力。另外，对教练员来说，最好有一个程序化的问题表。这保证了即使教练员在思考新问题时，训练也不会延迟或中断。

下面是一个示例。

（一）较为简单

$4 + 4 = 8$

$6 \times 3 = 18$

（二）中等复杂

$3 + 6 - 4 = 5$

$8 \times 3 - 7 = 17$

（三）高度复杂

（1）你有几个兄弟姐妹？

（2）有多少个表兄妹，减3个后呢？

表9.7提供了两个冰球灵敏训练的示例。

表9.7　休赛期冰球的灵敏训练示例

训练	重复次数	间歇时间
第1天		
米字形训练	8次	1:5**
沙漏训练	8次	1:5**

训练	重复次数	间歇时间
专业灵敏训练*	10 次	1:5**
60 码（54.9 米）折返跑训练	8 次	60 秒
第 2 天		
"X"形训练	8 次	1:5**
攻防训练*	8 次	1:5**
"T"形训练	每个方向 5 次	1:5**
150 码（137.2 米）折返跑 ［每个并步移动 25 码（22.9 米）］	6 次	60 秒

注：*表示修改这个训练：不是用手触碰线，而是用脚触碰；出于安全的角度，运动员要用手接触冰面。**表示训练与休息时间的比值。

第八节　网棒球

马克·D. 斯蒂芬森

　　像冰球运动一样，网棒球也被认为是一项具有侵略性的运动[1]。网棒球是在一个相对开阔的球场上比赛［120 码（109.7 米）×60 码（54.9 米）］，但大多数 60 分钟的比赛都是在 60 码（54.9 米）×60 码（54.9 米）的空间内 6 打 6。鉴于此，灵敏成了网棒球运动员的一项核心素质[2]。

　　网棒球是一种接触性的间歇性高强度的运动，比赛中运动员经常需要碰撞、变向，并对各种外界变化做出敏捷的反应[2]。在网棒球比赛中，灵敏素质主要体现在运动员要以不同的速度和强度在多个方向上，几乎连续地进行重复直线加速和减速运动[1]。

拿着球棒进行灵敏训练对运动员是有好处的。网棒球需要运动员接球和投球，同时也需要他们通过摇球来控球。运动员在没有球棒的情况下展示出良好的形态和技术后，在灵敏训练中结合持球棒的技能可能是有用的。这些模拟持棒的训练应该区分运动员的场上位置。例如，在攻防训练中，防守球员应该边进行口头干扰边进攻，中场球员则要边练习步法边进行手部干扰。当运动员的能力提高后，要让他们在训练时托住球，并确保他们在强侧和弱侧都能托住球。

一、训练计划的制订

第六章和第七章中的许多训练，无论是专项的还是一般的动作，都可以应用到网棒球的比赛、训练中。训练的复杂性应与运动员的技术水平和战术成熟度相适应。灵敏项目应该从学习基本的灵敏模式（例如，加速、减速、切入、跑步）开始，然后再进行更专项的训练。

教练员可以通过在训练中融入认知因素来提高运动员的反应灵敏水平，从而提高他们的感知和决策技能[3]，使教练员更好地评估他们的情况，分析信息，确定需要部署什么行动，然后运动员执行运动或行动时才能成功。以上内容可通过以下几种方式实现。

（1）通过融合专项变向或技术能力的听觉或视觉刺激来增加反应性成分（例如，冲刺、横向并步移动、后退）。

（2）在进行灵敏训练时结合球棒进行训练。这些技能训练可能包括接球、投掷和摇球。将控球技巧和球棒结合起来会增加运动员的认知负荷，因为此时运动必须专注于处理球棒所需的专项技巧，以及在训练中执行正确的动作。这与运动员在比赛中要做的事情相似。

（3）要求运动员在进行灵敏训练时进行简单的数学计算，以增加认知负荷，要求运动员快速处理信息，准确反应。有关范例请参阅冰球训练计划的制订部分。

一般来说，灵敏训练中的决策任务应该从简单到复杂。运动员应先在没有器械的情况下进行训练。这样，他们就可以专注于执行灵敏任务所需的正确的步法模式和动作。一旦运动员在这些训练中熟练动作后，就可以增加球棒。最后，处理球、接球及投掷等运动都可以添加进来，从而使运动员在身体和认知敏锐度上都提升到最高水平。如果教练员发现运动员不能正确地执行任务，则认知负荷需要被简化或消除，直到运动员能始终正确地执行任务。

设计灵敏训练环节时，教练员应先让运动员在小空间内进行训练，然后再换到大空间进行训练。由于空间和时间的限制，小空间内的训练需要多次快速变向，这对运动员中枢神经系统的需求高于在较大空间内的训练[3]。在中枢神经系统不疲劳的情况下执行这些训练会更有效的，要确保技术动作没有明显的变形。

表9.8提供了网棒球简单的灵敏训练示例。

表9.8　网棒球简单的灵敏训练示例

训练	组数	重复次数	间歇时间
改良"T"形测试	1	4 次	次间歇 60 秒，组间歇 3 分钟
专业灵敏训练	2	每个方向 2 次	次间歇 60 秒，组间歇 3 分钟
前进和后退训练	2	4 次	次间歇 60 秒，组间歇 3 分钟
号码训练	2	4 次	次间歇 60 秒，组间歇 3 分钟

第九节　无挡板篮球

艾琳·E. 哈夫

无挡板篮球是一项源于篮球的运动，但它也与欧洲手球和极限飞盘有相似之处。虽然规则、比赛时间、装备和队伍数量与篮球相似，但还有一些显著的差异会改变比赛的节奏和对体能的要求。例如，无挡板篮球没有运球和持球跑动，运动员接球后必须在 3 秒内传球，球和篮筐都较小，没有篮板，球员被指定并限制在球场的某些区域；防守时，球员的脚必须与带球的进攻球员保持 3 英尺（0.9米）的距离。

比赛依靠运动员快速加速、减速与变向结合的短期冲刺，横向、垂直运动，以及接球和传球[6]。这样充满爆发性和力量的运动需要机体输出接近最大水平的肌肉力量和爆发力，但场上位置和场地限制会阻碍球员实现真正的最大速度。因此，加速、变向和减速的能力在运动员的表现中起着至关重要的作用，因为它们能使运动员更好地追逐和躲避对手，以及对球的运动做出反应。

无挡板篮球运动员需要发展的最重要的技术能力包括[5]：

（1）快速而敏锐的变向训练，包括快速减速和爆发性加速；

（2）空中变向（落地前在空中完全转身的能力）；

（3）单腿跳的能力；

（4）观察球、队友和对手的位置；

（5）抢断时间和准确性。

同样重要的是落地，它是比赛中许多动作的基础[8]。因此，通过大量不同的变化（如跳跃方向、落地类型）来训练和强化这一技能是非常重要的。

球场的宽度和篮球场差不多，但稍微长一些。与篮球不同，无挡板篮球的位置是有限制的。运动的类型从低强度到高强度不等，如站立、行走、慢跑、并步移动、跑步和冲刺（图9.3）。无挡板篮球的球员平均每4.1秒切换一次运动模式，除了门将和防守球员[3]，很少会持续运动超过10秒。根据球员在场上的位置来看（进攻、防守或者中场），他们在60分钟比赛的总跑动距离范围在3.8~8公里，持球时单个动作的移动距离为1~3米。所有位置球员（高水平运动员）的平均运动时间小于6秒[3]。上述三个位置球员的平均训练与休息时间比通常是1:5或更高，其次是门将与防守球员的1:1和1:2，有时，其比值甚至会达到5:1的最高值[3]。

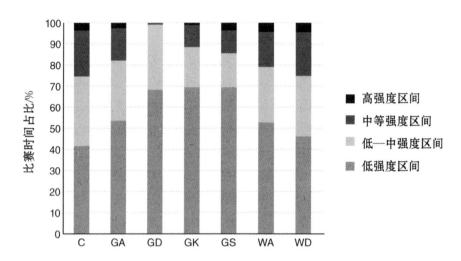

C 表示中场队员，GA 表示攻篮队员，GD 表示防篮队员，GK 表示守篮队员，GS 表示投篮队员，WA 表示边锋队员，WD 表示后卫队员。

图9.3　无挡板篮球比赛中各强度区间的时间占比

注：上图表示整个赛季所有比赛中各强度区间的平均时间占比。引自 C. M. Young, P. B. Gastin, N. Sanders, et al. Player Load in Elite Netball: Match, Training, and Positional Comparisons [J]. International Journal of Sports Physiology and Performance. 2016, 11 (8): 1074 – 1079.

一、训练计划的制订

灵敏素质是设计无挡板篮球训练计划的关键要素，在整个训练年度中应该被不断强调（表9.9）。教练员应该意识到，在运动员获得足够的力量和适应，能够有效地、持续地独自完成这些运动之前，球类运动技能应该是分开进行训练的，应该逐步地将其添加到灵敏性和冲刺训练中，避免任何一种技能的分解。

表9.9　无挡板篮球赛季专项灵敏训练

	休赛期	季前赛	赛季中
训练的类型目标：从封闭式技能向开放式技能进阶；双边到单边的运动及跳跃/落地能力	所有位置一般运动模式的混合	在建立各位置专项运动模式的同时混合一般运动模式，然后结合球进行训练	通过更短、更复杂的运动，混合一般运动模式；将焦点转移到场上位置和比赛技术动作上
焦点目标：力量耐力阶段：合理的技术和落地力学（单平面）；力量阶段：离心和向心力量（多平面）；爆发力阶段：反应力量（多平面）	发展无氧体适能基础；建立正确一致的运动技术	与休赛期相比，利用较少的训练时间来保持无氧体适能和运动技术；纳入不同位置的训练，以发展和灌输比赛 - 动作的运动模式（逐渐纳入有球训练）	保持无氧体适能和一般运动模式的能力；在有球和无球的情况下，发展不同位置和比赛 - 动作的运动模式
频率	每周3次，与抗阻训练计划结合建立一个体能基础；间隔几天，以便个人集中注意力并充分恢复力量和速度	每周3~4次，结合抗阻训练计划；由于焦点将从一般训练变得更具个性化，同时也会加入一些比赛 - 动作运动模式，训练周可能会增加个人训练课程	每周3~4次，结合抗阻训练计划；总的训练时间可能较短，但需要重复高强度的训练课以保持体能；在类似实际竞赛压力的情况下推荐发展补充技能和战术
强度	取决于训练重点及如何结合抗阻训练计划	与休赛期相同	取决于比赛的日程安排，以及如何结合抗阻训练计划

	休赛期	季前赛	赛季中
持续时间	* 占总时间的30% ~ 40%； 需要结合抗阻训练计划中，建立必要的体能基础； 主要的重点是发展力量以加强体能，所以抗阻训练是优先的	* 占总时间的20% ~ 35%； 增加不同位置的专项技能和团队战术，同时保持力量和体能（这部分的增加将会减少一节课的总时间）； 强调质量优于数量	* 占总时间的10% ~ 20%； 更多的时间用于场上位置和比赛—动作运动上，因此灵敏训练被融入这些体育专项的训练和运动
训练与休息时间比值	范围在1:5 ~ 1:1，具体取决于训练的重点及其在整个训练计划中的地位如何	与休赛期相同	与休赛期相同

注：训练计划仅适用于一般队伍和个人的场上位置。* 表示取决于运动员的训练年限、休赛期开始时的身体状况、球队的比赛风格及教练员的战术部署。

由于无挡板篮球不同的场上位置具有高度专项性的特点，球员需要个性化的训练和适应，特别是在赛季中，这样才能保证其竞技表现得到最大限度的发挥。为此，训练需要考虑以下因素：

（1）活动的类型；

（2）每个活动重复的次数；

（3）每个活动的平均时间；

（4）执行每个活动所花费的总时间；

（5）与比赛相关的每个活动的相对贡献度。

深入分析这些属性，请参阅相关参考文献[3,9]。打球风格和团队战术也在决定距离、持续时间及训练与休息时间比等方面发挥重要作用，以满足这些部分相关训练计划的需要。

二、无挡板篮球的简单灵敏训练

教练员和运动员可以使用第六章和第七章中的各种训练，其中一些训练通过不同的投球和变向的方式来提高无挡板篮球运动员的灵敏素质是很好的。然而，重要的是要记住行进的距离、持续的时间和运动的模式（复杂性）等对每个训练来说，是由每个位置的专项程度决定的。此外，运动员的训练年限和能力也应被纳入考虑的因素。

在进行灵敏训练之前，运动员应完成 10~15 分钟的动态热身运动（表 9.10）。每个训练一般进行一次，如果是横向移动到每一边，则进行两次，移动15~20 米。

表 9.10　无挡板篮球运动员的热身示例

活动或训练	描述或解释
向前慢跑（变化：用前脚掌慢跑）	为冲刺和高强度灵敏训练做准备
向后慢跑（变化：用前脚掌慢跑）	和向前慢跑一样，只是方向不同
向前跳高	夸张的形式；强调快速的起跳和落地以模仿增强式训练
向后跳高	与向前跳高相同，但方向不同
侧向并步移动和手臂绕圈	为针对变向的训练做准备
三小步到箭步（变化：使用不同的箭步形式）	为在多方向平面上的变向训练做准备
波戈（双腿弹跳）	为应对冲刺和灵敏训练的压力做准备
波戈（辅助完成单腿弹跳）	为应对冲刺和灵敏训练的压力做准备
波戈（单腿弹跳）	左 3 步、右 3 步交替；直到到达终点
直腿并步移动	为冲击训练做准备；保持双腿伸直，双脚内翻；用前脚掌触地
原地高抬腿	强调并提高冲刺的合理姿势和运动技术

活动或训练	描述或解释
高抬腿（双腿交替）	左 3 步，慢跑 3 ~ 4 步，右 3 步，直到到达终点
高抬腿（单腿）	左 3 步、右 3 步交替，直到到达终点
后踢腿走	强调并提高冲刺的合理姿势和运动技术
后踢腿（双腿交替）	左 3 步，慢跑 3 ~ 4 步，右 3 步，直到到达终点
后踢腿（单腿）	左 3 步、右 3 步交替；直到到达终点

这些简单的训练是针对季前赛的。有些训练是第六章和第七章中介绍的训练的变体，教练员或运动员可以改变难度级别或使其更具比赛的专项性。

（一）训练课一

1. 圆点训练

此训练可以提高运动员的速度、灵活性、平衡性及步法的协调性，并有助于提高其膝盖和脚踝的整体稳定性。

2. 快步训练

此训练很适合练习起跳传球，强化正确的落地方法（快速脚位）。教练员向左、向右或向上指，运动员迅速转身或朝那个方向跳跃，接着快速恢复双脚的位置。然后教练员说"开始"，运动员向前跑几步。训练的变化：可以让运动员在落地后冲向 3 ~ 5 米外的锥筒，或冲刺到锥筒所在的地方后传接球，完成一个空中击球或接球再传球的动作，或改变落地的方向，然后冲刺到标记处并快速恢复双脚的位置，直到听到下一个命令。

3. "之" 字形训练

此训练有利于发展运动员躲闪和双重突破的技能。用 6 ~ 10 个锥筒摆出大约 3 米的"之"字形。运动员绕着锥筒外侧冲刺，在每个锥筒移动时改变方向，然后冲刺到下一个锥筒。变化包括交替向每个锥筒冲刺和并步移动。教练员可以让运动员通过向前和向后的冲刺、并步移动或两者兼而有之，在所有或不同的点上增加一个地面站立的或腾空跳起的传接球动作，或改变变向的点，使训练更加多方位。

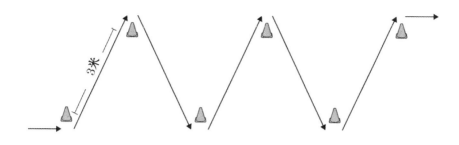

（二）训练课二

1. 绳梯训练

此训练推荐用于从多平面位置发展运动员脚的速度、灵敏性、协调性和身体意识。

2. 折返跑训练

此训练可以用来发展运动员的蹬地技术。在一半到四分之三的场地上，设置 3~4 个锥筒用于折返跑。各锥筒之间的距离至少 5 米。运动员冲刺跑向第一个锥筒，然后冲刺跑回起点，接着冲刺跑向第二个锥筒，再冲刺跑回起点，依此类推。变化包括：以横向并步移动代替冲刺；在向前或向后冲刺和并步移动之间进行交

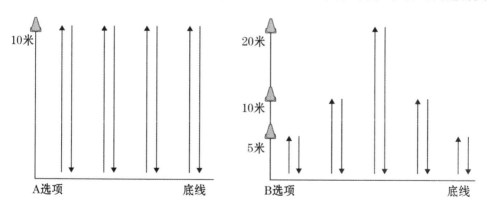

注：与 A 选项相比，无挡板篮球的折返跑训练（B 选项）包含了不同的间歇距离，锥筒用来指示距离，从而让运动员知道在哪里转身或改变运动模式。

替；改变锥筒的距离，增加或缩短各锥筒之间的长度（比如 5 米—10 米—20 米—10 米—5 米），并在任何一处或只在最后一处增加传球，以鼓励球员抬起头，做好一切准备。

3. 三锥筒和四锥筒训练

无挡板篮球的灵敏训练可以参照第六章中三锥筒和四锥筒练习的变体，可加大锥筒之间的距离（如 5~7 米），也可以单独使用这些变体练习或与本章中的短距离练习一起使用（并非所有的训练都包含长距离）。

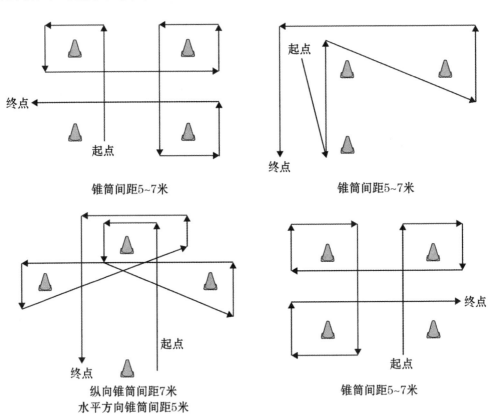

锥筒间距5~7米　　　　　　　　锥筒间距5~7米

纵向锥筒间距7米
水平方向锥筒间距5米　　　　　锥筒间距5~7米

第十节　橄榄球

伊恩·杰弗里斯

橄榄球是一种富有侵略性的比赛项目，其目的是将球推进到对手的达阵区以得分。两队各有 15 名球员，比赛持续 80 分钟，分为两个半场，每个半场 40 分钟。在青少年赛中，比赛持续时间通常较短，这取决于球员的年龄。重要的是，它是一项有碰撞的运动，身体接触在任何时候都有可能发生，而动量（质量×速度）在这些碰撞的情况下起着至关重要的作用。因此，橄榄球运动员必须在速度、灵活性及最佳体重之间取得平衡。

橄榄球比赛分为定位球比赛阶段和动态比赛阶段。动态比赛阶段可以看作是定位球（争球或边线防守）和死球之间的时间。动态阶段比赛本身可以分为开放比赛阶段和截停阶段。开放比赛阶段，球在进攻方的控制下，他们通过跑动、传球或踢球等方式向对方的球门线进攻。防守方会试图通过拦截对方球员来阻止这一进程，当带球的球员被一个或多个对手抓住或拖到地上时，进入截停阶段，这时比赛会暂时中断。当一个球员被扑搂而不能立即传球时，两队可以尝试通过扑搂、拉克技术（ruck）或冒尔技术（maul）来获得控球权。当球员被扑倒在地面上时，他们须立即释放球，当两方面只有一名球员参与到争球中时，就形成一个拉克。当持球队员被对方球员擒捉，且双方开始有队员夹扎持球球员，并试图把球员往前推或从扑搂者手中抢球时，就发生了冒尔。

需注意的是，拉克和冒尔的规则要求球员必须从球的后方进入争抢阵列（从比拉克和冒尔区域后面更靠近球门线的位置进入）。这对于强调在赛场上一寸寸争夺和推进的橄榄球影响巨大。当争球发生在队伍靠前位置的队员中时，队友要向前移动接应。在这种情况下，后卫必须先退到抢球区后面，然后才能进入拉克或冒尔区域。因此，在橄榄球比赛中，越过利益线（在定位球或动态阶段比赛中两队之间对抗的虚拟线）很重要。橄榄球的战术通常涉及如何尽可能快并有效地越过利益线。

当球出界，或者发生了轻微犯规（如向前传球或碰撞），或者在拉克或冒尔时形成僵局，球无法继续移动时，比赛将会暂停，并以列队争球或司克兰（定位球）重新开始比赛。列队争球是球员在球出界后重新开始争球的一种方法，而司克兰是另一种在轻微犯规或无法比赛后重新开始的方法。

定位球和截停对技术的要求很高，涉及对静止状态的球的争球，此时移动发挥的作用相对较小。然而，在开球时（当球不在上述情况时），有效的移动是越过利益线和把球推进到对方得分线的重要保证。

由于向前推进利益线非常重要，所以向前快速移动的训练应被重点强调。在移动中会出现"狭小区域"和"宽阔区域"两种状态，而这两种比赛状态对球员灵敏素质的要求是不一样的。狭小区域状态指球员和球员之间距离较小，马上就要形成截停和定位球的比赛状态。宽阔区域状态指的是球被大范围传递（借助跑动带球、传球或踢球等方式）时，球员之间距离较大，选手需要进行较长距离、较快速度奔跑的状态。

一、训练计划的制订

目前，橄榄球的一个发展趋势是，球队在多次抢断干扰的情况下会变得非常擅长控球。每次截停后一方保持控球权的阶段，可被称为一个小节。现代橄榄球比赛中的总小节数远超以往。然而，当防守水平比较高的时候，两队会在一个小节内进攻阶段和防守阶段之间进行异常激烈的对抗。

表9.11和表9.12显示了橄榄球的比赛阶段是如何被划分为有组织的阶段性比赛和中断的阶段性比赛的。这两者都可以被细分为进攻和防守两类。重要的是在每个阶段中识别和理解团队的目标。这反过来又将决定实现这些目标所需的运动模式，从而指导橄榄球灵敏训练计划的制订。

表 9.11　橄榄球的进攻阶段

类型	比赛组织阶段		比赛中断的时间		
	狭小区域状态	宽阔区域状态	攻守转换	阵线突破	射门
灵敏训练目标	• 在接触中产生推进力； • 破坏防守组织； • 创造并跑进进攻空间	• 达到高速； • 破坏防守组织； • 创造并跑进进攻空间	• 把球从得分一方移开； • 把球移到进攻空间内	• 把球移到进攻空间内； • 两侧接应	• 点球； • 考虑反击中的选择； • 让球员进入接应位置
灵敏训练	• 从站立和低速运动开始加速； • 变向	• 从站立和低速运动开始加速； • 曲线跑动； • 躲避时的变向	• 从站立和低速运动开始加速； • 达到高速； • 躲避并跑向进攻空间的技巧	• 从站立和低速运动开始加速； • 达到高速； • 躲避并跑向进攻空间的技巧	• 从站立和低速运动开始加速； • 调整跑动以提供接应； • 躲避和变向

表 9.12　橄榄球的防守阶段

类型	比赛组织阶段		比赛中断的时间		
	狭小区域状态	宽阔区域状态	攻守转换	阵线突破	射门
灵敏训练目标	• 加速产生动量以便接触； • 快速推进防线； • 为防守空间调整位置； • 做好防守	• 通过占位来限制进攻； • 快速直线冲刺； • 做好防守	• 恢复组织防守； • 占位； • 限制进攻机会	• 抢防以限制空间	• 追逐； • 恢复合理的位置
灵敏训练	• 从站立和低速运动开始加速（直线和横向的）； • 变向	• 快速加速； • 减速和位置调整	• 从站立和低速运动开始加速； • 调整速度和方向	• 从站立和低速运动开始加速； • 达到高速； • 控制速度和方向的调整	• 从站立和低速运动开始加速； • 调整跑动以提供接应； • 躲避和变向

（一） 比赛组织阶段

在有组织的进攻比赛阶段，一个队控球，要么在定位球中获胜，要么在接下来的控球阶段中保持控球。我们的目标是让球越过利益线，产生前进的动力。如何做到这一点将取决于球队是否将狭小或宽阔区域的状态作为有组织的阶段比赛的一部分。

在狭小区域的状态下，空间很重要，球员和对手之间的距离很小。因此，运动员在可能的接触情况下加速并产生动力的能力是比赛的一个关键方面。在这种情况下，那些有能力产生动力但同时也具有欺骗性变向能力的运动员往往对比赛的走向是具有决定性作用的。

当球被移动到更开放的位置，空间变得开阔了，球员无论是在有球还是无球的情况下都可以产生更大的跑动速度。对球员来说，重要的是将速度和有效的欺骗性假动作结合起来，以创造空间和必要的移动控制来满足比赛的需求（例如，接球和传球）。

当一个队处于进攻阶段时，另一个队将处于防守阶段。这里的目标是通过确保所有的空间都被覆盖，并尽可能快地将防守线向前推进，以缩小空间来尝试越过利益线进行扑搂。因此，快速加速前进和调整到有效防守位置的能力是至关重要的。在狭小区域的情况下，加速将是非常短的，而在宽阔区域的情况下，球员将覆盖更大的距离，需要能够保持自己进入有效的防守场景。

（二） 比赛中断的时间

由于阶段比赛的高度组织性，进攻机会往往是有限的，比赛变成了一个在多个阶段延伸进行的利益线战斗。防守组织结构破坏的地方为进攻提供了极好的机会（称为破坏战术）。一个断线球或失误球（一个球队失去控球权的情况）或一个点球后可能的反击，这些都将为进攻提供重要的机会。

从断线球开始，重点是断球的球员要么跑向空位，要么传球给在空位上接应的队友。进攻方球员将尽力提供接应跑动，这样，他们不仅需要达到很快的速度，而且也需要调整跑动，从而跑到他们前方的开放空间。在橄榄球比赛中，最大速度和调整速度的能力是灵敏素质的核心。

在对方失误的情况下，进攻方会试图立即组织进攻，因为在很短的时间内，守方的防守可能是真空的。进攻的战术在很大程度上将取决于失误是如何发生的。在扑搂或拉倒的情况下，守方通常可以迅速调整防守，因此中断情况下的战术打法可能会被限制。然而，如果失误发生在宽阔区域的情况下，例如，被抢断的传球，就提供了一个很好的进攻机会。这种情况通常需要尝试将球移动到更开阔的空间，甚至可能将球踢到通常是防守打法的空当。因此，需要具备开放场地跑步的相关技能（例如，最高速、曲线跑、变向）。

此外，中断阶段的战术打法可以从对方的一个任意球发动。这通常由 3 名后场球员中的一名负责攻门，他必须决定自己是否有机会控球并得分。如果答案是肯定的话，接到球的球员将被要求快速跑向这个空当，并需要能够通过适当的躲避技巧来避开迎面而来的扑搂者。另外，该队的其他队员必须迅速跑到一个接应位置。

失误的球队此时常处于防守不稳的状态下，他们的球员很可能会失位。球员放弃原有的进攻机会，并迅速返回适当的防守位置变得至关重要。在踢任意球的情况下，球队必须以适当的速度并投入适当的人数努力地追踢，以形成防线，防止可能的反攻。此外，一些球员应该留守在更深的位置以应对对手的任何反击。如果转换是由防守线被打破的情况下发起的，那么，防守者将被要求跑更远的距离来阻止对手的传球（一种司克兰式的防守）。在这里，更快的速度跑动能力，以及对对手的动作做出反应的曲线跑动能力，是成功的关键。

基于这一分析，橄榄球运动员的灵敏水平不仅明显依赖于其从静态和动态开始产生高速运动的能力，而且也依赖于自身在开放状态下获得更大力量、更快速度的能力。这些需要球员通过曲线形式的跑动或纯直线形式的跑动来实现。关键是，球员是否有能力通过运用进攻假动作、速度变化和变向来躲避扑搂。很明显，这些动作技能的相对重要性很大程度上取决于球员主要是处在狭小还是宽阔区域的情况下，而这又很大程度上取决于他们的场上位置和球队所采用的战术打法。因此，灵敏训练可以针对球员所需的专项技能和场上位置开展。

二、在开放式场地进行的简单灵敏训练

本训练致力于提高球员在开放场地上有效跑动的能力，并将最大速度训练与在曲线方向上调整的能力结合起来，以确保控制防守位置、进攻位置，以及接应球员的位置。

（一）加速跑

在橄榄球比赛中，宽阔式打法的跑动需要运动员具有快速动态启动加速的能力。这个训练正是发展这种能力的。

4 个锥筒之间的距离为 20 米，总的冲刺距离为 60 米。运动员加速通过锥筒，目的是使每一节跑得比前一节快。这模拟了外侧后卫的跑动模式，外侧后卫通常需要从快速动态启动开始加速。训练进行 3 次，慢慢走回起点，以确保运动员能够完全恢复。

（二）曲线跑

在橄榄球比赛中，场地是非常宝贵的，所以在宽阔式打法中跑动很少单纯是直线的。曲线跑动的能力对于进攻、制造和利用空间及防守空间都很重要。这个训练能够在降低速度的情况下发展基本的曲线模式运动能力。

6 个锥筒排列成 10 米的距离（理想情况下锥筒应该很高，以便于绕着它们跑）。运动员在这些锥筒中以曲线的形式跑动，以发展达到并保持高度运动的能力。训练进行 2 次，步行回到起点，以确保运动员得以完全恢复。

（三）比赛的曲线形式

这个训练是前一种训练的进阶，目的是模拟一种与比赛相关的曲线跑动场景，比如，边锋在边后卫处跑动，然后沿着一条边线绕着球员曲线跑动。应该设置好比赛的曲线形式，这样运动员在各个方向上都能跑得很舒服。训练进行 3 次，步行回到起点，以确保运动员得以完全恢复。

（四）　跑动转弯

这个训练也模拟了与比赛相关的曲线跑动场景，但在训练中设置了一个对手，以模拟运动员在比赛中将要面临的情况。重要的是，进行这种训练的运动员的目标应该是通过曲线跑动攻击对手，但是如果失败了，运动员应该能够使用其他运动方式越过对手。训练进行 3 次，步行回到起点，以确保运动员得以完全恢复。

第十一节　足球

伊恩·杰弗里斯

对于设计灵敏训练计划的人来说，足球是最具挑战性的运动之一。考虑到运动员在场上移动的次数非常多，灵敏成了影响足球运动员效率的核心要素。提高灵敏素质的训练能够显著提高足球运动员的竞技表现，使运动员在各方面都有所改善。

发展灵敏素质的一个关键因素就是训练要针对专项运动的具体情境。尽管确实存在基本的运动模式，但训练的最终目的是让运动员在比赛中有效地运用这些动作。因此，将灵敏性视为比赛速度的限制因素是很有必要的（不要与直线速度混淆）。比赛速度可以被定义为一种针对专项运动情境的技能，运动员可以通过运用针对专项运动的最佳速度、动作的准确性、效率和预期的控制，以及对比赛中关键的感知刺激做出反应，从而优化他们的竞技表现[3]。

这个定义包含了许多重要信息。第一，移动要针对专项运动，甚至是特定的位置。例如，守门员的移动要求应与中场球员不同。第二，有效的比赛速度包括最佳速度构成，最佳速度不单以最大速度来衡量，还包括准确性、控制力和效率等。这些因素在足球运动中非常重要，因为足球比赛需要持续 90 分钟，比赛的最终目的是展现足球技巧，获得胜利，而不是简单地以最快的速度移动。虽然最大速度是一个重要的变量，但运动员利用灵敏素质的能力对足球竞技表现的最大化更重要。

由于比赛速度和灵敏性是根据具体情况而定的，教练员必须能分解足球比赛的目标要求，制订有效的计划。足球运动是间歇性的，每场比赛需要变向 1200 ~ 1400 次[2]。另外，这些运动在速度和方向上都有所不同，而且球员每隔 2~4 秒就要改变一次方向[4]。冲刺移动通常覆盖 5~15 米，平均每 30 秒便发生一次[1,3]。运动员在场上的大多数时间都花在过渡阶段，速度可以从步行变化到高速跑动。这些过渡运动会发生在很多方向，包括向前、向侧面和向后。冲刺可以直线向前，然而，运动员通常会在冲刺的开始或冲刺中的某个点穿插一些变向。

一、训练计划的制订

考虑到运动员需要在 90 分钟的比赛中进行大范围的移动，以及不同位置有不同的专项要求，因此设计足球专项的灵敏训练可能会让人望而生畏。然而，教练员可以通过分析足球运动的目标要求，将这些动作进行分类，并纳入一个基本的结构，从而制订一个有效的灵敏训练计划。

分解足球动作时，确定运动员想要达到的目标是很有帮助的。教练员可以利用目标分类来有效地实现这一点。在任何时候，运动员都可能会在开始运动或改变运动方向时（起始运动），试图以最大的速度运动（实施运动），或在过渡运动中对足球的特定刺激做出反应（过渡运动）。灵敏训练往往侧重于起始动作和实施动作，对过渡运动的强调却少得多。即使是进行过渡运动的训练，经常强调的也是移动的速度而非控制能力。运动员以最大速度起跑和移动的能力，往往取决于他是否在正确的位置，只有在正确的位置他才能有效地进行后续的动作。表 8.1 列出了每个运动分类中的关键动作。

有效的灵敏训练会在运动的要求和运动员的能力之间取得平衡。因此，为优秀运动员设计的训练和为初学者设计的训练应该是不同的。针对足球专项的灵敏训练计划应该强调循序渐进的原则，每个发展阶段应该包含不同的难度。在初级阶段，运动员可以从封闭式训练中受益，这种训练可以让运动员学会控制速度，通常由单一的动作模式组成（如并步移动）。在这一阶段，教练员应该培养运动员在足球运动中执行所有运动模式的能力，以确保其在运动能力上没有薄弱环节。下文介绍了比赛速度的发展系统，它表示移动能力和应用的不同阶段[3]。当运动员在一个阶段掌握了适当的运动模式时，他们可以进阶下一个阶段：

（1）发展一般和稳定的基本运动模式；

（2）发展关键的运动模式结合，从封闭式训练到开放式训练；

（3）在比赛环境中发展专项运动模式；

（4）在比赛环境中完成专项运动模式。

随着运动员的不断进步，教练员应该将足球专项与运动模式结合起来。例如，后退训练可以包括向后、侧向或向前的冲刺跑。这些组合运动在足球中很常见。教练员也可以逐步开展更开放的训练。这时，运动员需要对一系列不同的刺激做出反应，这些刺激可以变得越来越接近足球比赛中出现的刺激。例如，教练员可以在冲刺训练中加入后退运动。接下来，运动员可以根据教练员的指令改变方向，然后再过渡到根据其他运动员的运动改变方向。通过这种方式，运动模式变得越来越具有挑战性，训练也可以逐步体现出足球的专项运动模式。这些类型的训练包括不同的距离、速度、方向和刺激。

● 质量是至关重要的

熟能生巧，这是针对任何足球专项灵敏训练计划的关键信息。如果运动员想要有效地发展灵敏素质，那么他们必须用合理的技术完成每一次训练。必须牢记的是，训练只是达到目的的一种手段，而这个目的就是提高灵敏水平。如果运动员不能很好地完成训练，就不能达到发展最佳灵敏素质的目的。因此，教练员在训练中应该时刻强调技术的重要性。

表 8.1 中列出的运动为运动员评估每个动作的完成情况提供了一个理想的参照。评估的结果可以作为制订灵敏训练计划的重要依据。在不达标的地方，运动员可以做额外的训练从而使这些动作达到标准。从这里开始，教练员可以沿着以下顺序发展每一种运动模式，即从基本的、封闭的训练到随机的、能表现出高度灵敏素质的专项动作。有了这样的结构，教练员可以通过以下方式为每个运动模式发展足球运动员的专项灵敏素质：

（1）发展个人运动模式；

（2）增加变化（距离和方向）；

（3）发展运动模式的组合；

（4）逐步过渡到开放式训练；

（5）增加运动的专项需求。

然后，教练员可以制订发展灵敏素质的训练计划，以确保运动员能在给定的时间框架内发展所有的动作模式。训练计划可能是单周的或是双周的。

表9.13列出了一个单周训练的范例，它将灵敏训练与热身运动结合。这种结合是一种可以在一节训练课中同时包含速度和灵敏训练，非常省时有效的方法，同时它还能确保运动员在没有疲劳的情况下进行灵敏训练。

表 9.13　足球训练四项热身

训练	训练的重点	训练和运动
1	启动和加速	• 启动的机制（所有方向）； • 加速度（变换方向、距离，以静态和动态开始）
2	减速和转换	• 减速和抢位的机制； • 抢位和转换的挑战； • 应用进攻和防守动作的挑战
3	最大速度	• 速度的机制； • 应用速度（直线和曲线跑）； • 应用速度的挑战
4	变向和应用灵敏水平	• 发展变向训练； • 运用进攻和防守动作的挑战

二、足球的简单灵敏训练

下面是发展变向速度的训练。运动员应该从动态热身开始，使机体为更剧烈的活动做准备。第三章提供的多种动态热身练习可供选择。

训练提供了关于足球灵敏训练的一般指导方针。专项的训练应该根据比赛的总体目标和运动员的类型来设计。一般来说，新手（训练不足的）运动员会更注重技术方面的表现，而非应用方面。对于高水平（训练更好的）运动员来说，情况刚好相反，他们更多地强调应用而不是技术。对所有运动员来说，重点应该是训练质量，而不是训练数量。训练的目的是提高运动员的灵敏水平，因此重点应该是确保技术和动作质量与运动员的能力相称。因此，训练与休息的时间比例应该确保运动员的每一次重复都是从完全恢复的状态下开始的。同样，这将取决于运动员的技术水平及其适应水平。一般来说，对于冲刺跑类型的活动，建议让运动员采用步行走回的方式进行恢复。对于灵敏型的活动而言，运动时间一般应在2～5秒，休息时间应足以保证运动员在随后的每次重复训练中都能保持良好的表现。重复的次数因持续时间的不同而有所不同，但一般建议一次训练重复4～8次。但是，观察训练也很重要。如果技术或完成质量开始下降，这可能是运动员疲劳的迹象，表明继续训练可能并不会带来好处。

（一）横向并步移动和制动

两个锥筒相距5～10码（4.6～9.1米）。运动员以面向1号锥筒的准备姿势开始。准备好后，运动员并步移动到2号锥筒，同时臀部保持低位，臀部、肩膀和躯干与2号锥筒平行。到达终点时，运动员立即保持完成姿势，双脚平放，指向前方，脚间距比臀部宽。运动员保持姿势稍作停顿，以确定自身能稳定地保持这一姿势。暂停期间不应再做任何动作。稳定下来后，可以开始另一项活动。

合理的完成姿势

（二） 横向并步移动和后退

两个锥筒相距 5~10 码（4.6~9.1 米）。运动员以面向 1 号锥筒的准备姿势开始。然后运动员从 1 号锥筒横向并步移动到 2 号锥筒。当到达 2 号锥筒时，运动员在外侧的脚站稳后迅速朝反向移动。

（三） 横向并步移动镜像

两个锥筒相距 10 码（9.1 米）。在锥筒之间，两名运动员呈面对面的准备姿势。一个承担进攻的角色，另一个承担防守的角色。进攻队员只在锥筒之间横向移动，试图甩开防守队员，而防守队员试图与进攻队员保持同步。此训练应该持续 3~6 秒。

（四） 跑至锥筒并切入

两个锥筒相距 5 码（4.6 米）。运动员站在 1 号锥筒的旁边呈准备姿势，面朝 2 号锥筒。运动员自由出发，跑向 2 号锥筒。当到达 2 号锥筒时，运动员先进行一个切入步法，然后向相反的方向加速。

此外，教练员的口令也可以发生变化。在开放式训练中（如图），教练员站在 2 号锥筒后面 2 码（1.8 米）处。运动员跑向 2 号锥筒，但在到达锥筒之前，教练

员发出口头或视觉信号，指示运动员向某个方向移动。运动员做一个切入步法，然后向指定方向加速。

（五） 跑动和切入

这个训练也被称为跑动转弯，2 个锥筒相距 10 码（9.1 米）。两名运动员同时进行训练；一个扮演进攻的角色，另一个扮演防守的角色。攻方运动员站在 1 号锥筒处，守方运动员在 2 号锥筒处呈准备姿势。训练从攻方运动员的第一个动作开始，攻方运动员向前移动，跑向训练区域的尽头（2 号锥筒）。守方运动员向前移动，并调整自己的动作，尽力触碰攻方运动员。场地的大小可以根据训练持续的时间、运动员的技术水平及预期的结果进行调整。

（六） 把球踢到目的地

两个球门（或两对锥筒）相距 10 码（9.1 米）。这个训练类似于跑动和切入训练，但这一次，防守球员开始时离进攻球员只有几英尺，就像在比赛中一样。根据教练员的指示，进攻队员试着切入并移动到近门柱或远门柱的位置。为了更接近比赛实际，另一个球员可以在进攻球员切入时把球传给他。进攻球员尽力将球直接踢进球门，而防守者要尽力阻止进攻球员（就像在比赛中一样）。

第十二节 网球

马克·科瓦克斯

随着技术的发展和训练水平的提高，网球运动在过去几十年里发生了巨大的变化。最成功的运动员往往也是技术最全面的运动员。灵敏是运动员在场上取得成功的最重要的身体素质。网球专项的灵敏训练需要考虑移动、时间和距离等维度。网球运动中的移动与比赛中的具体情况紧密联系，并且需要运动员在快速反应的情况下完成[3]。虽然所有的运动员都有一些相同的特点，但网球运动的移动取决于赛场上运动员的位置和对手的回球方式。

在网球比赛中，运动员每次得分的平均时间在 10 秒内[1-2]。两次得分之间的恢复时间通常在 20~25 秒。平均来说，每得 1 分，网球运动员需要改变 4 次方向[4,6]，但在长时间的连续对打中，运动的变化范围可以从单一运动到多达 15 次变向。在一场竞技比赛中，球员改变方向超过千次是很常见的[1]。

大约 80% 的击球是在不到 8 码（7.3 米）的距离内完成的，而且只有不到 5% 的击球覆盖超过 5 码（4.6 米）的距离[7]。有意思的是，网球运动员正手击球比反手击球多 1~2 英尺（30~61 厘米）[9]。这些信息对于制订网球运动的训练计划非常有用，因为运动员可能需要在正手侧进行距离稍长于反手侧的训练。这些都是重要的发现，因为大多数其他运动项目的灵敏训练覆盖了比网球项目更长的距离。网球运动员一般很少能达到传统的全速加速技术所能达到的距离。在比赛场地的边界跑动时，他们从来没有用过最快的速度跑动。

与其他运动项目不同的是，网球运动中的大多数移动是横向的。一项关于职业球员的研究发现，超过 70% 的运动都是从一侧移向另一侧，只有不到 20% 的移动是向前的直线运动，以及不到 8% 的运动是反向直线运动[9]。这提供了非常重要的信息，因为它表明侧向的加速和减速移动是网球运动中的决定性因素。直线加速和灵活性都是独立的、独特的生物运动技能，因此，为了优化这些技能，它们应该被分开单独训练[10]，然后与运动的专项灵敏训练结合。另一个对运动员短距离移动速度有直接影响的因素是反应时。反应时就是发现刺激与产生力（做出反应）之间的时间[8]。虽然反应时与几秒的冲刺并不相关，但在网球运动中，反应时与短距离的快速变向明显相关[5]。因此，网球运动员的训练应该包括提高反应时的内容，也应包括其他的网球运动方式、一般的加速和灵敏技术、力量和爆发力等。在训练中，教练员应该使用视觉刺激来帮助运动员发展视觉反应。与听觉刺激（口哨、声音或拍手声）相比，视觉线索更符合网球运动的专项性特征。

旋转是网球运动的一个重要组成部分，因此在训练中应该注意这个特点。在第六章和第七章中概述的许多训练通过在改变方向时增加旋转（使用药球或网球击球）便能在网球的训练中使用。例如，在每次击球时，运动员可以模仿正手或反手的底线击球，甚至是反手截击。第六章中的一些非常有用的训练包括直线训练中的左右两侧跳、180 度转体侧向跳、横向并步移动、专业灵敏训练、"T"形训练及前进和退后训练。

以下是针对网球专项灵敏训练和速度训练的一些有用的建议。

（1）运动员应该在灵敏训练中加入网球的专项反应灵敏训练，以最大限度地将训练效果转化为场上表现；

（2）横向训练应该占灵敏训练时间的最大比例；

（3）短距离内的模仿移动训练很有效；

（4）教练员应该在比赛过程中追踪每个球员的运动模式，并根据他们的比赛数据和观察结果制订个性化的训练计划；

（5）运动员只有在技术和动作机制完善后，才能在运动中增加阻力；

（6）减速训练有助于网球运动员在场上更有效地移动，它能降低运动员受伤的风险。

表 9.14 是网球的灵敏训练示例。

表 9.14　网球的灵敏训练示例

训练	重复次数或时间	组数	间歇时间
横向侧线跳	10 秒	3 组	60 秒
横向并步移动（正手侧）	5 次	3 组	60 秒
横向并步移动（反手侧）	5 次	3 组	60 秒
改良"T"形测试	5 次	3 组	60 秒
进攻和后退	2 次	3 组	60 秒

注：运动员应该使用球拍，这样在每次击球时，他们可以模仿特定的击球技巧（正手、反手、截击等）。

第十三节　排球

洛根·伦茨·凯尔

道格·伦茨

　　室内竞技排球运动采用运动员轮转的机制。这项运动的场上位置包括 1 名二传，2 名拦网手，3 名外线攻击手，以及 1 名后场自由人。每场比赛双方各有 6 名运动员在场上。在排球运动中，跳跃的优势表现在前场的进攻、扣球、拦网等技术动作中。根据场地的大小和参与比赛的球员数量，在短距离内改变方向的能力（在 3~5 米的范围内）是至关重要的。此外，二传通常执行跳传，并且整场比赛中要有防守动作[9-10]，这需要运动员具有出色的感知能力和决策技能。

　　排球运动员需要在速度、灵活性和上下肢肌肉力量配合等方面都很出色，才能取得成功[2,10]。一般来说，排球运动员在拦网和扣球时必须重复完成最大或接近最大跳跃、频繁的变向和重复的头顶动作[4]。基于这些需求，排球运动员的专项和一般运动技能、运动效率，以及产生爆发力的能力都可以通过改进技术来提高。因此，一个旨在提高排球运动员灵敏水平的训练计划应包含以上内容。

　　一些研究结果证实了速度、灵活性和跳跃表现之间的重要关系[1,5-7,9]。由于跳跃和变向能力都是这项运动的关键元素，将其与排球专项的灵敏训练结合是合乎逻辑的。这个思路提供了在同一个训练过程中同时发展灵敏素质和爆发力的可能。

　　在制订排球运动员的灵敏训练计划时，教练员需要考虑以下几个变量。如前所述，排球场的尺寸相对其他球类运动来说较小，如篮球或无挡板篮球。因此，教练员应该考虑球员的平均覆盖距离，并相应地调整训练。例如，在比较标准的"T"形测试和改良"T"形测试时，改良"T"形测试似乎更接近排球运动员在比赛中需要覆盖的距离。此外，教练员也可以考虑修改第五章至第七章中推荐的测试和传统的灵敏训练中的距离，以更好地满足排球运动员的需求。在较小尺寸的场地进行提高步频和运动意识的训练（如阶梯训练、直线训练、圆点训练），也可能有助于提高排球运动员的速度和运动时间。

　　以下是一个室内排球运动员训练的例子。作为一项基础的指导方针，这个计划每周应该进行 2～3 天，两次训练之间应该间隔 1 天。根据观察结合当前的实践经验，训练课中推荐了训练量（组数×重复次数）和间歇时间。这个训练中重复的次数既固定（每组的重复次数）又灵活（在给定的时间段内完成重复的次数）。这种策略允许运动员和教练员根据运动员的个人能力来调整负荷量。训练与休息时间的比率根据比赛的情况确定，主要强调磷酸原供能系统和糖酵解供能系统[3]。然而，教练员也应该结合他们的个人经验，监控运动员对每一次训练的反应，并根据运动员的个人能力和体能水平调整训练计划。

　　表 9.15 提供了一个排球灵敏训练示例。

表 9.15　排球灵敏训练示例

训练	组数	重复次数或时间	训练与休息时间的比值
前后直线跳	3 组	5 秒	1:5
横向侧线跳	3 组	5 秒	1:5
剪刀式跳	3 组	5 秒	1:5
专项灵敏训练*	3 组	5 次	1:10
改良 "T" 形测试	3 组	5 次	1:5
改良投球训练**	3 组	5～10 次	1:10～1:5
影子训练***	3 组	3 次	1:20～1:12

　　注：*表示在每一种训练中加一个纵跳；**表示教练员应该把球抛向空中而不是直接投出去，并要求运动员救球；***表示增加运动专项的动作，如跳跃、扣球或拦网来模拟比赛。

第十四节　摔跤

杰森·巴伯

摔跤是最古老的体育运动之一。除了技术之外，摔跤还需要大量的智慧、耐力、力量、柔韧性、速度和灵活性。了解不同种类摔跤之间的差异是很重要的。摔跤的国际分类包括自由式和古典式。自由式摔跤在很多方面与美国的高中和大学摔跤相似，只有一些细微的差异。然而，古典式摔跤不允许任何与腿有关的技术动作，因此对技术和训练的要求差异很大。自由式摔跤、校园摔跤允许参与者有下肢的技术动作，所以他们有更多得分的选择。理解不同种类摔跤项目之间的差异很重要，因为制订精英运动员的灵敏训练计划时出发点会不同。

熟悉不同类型的摔跤可以让教练员更有效地制订训练计划。几乎所有级别的不同种类摔跤比赛的总时间都是 6 分钟。在锦标赛中，摔跤手在两场摔跤比赛之间的最长恢复时间为 10 分钟。

摔跤是一项对运动员体能要求很高的运动，它非常强调无氧供能系统[3]。目前，还没有研究调查过摔跤比赛中运动员的平均移动距离。然而，教练员可以根据摔跤垫的尺寸（直径 8.5 米）来预测（在一定程度上）运动员在比赛中移动的距离。当教练员在选择提高运动员敏捷性和灵活性的训练时，他可以根据摔跤垫的指定空间来修改这些训练，培养运动员的空间意识。

摔跤时运动员需要向前、向侧面、向后或以一定的角度移动，所以这些应该包含在训练中。灵敏训练对运动员神经系统的兴奋性要求很高[4]。因此，发展敏捷性和灵活性的训练应该在运动员没有明显疲劳的情况下进行。防止运动员在疲劳状态下进行训练的一种方法是将灵敏训练融入摔跤运动员的热身运动。

因为摔跤是一项全身性的运动，所以把上身与下身的灵敏训练结合起来是非常有帮助的，这样就可以在训练前达到基本的热身效果。但是，不建议在无氧或有氧训练前进行灵敏训练[1]。如果提高运动员的灵敏素质是期望的训练结果，那么将这些训练作为适应训练可能会降低训练效果[1]。

一、训练计划的制订

在灵敏训练中，运动员应该完成不超过 5 个强调变向速度的不同训练（摔跤的专项训练）[2,5]。这些训练应该根据赛季中的不同阶段交替进行，每周 2 ~ 3 天[2]。运动员应该循环进行各种训练，并在多个方向进行移动，以减少训练的单调性。教练员可以用一种固定的模式或反应训练来安排这些训练，训练时运动员要对视觉线索做出反应。在这些训练中，运动员的注意力应该放在重复的质量上，而不是数量上。当运动员因疲劳而影响动作技术时，教练员应该终止训练。第六章和第七章中的许多灵敏训练可以用到摔跤项目的训练中。直线、圆点和阶梯训练对发展步法模式和快速步伐特别有用。这些训练要求运动员快速向前、向后和横向运动，这有助于他们学习正确的身体姿势、意识和控制技能。此外，第六章中介绍的许多锥筒训练可以通过简单地调整距离应用到摔跤运动员的训练上。训练可以在垫子上进行，或者在运动员进行锥筒训练时增加基本的摔跤动作（如抱摔、跪滑、伸展等）。下文是几个对摔跤运动员有用的练习示例。

（一）灵敏折返跑

这个训练对于提高运动员的爆发力、速度、平衡和灵敏素质等非常有效，这些素质都是他们在比赛中需要的。它还能提高运动员加速、减速及在各个方向上移动的能力。将 10 个锥筒以 3 英尺（0.9 米）的距离排成一条直线。运动员以准备姿势站在 1 号锥筒的左边，冲刺跑过 2 号锥筒，然后向右减速进行并步移动，接着后退超过 2 号锥筒，再并步移动到 2 号锥筒的左边（如右图）。运动员从这里冲刺至 3 号锥筒，然后在这个锥筒和

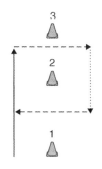

其他锥筒上重复前述的动作。跑完所有锥筒后，运动员应该在下一个回合开始前休息 1 分钟，然后再重复这个练习，但这次是从 1 号锥筒的右边开始。在训练过程中，运动员每次改变方向时，臀部必须保持下沉，目的是让其随时保持平衡及对身体的控制。后退时身体不能向后倾斜，并步移动时身体不能离边缘太远。

（二）起身后快跑

在大多数比赛中，摔跤运动员的后背、体侧或腹部经常会碰到摔跤垫。对摔跤手来说，快速复位并移向另外一个位置再回位的能力是比赛取胜的关键。这个练习可以在帮助摔跤选手提高灵敏水平的同时，提高他们从仰卧或被摔倒后再站起复位的能力。在摔跤垫子周围放置 15 ~ 20 个锥筒，形成一个正方形。锥筒距离垫子中心 3 ~ 8 码（2.7 ~ 7.3 米）。运动员躺在垫子中间，背部靠在垫子上。教练员喊出锥筒的号码，运动员尽快翻身站起来，向指定的锥筒冲刺。然后运动员回到垫子的中心，再次躺下，重复这个练习（每次跑到不同的锥筒处）4 ~ 6 次，中间休息 45 秒。运动员在从垫子上站起来时必须保持平衡，并应减少多余的动作，提高站起来的速度和从垫子上复位的速度。

二、摔跤的灵敏训练

以下是 3 个为摔跤运动员提供的灵敏训练的示例，这些训练是按从简单到复杂的顺序安排的。每次训练开始前，一般和专项的摔跤热身应持续 5 ~ 10 分钟。根据运动员的训练计划和其他训练要求，每周进行两次 10 ~ 15 分钟的灵敏训练，运动员通常能很好地适应，不会产生明显的疲劳，并有助于提高其整体的灵敏素质[5]。

（一）脚步速度训练

用摔跤垫的内圈作为跳线练习的参考线。在 10 秒内，尽快完成 1 ~ 2 组，组间休息 20 ~ 30 秒。训练与休息时间的比值为 1:3 ~ 1:2。

训练

（1）向前和向后直线跳；

（2）横向直线跳；

（3）对角跳；

（4）前后单腿直线跳；

（5）单腿直线跳。

（二）向前和向后跑动

设置 5~10 个锥筒或栏架（10~15 厘米高）。每次练习 2~3 组，组间休息 15~30 秒，训练与休息时间的比值为 1:5。

训练

（1）高抬腿跑过锥筒或栏架；

（2）向前跑（5~10 米），然后跳过锥筒或栏架；

（3）向前跑，跳跃跨过锥筒或栏架同时 180 度转身；

（4）起身向后快跑；

（5）星形训练；

（6）蛇形训练（在运动中保持向前的姿势，并在锥筒间进行穿插）。

（三）横向跑动

设置 5~10 个锥筒或栏架（10~15 厘米高），每次练习 2~3 组。交替使用右脚和左脚，以确保每条腿的运动量相等。组间休息 15 秒，训练与休息时间的比值大约是 1:5。

训练

（1）横向高抬腿跑过锥筒或栏架；

（2）横向并步移动（5 米）跳过锥筒或栏架；

（3）在蛇形训练设置的锥筒或栏架之间横向穿插；

（4）横向跨越锥筒或栏架，两次跨越间做波比跳。

参考资料

引言

[1] Young WB,James R,Montgomery I. Is muscle power related to running speed with changes of direction? *J Sports Med Phys Fitness* 42(3):282 – 288,2002.

第一章

[1] Aagaard,P. Training – induced changes in neural function. *Exerc Sport Sci Rev* 31(2):61 – 67,2003.

[2] Aagaard,P,Simonsen,EB,Andersen,JL,Magnusson,P,and Dyhre – Poulsen,P. Increased rate of force development and neural drive of human skeletal muscle following resistance training. *J Appl Physiol* 93(4):1318 – 1326,2002.

[3] Baker,D,and Nance,S. The relation between running speed and measures of strength and power in professional rugby league players. *J Strength Cond Res* 13(3):230 – 235,1999.

[4] Baker,D,and Nance,S. The relation between running speed and measures of strength and power in professional rugby league players. *J Strength Cond Res* 13(3):230 – 235,1999.

[5] Baker,D,Wilson,G,and Carlyon,R. Periodization:The effect on strength of manipulating volume and intensity. *J Strength Cond Res* 8(4):235 – 242,1994.

[6] Baldon,RM,Lobato,DFM,Carvalho,LP,Santiago,PRP,Benze,BG,and Serrao,FV. Relationship between eccentric hip torque and lower – limb kinematics:Gender differences. *J Appl Biomech* 27(3):223 – 232,2011.

[7] Bale,P,Mayhew,JL,Piper,FC,Ball,TE,and Willman,MK. Biological and performance variables in relation to age in male and female adolescent athletes. *J Sports Med Phys Fitness* 32(2):142 – 148,1992.

[8] Bangsbo,J. The physiology of soccer—with special reference to intense intermittent exercise. *Acta Physiol Scand Suppl* 619:1 – 155,1994.

222

［9］ Barfod KW, Feller JA, Clark R, Hartwig T, Devitt BM, Webster KE. Strength Testing After Anterior Cruciate Ligament Reconstruction: A Prospective Cohort Study Investigating Overlap of Tests. *J Strength Cond Res* 33(11):3145 – 3150,2019.

［10］ Beckham, G, Mizuguchi, S, Carter, C, Sato, K, Ramsey, M, Lamont, H, Hornsby, G, Haff, G, and Stone, M. Relationships of isometric mid – thigh pull variables to weightlifting performance. *J Sports Med Phys Fitness* 53(5):573 – 581,2013.

［11］ Blackburn, JT, Mynark, RG, Padua, DA, and Guskiewicz, KM. Influences of experimental factors on spinal stretch reflex latency and amplitude in the human triceps surae. *J Electromyogr Kinesiol* 16 (1):42 – 50,2006.

［12］ Bompa, TO, and Haff, GG. Strength and power development. In *Periodization: Theory and Methodology of Training*. 5th ed. Champaign, IL: Human Kinetics,261,2009

［13］ Bosco, C, Komi, PV, and Ito, A. Prestretch potentiation of human skeletal muscle during ballistic movement. *Acta Physiol Scand* 111(2):135 – 140,1981.

［14］ Brechue, WF, Mayhew, JL, and Piper, FC. Characteristics of sprint performance in college football players. *J Strength Cond Res* 24(5):1169 – 1178,2010.

［15］ Bronner, S, and Bauer, NG. Risk factors for musculoskeletal injury in elite pre – professional modern dancers: A prospective cohort prognostic study. *Phys Ther Sport* 31:42 – 51,2018.

［16］ Brooks, T, and Cressey, E. Mobility training for the young athlete. *Strength Cond J* 35(3): 27 – 33,2013.

［17］ Buckthorpe, M, and Roi, CS. The time has come to incorporate a greater focus on rate of force development training in the sports injury rehabilitation process. *Muscles Ligaments Tendons J* 7(3): 435 – 441,2018.

［18］ Chaabene H, Prieske O, Negra Y, Granacher U. Change of Direction Speed: Toward a Strength Training Approach with Accentuated Eccentric Muscle Actions. *Sports Med* 48(8):1773 – 1779,2018.

［19］ Chappell, JD, and Limpisvasti, O. Effect of a neuromuscular training program on the kinetics and kinematics of jumping tasks. *Am J Sports Med* 36(6):1081 – 1086,2008.

［20］ Chelly, MS, Fathloun, M, Cherif, N, Ben Amar, M, Tabka, Z, and Van Praagh, E. Effects of a back squat training program on leg power, jump, and sprint performances in junior soccer players. *J Strength Cond Res* 23(8):2241 – 2249,2009.

［21］ Cissik, John M. Means and methods of speed training, part I. *Strength Cond J* 26(4):24 – 29,2004.

［22］ Cissik, Barnes M. *Sport speed and agility*. Monterey, CA: Coaches Choice,2004.

［23］ Comfort, P, Haigh, A, and Matthews, MJ. Are changes in maximal squat strength during preseason training reflected in changes in sprint performance in rugby league players? *J Strength Cond Res* 26(3):772 – 776,2012.

[24] Cronin,JB,and Hansen,KT. Strength and power predictors of sports speed. *J Strength Cond Res* 19(2):349 – 357,2005.

[25] Da Cruz – Ferreira,AM,and Fontes Ribeiro,CA. Anthropometric and physiological profile of Portugese rugby players—Part I:Comparison between athletes of different position groups. *Rev Bras Med Esporte* 19(1):52 – 55,2013.

[26] Davies,G,Riemann,BL,and Manske,R. Current concepts of plyometric exercise. *Int J Sports Phys Ther* 10(6):760 – 786,2015.

[27] Dawes,J,and Lentz,D. Methods of developing power for acceleration for the non – track athlete. *Strength Cond J* 34(6):44 – 51,2012.

[28] Dawes,JJ,Elder,C,Krall,K,Stierli,M,and Schilling,B. Relationship between selected measures of power and strength and linear running speed amongst Special Weapons and Tactics police officers. *J Aust Strength Cond* 23(3):23 – 28,2015.

[29] De Hoyo,M,Gonzalo – Skok,O,Sanudo,B,Carrascal,C,Plaza – Armas,JR,Camacho – Candil,F, and Otero – Esquina,C. Comparative effects of in – season full – back squat,resisted sprint training, and plyometric training on explosive performance in U – 19 elite soccer players. *J Strength Cond Res* 30(2):368 – 377,2016.

[30] Deane,RS,Chow,JW,Tillman,MD,and Fournier,KA. Effects of hip flexor training on sprint,shuttle run,and vertical jump performance. *J Strength Cond Res* 19(3):615 – 621,2005.

[31] DeWeese,BH,and Nimphius,S. Program design and technique for speed and agility training. In *Essentials of Strength Training and Conditioning*. 4th ed. Haff,GG,and Triplett,NT,eds. Champaign, IL:Human Kinetics,521 – 558,2016.

[32] Dos' Santos,T,Thomas,C,Jones,PA,and Comfort,P. Mechanical determinants of faster change of direction speed performance in male athletes. *J Strength Cond Res* 31(3):696 – 705,2017.

[33] Duthie,GM,Pyne,DB,Marsh,DJ,and Hooper,SL. Sprint patterns in rugby union players during competition. *J Strength Cond Res* 20(1):208 – 214,2006.

[34] Edwards,S,Austin,AP,and Bird,SP. The role of the trunk control in athletic performance of a reactive change – of – direction task. *J Strength Cond Res* 31(1):126 – 139,2017.

[35] Eke,CU,Cain,SM,and Stirling,LA. Strategy quantification using body worn inertial sensors in a reactive agility task. *J Biomech* 64:219 – 225,2017.

[36] Faigenbaum, AD, McFarland, JE, Keiper, FB, Tevlin, W, Ratamess, NA, Kang, J, and Hoffman,

JR. Effects of a short – term plyometric and resistance training program on fitness performance in boys age 12 to 15 years. *J Sports Sci Med* 6(4):519 – 525,2007.

[37] Flynn,TW,and Soutas – Little,RW. Mechanical power and muscle action during forward and backward running. *J Orthop Sports Phys Ther* 17(2):108 – 112,1993.

[38] Garhammer,J,and Mclaughlin,T. Power output as a function of load variation in Olympic and power lifting. *J Biomech* 13(2):198,1980.

[39] Gjinovci,B,Idrizovic,K,Uljevic,O,and Sekulic,D. Plyometric training improves sprinting,jumping and throwing capacities of high level female volleyball players better than skill – based conditioning. *J Sports Sci Med* 16(4):527 – 535,2017.

[40] Greig,M,and Naylor,J. The efficacy of angle – matched isokinetic knee flexor and extensor strength parameters in predicting agility test performance. *Int J Sports Phys Ther* 12(5):728 – 736,2017.

[41] Hakkinen,K,Komi,PV,and Alen,M. Effect of explosive type strength training on isometric force – and relaxation – time, electromyographic and muscle fibre characteristics of leg extensor muscles. *Acta Physiol Scand* 125(4):587 – 600,1985.

[42] Ham,DJ,Knez,WL,and Young,WB. A deterministic model of the vertical jump:Implications for training. *J Strength Cond Res* 21(3):967 – 972,2007.

[43] Hamill,J,Knutzen,KM,and Derrick,TR. Linear Kinetics. In *Biomechanical Basis of Human Movement*. 4th ed. Philadelphia:Lippincott Williams & Wilkins,371 – 372,2014.

[44] Hanson,AM,Padua,DA,Troy Blackburn,J,Prentice,WE,and Hirth,CJ. Muscle activation during side – step cutting maneuvers in male and female soccer athletes. *J Athl Train* 43(2):133 – 143,2008.

[45] Harland,MJ,and Steele,JR. Biomechanics of the sprint start. *Sports Med* 23(1):11 – 20,1997.

[46] Harris,NK,Cronin,JB,Hopkins,WG,and Hansen,KT. Squat jump training at maximal power loads vs. heavy loads:Effect on sprint ability. *J Strength Cond Res* 22(6):1742 – 1749,2008.

[47] Harry,JR,Paquette,MR,Schilling,BK,Barker,LA,James,CR,and Dufek,JS. Kinetic and electromyographic sub – phase characteristics with relation to countermovement vertical jump performance. *J Appl Biomech* 34(4):291 – 297,2018.

[48] Hefzy,MS,al Khazim,M,and Harrison,L. Co – activation of the hamstrings and quadriceps during the lunge exercise. *Biomed Sci Instrum* 33:360 – 365,1997.

[49] Hewett,TE,Ford,KR,Myer,GD,Wanstrath,K,and Scheper,M. Gender differences in hip adduction motion and torque during a single – leg agility maneuver. *J Orthop Res* 24(3):416 – 421,2006.

[50] Hof,AL,Gazendam,MG,and Sinke,WE. The condition for dynamic stability. *J Biomech* 38(1):1 –

8,2005.

[51] Houck,J. Muscle activation patterns of selected lower extremity muscles during stepping and cutting tasks. *J Electromyogr Kinesiol* 13(6):545 – 554,2003.

[52] Hunter,JP,Marshall,RN,and McNair,PJ. Relationships between ground reaction force impulse and kinematics of sprint – running acceleration. *J Appl Biomech* 21(1):31 – 43,2005.

[53] Izquierdo,M,Hakkinen,K,Gonzalez – Badillo,JJ,Ibanez,J,and Gorostiaga,EM. Effects of long – term training specificity on maximal strength and power of the upper and lower extremities in athletes from different sports. Eur *J Appl Physiol* 87(3):264 – 271,2002.

[54] Jeffreys,I. Warm – up and flexibility training. In *Essentials of Strength Training and Conditioning*. 4th ed. Haff,GG,and Triplett,NT,eds. Champaign,IL:Human Kinetics,317 – 350,2016.

[55] Jones,P,Bampouras,TM,and Marrin,K. An investigation into the physical determinants of change of direction speed. *J Sports Med Phys Fitness* 49(1):97 – 104,2009.

[56] Jones,PA,Thomas,C,Dos'Santos,T,McMahon,JJ,and Graham – Smith,P. The role of eccentric strength in 180° turns in female soccer players. *Sports* 5(2):42 – 53,2017.

[57] Kawamori,N,Crum,AJ,Blumert,PA,Kulik,JR,Childers,JT,Wood,JA,Stone,MH,and Haff,GG. Influence of different relative intensities on power output during the hang power clean:Identification of the optimal load. *J Strength Cond Res* 19(3):698 – 708,2005.

[58] Kawamori,N,Rossi,SJ,Justice,BD,Haff,EE,Pistilli,EE,O'Bryant,HS,Stone,MH,and Haff,GG. Peak force and rate of force development during isometric and dynamic mid – thigh clean pulls performed at various intensities. *J Strength Cond Res* 20(3):483 – 491,2006.

[59] Komi,PV,and Vitasalo,JH. Signal characteristics of EMG at different levels of muscle tension. *Acta Physiol Scand* 96(2):267 – 276,1976.

[60] Landry,SC,McKean,KA,Hubley – Kozey,CL,Stanish,WD,and Deluzio,KJ. Neuromuscular and lower limb biomechanical differences exist between male and female elite adolescent soccer players during an unanticipated run and crosscut maneuver. *Am J Sports Med* 35(11):1901 – 1911,2007.

[61] Landry,SC,McKean,KA,Hubley – Kozey,CL,Stanish,WD,and Deluzio,KJ. Neuromuscular and lower limb biomechanical differences exist between male and female elite adolescent soccer players during an unanticipated side – cut maneuver. *Am J Sports Med* 35(11):1888 – 1900,2007.

[62] Latt,E,Jurimae,J,Maestu,J,Purge,P,Ramson,R,Haljaste,K,Keskinen,KL,Rodriguez,FA,and Jurimae,T. Physiological,biomechanical and anthropometrical predictors of sprint swimming performance in adolescent swimmers. *J Sports Sci Med* 9(3):398 – 404,2010.

[63] Lentz,D,and Dawes,J. Speed Training. In *Training for Speed,Agility,and Quickness*. 3rd ed. Brown,

LE, and Ferrigno, VA, eds. Champaign, IL: Human Kinetics, 27, 2015.

[64] Leone, M, Comtois, AS, Tremblay, F, and Legier, L. Specificity of running speed and agility in competitive junior tennis players. *Medicine and Science in Tennis* 11:10 – 11, 2006.

[65] Lin, JD, Liu, Y, Lin, JC, Tsai, FJ, and Chao, CY. The effects of different stretch amplitudes on electromyographic activity during drop jumps. *J Strength Cond Res* 22(1):32 – 39, 2008.

[66] Lockie, RG, Schultz, AB, Callaghan, SJ, and Jeffriess, MD. The relationship between dynamic stability and multidirectional speed. *J Strength Cond Res* 30(11):3033 – 3043, 2016.

[67] Luhtanen, P, and Komi, PV. Mechanical factors influencing running speed. In *Biomechanics VI – B.* Asmussen, E, and Jorgensen, K, eds. Baltimore, MD: University Park Press, 1978.

[68] M., S, E., S, and U., S. *THIEME Atlas of Anatomy.* Second. New York, NY: Thieme Medical Publishers, 2014.

[69] M., ZV, and Prilutsky, BI. Mechanics of active muscle. In *Biomechanics of Skeletal Muscles.* Champaign, IL: Human Kinetics, 2012.

[70] Mackala, K, Fostiak, M, and Kowalski, K. Selected determinants of acceleration in the 100m sprint. *J Hum Kinet* 45(1):135 – 148, 2015.

[71] McAtee, R. *Facilitated Stretching.* 4th ed. Champaign, IL: Human Kinetics, 2014.

[72] McBride, JM. Biomechanics of resistance training. In *Essentials of Strength Training and Conditioning.* 4th ed. Haff, GG, and Triplett, NT, eds. Champaign, IL: Human Kinetics, 2016.

[73] McBride, JM, Blow, D, Kirby, TJ, Haines, TL, Dayne, AM, and Triplett, NT. Relationship between maximal squat strength and five, ten, and forty yard sprint times. *J Strength Cond Res* 23(6): 1633 – 1636, 2009.

[74] McCormick, BT, Hannon, JC, Newton, M, Shultz, B, Detling, N, and Young, WB. The effects of frontal and sagittal – plane plyometrics on change – of – direction speed and power in adolescent female basketball players. *Int J Sports Physiol Perform* 11(1):102 – 107, 2016.

[75] McGinnis, PM. *Biomechanics of sport and exercise.* 2nd ed. Champaign, IL: Human Kinetics, 2005.

[76] Mero, A, and Komi, PV. Force –, EMG –, and elasticity – velocity relationships at submaximal, maximal and supramaximal running speeds in sprinters. *Eur J Appl Physiol Occup Physiol* 55(5): 553 – 561, 1986.

[77] Mornieux, G, Gehring, D, Furst, P, and Gollhofer, A. Anticipatory postural adjustments during cutting manoeuvres in football and their consequences for knee injury risk. *J Sports Sci* 32(13):1255 – 1262, 2014.

[78] Myer, GD, Ford, KR, McLean, SG, and Hewett, TE. The effects of plyometric versus dynamic stabili-

zation and balance training on lower extremity biomechanics. *Am J Sports Med* 34(3):445 – 455,2006.

[79] Nagahara,R,Mizutani,M,Matsuo,A,Kanehisa,H,and Fukunaga,T. Association of sprint perform-ance with ground reaction forces during acceleration and maximal speed phases in a single sprint. *J Appl Biomech* 34(2):104 – 110,2018.

[80] Nagahara,R,Takai,Y,Kanehisa,H,and Fukunaga,T. Vertical impulse as a determinant of combi-nation of step length and frequency during sprinting. *Int J Sports Med* 39(4):282 – 290,2018.

[81] Naylor,J,and Greig,M. A hierarchical model of factors influencing a battery of agility tests. *J Sports Med Phys Fitness* 55(11):1329 – 1335,2015.

[82] Neptune,RR,Wright,IC,and van den Bogert,AJ. Muscle coordination and function during cutting movements. *Med Sci Sports Exerc* 31(2):294 – 302,1999.

[83] Newton,RU,Murphy,AJ,Humphries,BJ,Wilson,GJ,Kraemer,WJ,and Hakkinen,K. Influence of load and stretch shortening cycle on the kinematics,kinetics and muscle activation that occurs dur-ing explosive upper – body movements. *Eur J Appl Physiol Occup Physiol* 75(4):333 – 342,1997.

[84] Nicholas,CW. Anthropometric and physiological characteristics of rugby union football players. *Sports Med* 23(6):375 – 396,1997.

[85] Nuzzo,JL,McBride,JM,Cormie,P,and McCaulley,GO. Relationship between countermovement jump performance and multijoint isometric and dynamic tests of strength. *Journal of Strength and Conditioning Research* 22(3):699 – 707,2008.

[86] Opplert,J,and Babault,N. Acute effects of dynamic stretching on muscle flexibility and perform-ance:An analysis of the current literature. *Sports Med* 48(2):299 – 325,2018.

[87] Patla,AE,Adkin,A,and Ballard,T. Online steering:Coordination and control of body center of mass,head and body reorientation. *Exp Brain Res* 129(4):629 – 634,1999.

[88] Peterson,MD,Alvar,BA,and Rhea,MR. The contribution of maximal force production to explosive movement among young collegiate athletes. *J Strength Cond Res* 20(4):867 – 873,2006.

[89] Pojskic,H,Aslin,E,Krolo,A,Jukic,I,Uljevic,O,Spasic,M,and Sekulic,D. Importance of reactive agility and change of direction speed in differentiating performance levels in junior soccer players: Reliability and validity of newly developed soccer – specific tests. *Front Physiol* 9:506,2018.

[90] Pruyn,EC,Watsford,M,and Murphy,A. The relationship between lower – body stiffness and dynam-ic performance. *Appl Physiol Nutr Metab* 39(10):1144 – 1150,2014.

[91] Ramachandran,S,and Pradhan,B. Effects of short – term two weeks low intensity plyometrics com-bined with dynamic stretching training in improving vertical jump height and agility on trained bas-

ketball players. *Indian J Physiol Pharmacol* 58(2):133 – 136,2014.

[92] Ellenbecker, T, Davies, G, and Bleacher, J. Proprioception and neuromuscular control. In *Physical Rehabilitation of the Injured Athlete*. 3rd ed. Andrews, J, Wilk, K, and Harrelson, G, eds. Philadelphia, PA: WB Saunders, 2012.

[93] Santos, HH, Avila, MA, Hanashiro, DN, Camargo, PR, and Salvini, TF. The effects of knee extensor eccentric training on functional tests in healthy subjects. *Rev Bras Fisioter* 14(4):276 – 283,2010.

[94] Sarabia, JM, Moya – Ramon, M, Hernandez – Davo, JL, Fernandez – Fernandez, J, and Sabido, R. The effects of training with loads that maximise power output and individualised repetitions vs. traditional power training. *PLoS One* 12(10):e0186601,2017.

[95] Sayers, M. Running techniques for field sport players. *Sports Coach* 23:26 – 27,2000.

[96] Sheppard, JM, Dawes, JJ, Jeffreys, I, Spiteri, T, and Nimphius, S. Broadening the view of agility: A scientific review of the literature. *Journal of Australian Strength and Conditioning* 22(3):6 – 25,2014.

[97] Sheppard, JM, and Triplett, NT. Program design for resistance training. In *Essentials of Strength Training and Conditioning*. 4th ed. Haff, GG, and Triplett, NT, eds. Champaign, IL: Human Kinetics, 439 – 469,2016.

[98] Sheppard, JM, and Young, WB. Agility literature review: Classifications, training and testing. *J Sports Sci* 24(9):919 – 932,2006.

[99] Shumway – Cook, A, and Woollacott, *MH. Motor control: Theory and practical applications*. 2nd ed. Philadelphia: Lippincott Williams & Wilkins,2001.

[100] Siegel, JA, Gilders, RM, Staron, RS, and Hagerman, FC. Human muscle power output during upper – and lower – body exercises. *J Strength Cond Res* 16(2):173 – 178,2002.

[101] Sigward, S, and Powers, CM. The influence of experience on knee mechanics during side – step cutting in females. *Clin Biomech(Bristol, Avon)* 21(7):740 – 747,2006.

[102] Small, K, McNaughton, L, Greig, M, and Lovell, R. The effects of multidirectional soccer – specific fatigue on markers of hamstring injury risk. *J Sci Med Sport* 13(1):120 – 125,2010.

[103] Spiteri, T, Newton, RU, Binetti, M, Hart, NH, Sheppard, JM, and Nimphius, S. Mechanical determinants of faster change of direction and agility performance in female basketball athletes. *J Strength Cond Res* 29(8):2205 – 2214,2015.

[104] Spiteri, T, Nimphius, S, Hart, NH, Specos, C, Sheppard, JM, and Newton, RU. Contribution of strength characteristics to change of direction and agility performance in female basketball athletes. *J Strength Cond Res* 28(9):2415 – 2423,2014.

[105] Stone,MH,Sands,WA,Carlock,J,Callan,S,Dickie,D,Daigle,K,Cotton,J,Smith,SL,and Hart-man,M. The importance of isometric maximum strength and peak rate – of – force development in sprint cycling. *J Strength Cond Res* 18(4):878 – 884,2004.

[106] Stone,MH,Stone,M,and Sands,W. *Principles and Practice of Resistance Training.* Champaign,IL: Human Kinetics,2007.

[107] Suchomel,TJ,Nimphius,S,and Stone,MH. The importance of muscular strength in athletic per-formance. *Sports Med* 46(10):1419 – 1449,2016.

[108] Swati,K,Ashima,C,and Saurabh,S. Efficacy of backward training on agility and quadriceps strength. *Human Physiology* 53:11918 – 11921,2012.

[109] Thomas,K,French,D,and Hayes,PR. The effect of two plyometric training techniques on muscular power and agility in youth soccer players. *J Strength Cond Res* 23(1):332 – 335,2009.

[110] Turner,AN,and Jeffreys,I. The stretch – shortening cycle:Proposed mechanisms and methods for enhancement. *Strength and Conditioning Journal* 20(4):87 – 99,2010.

[111] Van Hooren,B,Bosch,F,and Meijer,K. Can resistance training enhance the rapid force develop-ment in unloaded dynamic isoinertial multi – joint movements? A systematic review. *J Strength Cond Res* 31(8):2324 – 2337,2017.

[112] van Ingen Schenau,GJ,de Koning,JJ,and de Groot,G. Optimisation of sprinting performance in running,cycling and speed skating. *Sports Med* 17(4):259 – 275,1994.

[113] Verkhoshanski,Y. Perspectives in the improvement of speed – strength preparation of jump-ers. *Yessis Rev of Soviet Phys Ed Sports* 4:28 – 34,1969.

[114] Vescovi,JD,and McGuigan,MR. Relationships between sprinting,agility,and jump ability in fe-male athletes. *J Sports Sci* 26(1):97 – 107,2008.

[115] Viitasalo,JT,and Komi,PV. Effects of fatigue on isometric force – and relaxation – time character-istics in human muscle. *Acta Physiol Scand* 111(1):87 – 95,1981.

[116] Wallace,BJ,Kernozek,TW,and Bothwell,EC. Lower extremity kinematics and kinetics of Division III collegiate baseball and softball players while performing a modified pro – agility task. *J Sports Med Phys Fitness* 47(4):377 – 384,2007.

[117] Weber,K,Pieper,S,and Exler,T. Characteristics and significance of running speed at the Austral-ian Open 2006 for training and injury prevention. *Medicine and Science in Tennis* 12: 14 – 17,2007.

[118] Wilderman,DR,Ross,SE,and Padua,DA. Thigh muscle activity,knee motion,and impact force during side – step pivoting in agility – trained female basketball players. *J Athl Train* 44(1):

14 – 25,2009.

[119] Wilson,GJ,Murphy,AJ,and Giorgi,A. Weight and plyometric training:Effects on eccentric and concentric force production. *Can J Appl Physiol* 21(4):301 – 315,1996.

[120] Wisloff,U,Castagna,C,Helgerud,J,Jones,R,and Hoff,J. Strong correlation of maximal squat strength with sprint performance and vertical jump height in elite soccer players. *Br J Sports Med* 38(3):285 – 288,2004.

[121] Yu,B,Queen,RM,Abbey,AN,Liu,Y,Moorman,CT,and Garrett,WE. Hamstring muscle kinematics and activation during overground sprinting. *J Biomech* 41(15):3121 – 3126,2008.

[122] Zatsiorsky,VM. Biomechanics of strength and strength testing. In *Strength and Power in Sport*. Komi,PV,ed. Oxford,UK:Blackwell Scientific,439 – 487,2003.

第二章

[1] Abernethy,B,Schorer,J,Jackson,RC,and Hagemann,N. Perceptual training methods compared:The relative efficacy of different approaches to enhancing sport – specific anticipation. *J Exp Psychol Appl* 18(2):143 – 153,2012.

[2] Abernethy,B,Zawi,K,and Jackson,RC. Expertise and attunement to kinematic constraints. *Perception* 37(6):931 – 948,2008.

[3] Annett,J. Motor imagery:Perception of action? *Neuropsychologia* 33(11):1395 – 1417,1995.

[4] Cox,RH. Sport psychology:Concepts and applications. 7th ed. New York:McGraw Hill,2012.

[5] Farrow D,Young W,and Bruce L. The development of a test of reactive agility for netball:A new methodology. *J Sci Med Sport* 8(1):52 – 60,2005.

[6] Gabbett TJ,Carius J,and Mulvey M. Does improved decision – making ability reduce the physiological demands of game – based activities in field sport athletes? *J Strength Cond Res* 22(6):2027 – 2035,2008.

[7] Gorman,AD,Abernethy,B,and Farrow,D. Is the relationship between pattern recall and decision – making influenced by anticipation recall? *Q J ExpPsychol (Hove)* 66(11):2219 – 2236,2013.

[8] Haider,H,Eberhardt,K,Esser,S,and Rose,M. Implicit visual learning:How the task set modulates learning by determining the stimulus – response binding. *Consciousness Cognition* 26(1):145 – 161,2014.

[9] Hertel,J,Denegar,CR,Johnson,SA,Hale,SA,and Buckley,WE. Reliability of the cybex reactor in the assessment of an agility task. *J Sport Rehab* 8(1):24 – 31,1999.

[10] Horstmann G. The psychological refractory period of stopping. *J Exp Psychol* 29(5):965 –

981,2003.

[11] Krzepota J, Stepinski M, and Zwierko T. Gaze control in one versus one defensive situations in soccer players with various levels of expertise. *Perceptual and Motor Skills* 123(3):769 – 783,2016.

[12] McGarry T, Anderson, DI, Wallace, SA, Hughes, MD, and Franks, IM. Sport competition as a dynamical self – organizing system. *J Sport Sci* 20(10):771 – 781,2002.

[13] Memmert, D, Simons, DJ, and Grimme, T. The relationship between visual attention and expertise in sport. *Psychol Sport Exer* 10(1):146 – 151,2009.

[14] Neil, R, Hanton, S, Mellalieu, SD, and Fletcher, D. Competition stress and emotions in sport performers:The role of further appraisals. *Psychol Sport Exer* 12(4):460 – 470,2011.

[15] Pavely, S, Adams RD, Di Francesco, T, Larkham, S, and Maher, CG. Execution and outcome differences between passes to the left and right made by first – grade rugby union players. *Phys Ther Sport* 10(4):136 – 141,2009.

[16] Roca, A, Ford, PR, McRobert, AP, and Williams, AM. Identifying the processes underpinning anticipation and decision – making in a dynamic time – constrained task. *Cog Process* 12(3):301 – 310, 2011.

[17] Roca, A, Ford, PR, McRobert, AP, and Williams AM. Perceptual – cognitive skills and their interaction as a function of task constraints in soccer. *J Sport Exer Psychol* 35(2):144 – 155,2013.

[18] Ryu, D, Kim, S, Abernethy, B, and Mann, DL. Guiding attention aids the acquisition of anticipatory skill in novice soccer goalkeepers. *Res Q Exer Sport* 84(2):252 – 262,2013.

[19] Schmidt, RA, and Lee, TD. *Motor Control and Learning:A Behavioral Emphasis.* 6th ed. Champaign, IL:Human Kinetics,2018.

[20] Schmidt, RA, and Wrisberg, CA. *Motor Learning and Performance.* 5th ed. Champaign, IL:Human Kinetics,2013.

[21] Schwab, S, and Memmert, D. The impact of sports vision training program in youth field hockey players. *J Sports Sci Med* 11(4):642 – 631,2012.

[22] Serpell, BG, Young, WB, and Ford, M. Are the perceptual and decision – making components of agility trainable? A preliminary investigation. *J Strength Cond Res* 25(5):1240 – 1248,2011.

[23] Sheppard, JM, Young, WB, Doyle, TL, Sheppard, TA, and Newton, RU. An evaluation of a new test of reactive agility and its relationship to sprint speed and change of direction speed. *J Sci Med Sport* 9 (4):342 – 349,2006.

[24] Spiteri, T, Hart, NH, and Nimphius, S. Offensive and defensive agility:A sex comparison of lower body kinematics and ground reaction forces. *J Appl Biomech* 30(4):514 – 520,2014.

［25］ Spiteri, T, McIntyre, F, Specos, C, and Myszka, S. Cognitive training for agility: The integration between perception and action. *Strength Cond J* 40(1):39 – 46,2018.

［26］ Spiteri T, Newton RU, Binetti M, Hart NH, Sheppard JM, and Nimphius, S. Mechanical determinants of faster change of direction and agility performance in female basketball athletes. *J Strength Cond Res* 29(8):2205 – 2214,2015.

［27］ Spiteri, T, Newton RU, and Nimphius, S. Neuromuscular strategies contributing to faster multidirectional agility performance. *J Electromyogr Kinesiol* 25(4):629 – 636,2015.

［28］ Steinberg, GM, Chaffin, WM, and Singer, RN. Mental quickness training: Drills that emphasize the development of anticipation skills in fast – paced sports. *J Phys Ed* 69(7):37 – 41,1998.

［29］ Veale JP, Pearce AJ, and Carlson JS. Reliability and validity of a reactive agility test for Australian football. *Int J Sports Physiol Perf* 5(2):239 – 248,2010.

［30］ Vickers, JN. *Perception, Cognition, and Decision Training: The Quiet Eye in Action.* Champaign, IL: Human Kinetics,2007.

［31］ Weinberg, R. Does imagery work? Effects of performance and mental skills. *J Imagery Res in Sport and Phys Activity* 3(1):S151 – S152,2008.

［32］ Wheeler, KW, and Sayers, MGL. Modification of agility running technique in reaction to a defender in rugby union. *J Sports Sci Med* 9(3):445 – 451,2010.

［33］ Williams, MA, Huys, R, Canal – Bruland, R, and Hagemann, N. The dynamical information underpinning anticipation skill. *Human Movt Sci* 28(3):362 – 370,2009.

［34］ Wilson, MR, Wood, G, and Vine, SJ. Anxiety, attentional control, and performance impairment in penalty kicks. *J Sport Exer Psychol* 31(6):761 – 775,2009.

［35］ Yarrow K, Brown P, and Krakauer JW. Inside the brain of an elite athlete: The neural processes that support high achievement in sports. *Nat Rev Neurosci* 10(8):585 – 596,2009.

第三章

［1］ Armstrong, LE, and Pandolf, KB. Physical training, cardiorespiratory physical fitness, and exercise – heat tolerance. *In Human Performance and Environmental Medicine at Terrestrial Extremes. Benchmark Press* 199 – 226,1988.

［2］ Arnheim, DD, and Prentice, WE. *Principles of Athletic Training.* 10th ed. New York: McGraw – Hill,2000.

［3］ Asmussen, E, Bonde – Peterson, F, and Jorgenson, K. Mechanoelastic properties of human muscles at different temperatures. *Acta Physiol Scand* 96(1):86 – 93,1976.

[4] Barengo, NC, Meneses – Echavez, JF, Ramirez – Velez, R, Cohen, DD, Tovar, G, and Bautista, JEC. The Impact of the FIFA II + training program on injury prevention in football players: A systematic review. *Int J Environ Res Public Health* 11(11):11986 – 12000,2014.

[5] Baumgarten, M, Bloebaum, RD, Ross, SDK, Campbell, P, and Sarmiento, A. Normal human synovial fluid: Osmolality and exercise – induced changes. *J Bone Joint Surg Am* 67(9):1336 – 1339,1985.

[6] Bergh, U, and Ekblom, B. Influence of muscle temperature on maximal strength and power output in human muscle. *Acta Physiol Scand* 107(1):332 – 337,1979.

[7] Brown, LE, Ferrigno, V, eds. *Training for Speed, Agility, and Quickness.* 3rd ed. Champaign, IL: Human Kinetics,4,2015.

[8] Enoka, RM. *Neuromechanics of Human Movement.* Champaign, IL: Human Kinetics,2002.

[9] Enoka, RM. *Neuromechanics of Human Movement.* 4th ed. Champaign, IL: Human Kinetics, 305 – 309,2008.

[10] Gray, SC, Deviton, G, Nimmo, NA. Effect of active warm – up on metabolism prior to and during intense dynamic exercise. *Med Sci Sports Exerc* 34(12):2091 – 2096,2002.

[11] Hedrick, A. Flexibility, body weight, and stability ball exercises. In *Resistance Training Program Design.* 2nd ed. Coburn, JW, and Malek, MH, eds. Champaign, IL: Human Kinetics,251 – 286,2012.

[12] Kim, DJ, Cho, ML, Park, YH, and Yang, YA. Effect of an exercise program for posture correction on musculoskeletal pain. *J Phys Ther Sci* 27(6):1791 – 1794,2015.

[13] Jeffreys, I. Motor learning – applications for agility, part 1. *Strength Cond J* 28(5):72 – 76,2006.

[14] Jeffreys, I. Warm – up revisited: The RAMP method of optimizing warm – ups. *Professional Strength and Conditioning* 6:12 – 18,2007.

[15] Jensen, J, Rustad, PI, Kolnes, AJ, and Lai, Y – C. The role of skeletal muscle glycogen breakdown for regulation of insulin sensitivity by exercise. *Front Physiol* 2:112,2011.

[16] Malliou, P, Rokka, S, Beneka, A, Mauridis, G, and Godolias, G. Reducing risk of injury due to warm up and cool down in dance aerobics instructors. *J Back Musculoskelet Rehabil* 20(1):29 – 35,2007.

[17] McArdle, WD, Katch, F, and Katch, VL. *Exercise Physiology: Energy, Nutrition and Human Performance.* 5th ed. Baltimore: Lippincott Williams & Wilkins,2001.

[18] Milanovic, Z, Sporis, G, Trajkaric, N, James, N, and Samija, K. Effects of a 12 week SAQ training programme on agility with and without the ball among young soccer players. *J Sports Sci Med* 12(1):97 – 103,2013.

[19] Mills, M, Frank, B, Goto, S, Blackburn, T, Cates, S, Clark, M, Aguilar, A, Fava, N, Padua, D. Effect of

restricted hip flexor muscle length on hip extensor muscle activity and lower extremity biomechanics in college – aged female soccer players. *Int J Sports Physiol Perf* 10(7):946 – 954,2015.

［20］Moon,JH,Lee,JS,Kang,MJ,Kang,SW,and Kim,HJ. Effects of rehabilitation program in adolescent scoliosis. *Ann Rehab Med* 20:424 – 432,1996.

［21］Moriyama,H. Effects of exercise on joints. *Clinical Calcium* 27(1):87 – 94,2017.

［22］Oksa,J. Neuromuscular performance limitations in cold. *Int J Circumpolar Health* 61(2):154 – 162,2002.

［23］Oksa,J,Rintamaki,H,Rissanen,S,Rytky,S,Tolonen,U,and Kim,PV. Stretch – and H – reflexes of the lower leg during whole body cooling and local warming. *Aviation,Space,and Environmental Medicine* 71(2):156 – 161,2000.

［24］Sawka,MN,Wenger,CB,Young,AJ,and Pandolf,KB. Physiological responses to exercise in the heat. *Institute of Medicine(US)Committee on Military Nutrition Research*,1993.

第四章

［1］Arendt,E,and Dick,R. Knee injury patterns among men and women in collegiate basketball and soccer:NCAA data and review of literature. *Am J Sports Med* 23(6):694 – 701,1995.

［2］Balyi,I,and Hamilton,A. *Long – Term Athlete Development:Trainability in Childhood and Adolescence:Windows of Opportunity,Optimal Trainability*. Victoria,Canada:National Coaching Institute British Columbia and Advanced Training and Performance,2004.

［3］Beaulieu,ML,Lamontagne,M,and Xu,L. Lower limb muscle activity and kinematics of an unanticipated cutting manoeuvre:A gender comparison. *Knee Surg Sports Traumatol Arthosc* 17(8):968 – 976,2009.

［4］Behringer,M,Vom Heede,A,Matthews,M,and Mester,J. Effects of strength training on motor performance skills in children and adolescents:A meta – analysis. *Pediatr Exerc Sci* 23(2):186 – 206,2011.

［5］Beunen,GP,and Malina,RM. Growth and biological maturation:Relevance to athletic performance. In *The Child and Adolescent Athlete*. Bar – Or O,ed. Oxford:Blackwell Publishing,3 – 17,2005.

［6］Beunen,GP,and Malina RM. Growth and physical performance relative to the timing of the adolescent spurt. *Exerc Sport Sci Rev* 16(1):503 – 540,1988.

［7］Carron,AV,and Bailey,DA. Strength development in boys from 10 through 16 years. *Monogr Soc Res Child Dev* 39(4):1 – 37,1974.

［8］Crone,EA,and Steinbeis,N. Neural perspectives on cognitive control development during childhood and adolescence. *Trends Cogn Sci* 21(3):205 – 215,2017.

[9] Delecluse C. Influence of strength training on sprint running performance:Current findings and implications for training. *Sports Med* 24(3):147 – 156,1997.

[10] Diamond,A. Executive functions. *Annu Rev Psychol* 64(1):135 – 168,2012.

[11] DiFiori,J. P. Evaluation of overuse injuries in children and adolescents. *Curr Sports Med Reports* 9(6):372 – 378,2010.

[12] Dotan,R,Mitchell,C,Cohen,R,Klentrou,P,Gabriel,D,and Falk,B. Child – adult differences in muscle activation:A review. *Pediatr Exerc Sci* 24(1):2 – 21,2012.

[13] Falk,B,Usselman,C,Dotan,R,Brunton,L,Klentrou,P,Shaw,J,and Gabriel,D. Child – adult differences in muscle strength and activation pattern during isometric elbow flexion and extension. *Appl Physiol Nutr Metab* 34(4):609 – 615,2009.

[14] Griffin,LY,Agel,J,Albohm,JM,Arendt,EA,Dick,RW,Garrett,WE,and Wojtys,EM. Noncontact anterior cruciate ligament injuries:Risk factors and prevention strategies. *J Am Acad Ortho Surg* 8(3):141 – 150,2000.

[15] Hewett,TE,Myer,GD,and Ford,KR. Decrease in neuromuscular control about the knee with maturation in female athletes. *J Bone Joint Surg Am* 86(8):1601 – 1608,2004.

[16] Kerssemakers,SP,Fotiadou,AN,de Jonge,MC,Karantanas,AH,and Maas,M. Sport injuries in the paediatric and adolescent patient:A growing problem. *Pediatr Radiol* 39(5):471 – 484,2009.

[17] Koziel,SM,and Malina,RM. Modified maturity offset prediction equations:Validation in independent longitudinal boys and girls. *Sports Med* 48(1):221 – 236,2018.

[18] Lloyd,RS,Cronin,JB,Faigenbaum,AD,Haff,GG,Howard,R,Kraemer,WJ,and Oliver,JL. National Strength and Conditioning Association position statement on long – term athletic development. *J Strength Cond Res* 30(6):1491 – 1509,2016.

[19] Lloyd,RS,and Faigenbaum,AD. Age – and sex – related differences and their implications for resistance exercise. In:*Essentials of Strength and Conditioning*. 4th ed. Champaign,IL:Human Kinetics,135 – 154,2016.

[20] Lloyd,RS,Read,P,Oliver,JL,Meyers,RW,Nimphius,S,and Jeffreys,I. Considerations for the development of agility during childhood and adolescence. *Strength Cond J* 35(3):2 – 11,2013.

[21] Lloyd,RS,and Oliver,JL. The youth physical development model:A new approach to long – term athletic development. *Strength and Cond J* 34:61 – 72,2012.

[22] Malina,RM,Bouchard,C,and Bar – Or,O. *Growth,Maturation,and Physical Activity*. Champaign,IL:Human Kinetics,41 – 47,2004.

［23］ Mandelbaum, BR, Silvers, HJ, Watanabe, DS, Knarr, JF, Thomas, SD, Griffin, LY, and Garrett, W. Effectiveness of a neuromuscular and proprioceptive training program in preventing anterior cruciate ligament injuries in female athletes：2 – year follow – up. *Am J Sports Med* 33(7)：1003 – 1010,2005.

［24］ Meylan,CMP,Cronin, JB, Oliver, JL, and Rumpf, MC. Sex related differences in explosive actions during late childhood. *J Strength Cond Res* 28(8)：2097 – 2104,2014.

［25］ Miller, AE, MacDougall, JD, Tarnopolsky, MA, and Sale, DG. Gender differences in strength and muscle fiber characteristics. *Eur J Appl Physiol Occup Physiol* 66(3)：254 – 262,1993.

［26］ Mirwald,RI,Baxter – Jones,ADG,Bailey,DA,and Buenen,GP. An assessment of maturity from anthropometric measurements. *Med Sci Sports Exerc* 34(4)：689 – 694,2002.

［27］ Miyaguchi,K,and Demura,S. Relationships between muscle power output using the stretch – shortening cycle eccentric maximum strength. *J Strength Cond Res* 22(6)：1735 – 1741,2008.

［28］ Myer,GD,Ford, KR,Divine,JG,Wall, EJ,Kahanov, L,and Hewett,TE. Longitudinal assessment of noncontact anterior cruciate ligament injury risk factors during maturation in a female athlete：A case report. *J Athl Train* 44(1)：101 – 109,2009.

［29］ Negrete,R,and Brophy,J. The relationship between isokinetic open and closed kinetic chain lower extremity strength and functional performance. *J Sport Rehab* 9(1)：46 – 61,2000.

［30］ Norrbrand,L,Fluckey JD,Pozzo,M,and Tesch,PA. Resistance training using eccentric overload induces early adaptations in muscle size. *Eur J Appl Physiol* 102(3)：271 – 281,2008.

［31］ O'Brien,TD,Reeves,ND,Baltzopoulos,V,Jones,DA,and Maganaris,CN. Muscle – tendon structure and dimensions in adults and children. *J Anat* 216(5)：631 – 642.

［32］ Philippaerts,RM,Vaeyens,R,Janssens,M,Van Renterghem,B,Matthys,D,Craen R,and Malina, RM. The relationship between peak height velocity and physical performance in youth soccer players. *J Sports Sci* 24(3)：221 – 230,2006.

［33］ Prencipe,A,Kesek,A,Cohen,J,Lamm,C,Lewis,MD,and Zelazo,PD. Development of hot and cool executive function during the transition to adolescence. *Psyc* 108(3)：621 – 637,2011.

［34］ Quatman,CE,Ford KR,Myer GD,Hewett,TE. Maturation Leads to Gender Differences in Landing Force and Vertical Jump Performance：A Longitudinal Study. *Am J Sports Med* 34(5)：806 – 813,2006.

［35］ Rabinowickz,T. The differentiated maturation of the cerebral cortex. In *Human Growth：A Comprehensive Treatise, Postnatal Growth：Neurobiology.* Vol. 2. Falkner,F, and Tanner,J, eds. New York, NY：Plenum,385 – 410,1986.

[36] Rogol,AD,Clark,PA,and Roemmich,JN. Growth and puberal development in children and adolescents:effects of diet and physical activity. *Am J Clin Nutr* 72(2):521 – 528,2000.

[37] Sheppard,JM,and Young,WB. Agility literature review:Classifications,training and testing. *J Sports Sci* 24(9):919 – 932,2006.

[38] Stracciolini,A,Myer,GD,and Faigenbaum,AD. Resistance training for pediatric female dancers. In *Prevention of Injuries in the Young Dancer*. Cham,Switzerland:Springer,64 – 71,2017.

[39] Suchomel,TJ,Nimphius,S,and Stone,MH. The importance of muscular strength in athletic performance. *Sports Med* 46(10):1419 – 1449,2016.

[40] Teeple,JB,Lohman,TG,Misner,JE,Boileau,RA,and Massey,BH. Contribution of physical development and muscular strength to the motor performance capacity of 7 to 12 year old boys. *Br J Sports Med* 9:122 – 129,1975.

[41] Temfemo,A,Hugues,J,Chardon,K,Mandengue,SH,and Ahmaidi,S. Relationship between vertical jumping performance and anthropometric characteristics during growth in boys and girls. *Eur J of Pediatr* 168(4):457 – 464,2009.

[42] Tursz,A,and Crost,M. Sports – related injuries in children:A study of their characteristics,frequency,and severity,with comparison to other types of accidental injuries. *Am J Sports Med* 14(4):294 – 299,1986.

[43] Veldhius,JD,Roemmich,JN,Richmond,EJ,Rogol,AD,Lovejoy,JC,Sheffield – Moore,M,Mauras,N,and Bowers, C. Y. Endocrine control of body composition in infancy,childhood,and puberty. *Endocrine Reviews* 26(1):114 – 146,2005.

[44] Viru,A,Loko,J,Harro,M,Volver,A,Laaneaots,L,and Viru,M. Critical periods in the development of performance capacity during childhood and adolescence. *Eur J Phys Educ* 4(1):75 – 119,1999.

[45] Weyand,PG,Sternlight,DB,Bellizzi,MJ,and Wright,S. Faster top running speeds are achieved with greater ground forces not more rapid leg movements. *J Appl Physiol* 89(5):1991 – 1999,2000.

[46] Wisloff,U,Castagna, C,Helgerud,J,Jones, R,and Hoff,J. Strong correlation of maximal squat strength with sprint performance and vertical jump height in elite soccer players. *Br J Sports Med* 38(3):285 – 288,2004.

[47] Wojtys,EM,and Brower,AM. Anterior cruciate ligament injuries in the prepubescent and adolescent athlete:Clinical and research considerations. *J Athl Train* 45(5):509 – 512,2010.

[48] Wolf,JM,Cameron,KL,and Owens,BD. Impact of joint laxity and hypermobility on the musculoskeletal system. *J Am Acad Ortho Surg* 19(8):463 – 471,2011.

[49] Young,WB,James,R,and Montgomery,I. Is muscle power related to running speed with changes of

direction? *J Sports Med Phys Fitness* 42(3):282 – 288,2002.

第五章

[1] Atkinson,G,and Reilly,T. Circadian variation in sports performance. *Sports Med* 21(4):292 – 312,1996.

[2] Beck,AQ,Clasey,JL,Yates,JW,Koebke,NC,Palmer,TG,and Abel,MG. Relationship of physical fitness measures vs. occupational physical ability in campus law enforcement officers. *J Strength Cond Res* 29(8):2340 – 2350,2015.

[3] Chan,CK,Lee,JW,Fong,DT,Yung,PS,and Chan,KM. The difference of physical abilities between youth soccer player and professional soccer player:A training implication. *J Strength Cond Res* 25: S12,2011.

[4] Crawley,AA,Sherman,RA,Crawley,WR,and Cosio – Lima,LM. Physical fitness of police academy cadets:Baseline characteristics and changes during a 16 – week academy. *J Strength Cond Res* 30 (5):1416 – 1424,2016.

[5] Cronin,JB,and Templeton,RL. Timing light height affects sprint times. *J Strength Cond Res* 22(1): 318 – 320,2008.

[6] Delaney,JA,Scott,TJ,Ballard,DA,Duthie,GM,Hickmans,JA,Lockie,RG,and Dascombe, BJ. Contributing factors to change – of – direction ability in professional rugby league players. *J Strength Cond Res* 29(10):2688 – 2696,2015.

[7] Delextrat,A,and Cohen,D. Strength,power,speed,and agility of women basketball players according to playing position. *J Strength Cond Res* 23(7):1974 – 1981,2009.

[8] Dupler,TL,Amonette,WE,Coleman,AE,Hoffman,JR,and Wenzel,T. Anthropometric and perform-ance differences among high – school football players. *J Strength Cond Res* 24(8):1975 – 1982,2010.

[9] Farrow,D,Young,W,and Bruce,L. The development of a test of reactive agility for netball:A new methodology. *J Sci Med Sport* 8(1):52 – 60,2005.

[10] Gabbett,T,and Benton,D. Reactive agility of rugby league players. *J Sci Med Sport* 12(1):212 – 214,2009.

[11] Gabbett,T,Georgieff,B,Anderson,S,Cotton,B,Savovic,D,and Nicholson,L. Changes in skill and physical fitness following training in talent – identified volleyball players. *J Strength Cond Res* 20(1):29 – 35,2006.

[12] Gabbett,TJ. Performance changes following a field conditioning program in junior and senior rugby

league players. *J Strength Cond Res* 20(1):215 – 221,2006.

[13] Gabbett,TJ,Kelly,JN,and Sheppard,JM. Speed,change of direction speed,and reactive agility of rugby league players. *J Strength Cond Res* 22(1):174 – 181,2008.

[14] Gains,GL,Swedenhjelm,AN,Mayhew,JL,Bird,HM,and Houser,JJ. Comparison of speed and agility performance of college football players on field turf and natural grass. *J Strength Cond Res* 24(10):2613 – 2617,2010.

[15] Girard, O, Brocherie, F, and Bishop, DJ. Sprint performance under heat stress: A review. *Scand J Med Sci Spor* 25(S1):79 – 89,2015.

[16] Green,BS,Blake,C,and Caulfield,BM. A valid field test protocol of linear speed and agility in rugby union. *J Strength Cond Res* 25(5):1256 – 1262,2010.

[17] Guy, JH, Deakin, GB, Edwards, AM, Miller, CM, and Pyne, DB. Adaptation to hot environmental conditions: An exploration of the performance basis,procedures and future directions to optimise opportunities for elite athletes. *Sports Med* 45(3):303 – 311,2015.

[18] Haines,S,Baker,T,and Donaldson,M. Development of a physical performance assessment checklist for athletes who sustained a lower extremity injury in preparation for return to sport: A delphi study. *Int J Sports Phys Ther* 8(1):44 – 53,2013.

[19] Haugen,T,and Buchheit,M. Sprint running performance monitoring: Methodological and practical considerations. *Sports Med* 46(5):641 – 656,2016.

[20] Haugen,TA,Tonnessen,E,and Seiler,SK. The difference is in the start: Impact of timing and start procedure on sprint running performance. *J Strength Cond Res* 26(2):473 – 479,2012.

[21] Herda,TJ,and Cramer,JT. Bioenergetics of exercise and training. In *Essentials of Strength Training and Conditioning*. 4th ed. Haff,GG,and Triplett,NT,eds. Champaign,IL:Human Kinetics,43 – 63, 2016.

[22] Hetzler, RK, Stickley, CD, Lundquist, KM, and Kimura, IF. Reliability and accuracy of handheld stopwatches compared with electronic timing in measuring sprint performance. *J Strength Cond Res* 22(6):1969 – 1976,2008.

[23] Hoffman, JR. Athlete testing and program evaluation. In *NSCA's Guide to Program Design*. Hoffman,JR,ed. Champaign,IL:Human Kinetics,23 – 49,2012.

[24] Iguchi,J,Yamada,Y,Ando,S,Fujisawa,Y,Hojo,T,Nishimura,K,Kuzuhara,K,Yuasa,Y,and Ichihashi,N. Physical and performance characteristics of Japanese Division 1 collegiate football players. *J Strength Cond Res* 25(12):3368 – 3377,2011.

[25] Jarvis,S,Sullivan,LO,Davies,B,Wiltshire,H,and Baker,JS. Interrelationships between measured

running intensities and agility performance in subelite rugby union players. *Res Sports Med* 17(4):217 – 230,2009.

[26] Jeffriess,MD,Schultz,AB,McGann,TS,Callaghan,SJ,and Lockie,RG. Effects of preventative ankle taping on planned change – of – direction and reactive agility performance and ankle muscle activity in basketballers. *J Sports Sci Med* 14(4):864 – 876,2015.

[27] Keogh,JWL,Weber,CL,and Dalton,CT. Evaluation of anthropometric,physiological,and skill – related tests for talent identification in female field hockey. *Can J Appl Physiol* 28(3):397 – 409,2003.

[28] Kuzmits,FE,and Adams,AJ. The NFL combine:Does it predict performance in the National Football League? *J Strength Cond Res* 22(6):1721 – 1727,2008.

[29] Lockie,RG,Orjalo,AJ,Amran,VL,Davis,DL,Risso,FG,and Jalilvand,F. An introductory analysis as to the influence of lower – body power on multidirectional speed in collegiate female rugby players. *Sport Sci Rev* 25(1 – 2):113 – 134,2016.

[30] Lockie,RG,Birmingham – Babauta,SA,Stokes,JJ,Liu,TM,Risso,FG,Lazar,A,Giuliano,DV,Orjalo,AJ,Moreno,MR,Stage,AA,and Davis,DL. An analysis of collegiate club – sport female lacrosse players:Sport – specific field test performance and the influence of lacrosse stick carrying. *Int J Exerc Sci* 11(4):269 – 280,2018.

[31] Lockie,RG,Callaghan,SJ,Berry,SP,Cooke,ER,Jordan,CA,Luczo,TM,and Jeffriess,MD. Relationship between unilateral jumping ability and asymmetry on multidirectional speed in team – sport athletes. *J Strength Cond Res* 28(12):3557 – 3566,2014.

[32] Lockie,RG,Callaghan,SJ,and Jeffriess,MD. Analysis of specific speed testing for cricketers. *J Strength Cond Res* 27(11):2981 – 2988,2013.

[33] Lockie,RG,Callaghan,SJ,and Jeffriess,MD. Can the 505 change – of – direction speed test be used to monitor leg function following ankle sprains in team sport athletes? *J Aust Strength Cond* 23(1):10 – 16,2015.

[34] Lockie,RG,Callaghan,SJ,McGann,TS,and Jeffriess,MD. Ankle muscle function during preferred and non – preferred 45° directional cutting in semi – professional basketball players. *Int J Perform Anal Sport* 14(2):574 – 593,2014.

[35] Lockie,RG,Davis,DL,Birmingham – Babauta,SA,Beiley,MD,Hurley,JM,Stage,AA,Stokes,JJ,Tomita,TM,Torne,IA,and Lazar,A. Physiological characteristics of incoming freshmen field players in a men's Division I collegiate soccer team. *Sports* 4(2):34,2016.

[36] Lockie,RG,Jalilvand,F,Orjalo,AJ,Giuliano,DV,Moreno,MR,and Wright,GA. A methodological

report:Adapting the 505 change – of – direction speed test specific to American football. *J Strength Cond Res* 31(2):539 – 547,2017.

[37] Lockie,RG,and Jalilvand,F. Reliability and criterion validity of the Arrowhead change – of – direction speed test for soccer. *FU Phys Ed Sport* 15(1):139 – 151,2017.

[38] Lockie,RG,Jalilvand,F,Moreno,MR,Orjalo,AJ,Risso,FG,and Nimphius,S. Yo – Yo Intermittent Recovery Test Level 2 and its relationship to other typical soccer field tests in female collegiate soccer players. *J Strength Cond Res* 31(10):2667 – 2677,2017.

[39] Lockie,RG,Jeffriess,MD,McGann,TS,Callaghan,SJ,and Schultz,AB. Planned and reactive agility performance in semi – professional and amateur basketball players. *Int J Sports Physiol Perf* 9(5): 766 – 771,2013.

[40] Lockie,RG,Lazar,A,Orjalo,AJ,Davis,DL,Moreno,MR,Risso,FG,Hank,ME,Stone,RC,and Mosich,NW. Profiling of junior college football players and differences between position groups. *Sports* 4(3):41,2016.

[41] Lockie,RG,Liu,TM,Stage,AA,Lazar,A,Giuliano,DV,Hurley,JM,Torne,IA,Beiley,MD,Birmingham – Babauta,SA,Stokes,JJ,Risso,FG,Davis,DL,Moreno,MR,and Orjalo,AJ. Assessing repeated – sprint ability in Division I collegiate women soccer players. *J Strength Cond Res* 34(7): 2015 – 2023,2020.

[42] Lockie,RG,Moreno,MR,Lazar,A,Orjalo,AJ,Giuliano,DV,Risso,FG,Davis,DL,Crelling,JB, Lockwood,JR,and Jalilvand,F. The physical and athletic performance characteristics of Division I collegiate female soccer players by position. *J Strength Cond Res* 32(2):334 – 343,2018.

[43] Lockie,RG,Risso,FG,Giuliano,DV,Orjalo,AJ,and Jalilvand,F. Practical fitness profiling using field test data for female elite – level collegiate soccer players:A case analysis of a Division I team. *Strength Cond J* 40(3):58 – 71,2017.

[44] Lockie,RG,Schultz,AB,Callaghan,SJ,and Jeffriess,MD. Physiological profile of national – level junior American football players in Australia. *Serb J Sports Sci* 6:127 – 136,2012.

[45] Lockie,RG,Schultz,AB,Callaghan,SJ,and Jeffriess,MD. The effects of traditional and enforced stopping speed and agility training on multidirectional speed and athletic performance. *J Strength Cond Res* 28(6):1538 – 1551,2014.

[46] Lockie,RG,Schultz,AB,Callaghan,SJ,Jeffriess,MD,and Berry,SP. Reliability and validity of a new test of change – of – direction speed for field – based sports:the Change – of – Direction and Acceleration Test(CODAT). *J Sports Sci Med* 12(1):88 – 96,2013.

[47] Lockie,RG,Schultz,AB,Callaghan,SJ,Jordan,CA,Luczo,TM,and Jeffriess,MD. A preliminary in-

vestigation into the relationship between functional movement screen scores and athletic physical performance in female team sport athletes. *Biol Sport* 32(1):41 – 51,2015.

[48] Lockie, RG, Schultz, AB, Jordan, CA, Callaghan, SJ, Jeffriess, MD, and Luczo, TM. Can selected functional movement screen assessments be used to identify movement deficiencies that could affect multidirectional speed and jump performance? *J Strength Cond Res* 29(1):195 – 205,2015.

[49] Lockie, RG, Stage, AA, Stokes, JJ, Orjalo, AJ, Davis, DL, Giuliano, DV, Moreno, MR, Risso, FG, Lazar, A, Birmingham – Babauta, SA, and Tomita, TM. Relationships and predictive capabilities of jump assessments to soccer – specific field test performance in Division I collegiate players. *Sports* 4 (4):56,2016.

[50] Lockie, RG, Stecyk, SD, Mock, SA, Crelling, JB, Lockwood, JR, and Jalilvand, F. A cross – sectional analysis of the characteristics of Division I collegiate female soccer field players across year of eligibility. *J Aust Strength Cond* 24(4):6 – 15,2016.

[51] Mayhew, JL, Houser, JJ, Briney, BB, Williams, TB, Piper, FC, and Brechue, WF. Comparison between hand and electronic timing of 40 – yd dash performance in college football players. *J Strength Cond Res* 24(2):447 – 451,2010.

[52] McFarland, I, Dawes, JJ, Elder, CL, and Lockie, RG. Relationship of two vertical jumping tests to sprint and change of direction speed among male and female collegiate soccer players. *Sports* 4(1): 11,2016.

[53] McGee, KJ, and Burkett, LN. The National Football League combine: A reliable predictor of draft status? *J Strength Cond Res* 17(1):6 – 11,2003.

[54] McGuigan, MR. Principles of Test Selection and Administration. In *Essentials of Strength Training and Conditioning*. 4th ed. Haff, GG, and Triplett, NT, eds. Champaign, IL: Human Kinetics, 249 – 258,2016.

[55] McGuigan, MR. Principles of Test Selection and Administration. In *Essentials of Strength Training and Conditioning*. 4th ed. Haff, GG, and Triplett, NT, eds. Champaign, IL: Human Kinetics, 249 – 258,2016.

[56] McGuigan, MR, Cormack, SJ, and Gill, ND. Strength and power profiling of athletes: Selecting tests and how to use the information for program design. *Strength Cond J* 35(6):7 – 14,2013.

[57] Moir, G, Button, C, Glaister, M, and Stone, MH. Influence of familiarization on the reliability of vertical jump and acceleration sprinting performance in physically active men. *J Strength Cond Res* 18 (2):276 – 280,2004.

[58] Moreno, E. Developing quickness, Part II. *Strength Cond J* 17:38 – 39,1995.

[59] Nimphius,S,Callaghan,SJ,Bezodis,NE,and Lockie,RG. Change of direction and agility tests:Challenging our current measures of performance. *Strength Cond J* 40(1):1,2017.

[60] Nimphius,S,Callaghan,SJ,Spiteri,T,and Lockie,RG. Change of direction deficit:A more isolated measure of change of direction performance than total 505 time. *J Strength Cond Res* 30(11):3024 −3032,2016.

[61] Nimphius,S,Geib,G,Spiteri,T,and Carlisle,D. "Change of direction deficit" measurement in Division I American football players. *J Aust Strength Cond* 21(S2):115 −117,2013.

[62] Nimphius, S, McGuigan, MR, and Newton, RU. Relationship between strength,power,speed,and change of direction performance of female softball players. *J Strength Cond Res* 24(4):885 − 895,2010.

[63] Nimphius,S,McGuigan,MR,and Newton,RU. Changes in muscle architecture and performance during a competitive season in female softball players. *J Strength Cond Res* 26(10):2655 − 2666,2012.

[64] Nuzzo,JL,Anning,JH,and Scharfenberg,JM. The reliability of three devices used for measuring vertical jump height. *J Strength Cond Res* 25(9):2580 −2590,2011.

[65] Oliver,JL,and Meyers,RW. Reliability and generality of measures of acceleration,planned agility, and reactive agility. *Int J Sports Physiol Perf* 4(3):345 −354,2009.

[66] Orr,R,Schram,B,and Pope,R. A comparison of military and law enforcement body armour. *Int J Environ Res Public Health* 15(2):339,2018.

[67] Paul,DJ,Gabbett,TJ,and Nassis,GP. Agility in team sports:Testing,training and factors affecting performance. *Sports Med* 46(3):421 −442,2016.

[68] Risso,FG,Jalilvand,F,Orjalo,AJ,Moreno,MR,Davis,DL,Birmingham − Babauta,SA,Stokes,JJ, Stage,AA,Liu,TM,Giuliano,DV,Lazar,A,and Lockie,RG. Physiological characteristics of projected starters and non − starters in the field positions from a Division I women's soccer team. *Int J Exerc Sci* 10(4):568 −579,2017.

[69] Robbins,DW. The National Football League(NFL)combine:Does normalized data better predict performance in the NFL draft? *J Strength Cond Res* 24(11):2888 −2899,2010.

[70] Sassi,RH,Dardouri,W,Yahmed,MH,Gmada,N,Mahfoudhi,ME,and Gharbi,Z. Relative and absolute reliability of a modified agility T − test and its relationship with vertical jump and straight sprint. *J Strength Cond Res* 23(6):1644 −1651,2009.

[71] Sayers,MGL. The influence of test distance on change of direction speed test results. *J Strength Cond Res* 29(9):2412 −2416,2015.

[72] Sayers,SP,Harackiewicz,DV,Harman,EA,Frykman,PN,and Rosenstein,MT. Cross – validation of three jump power equations. *Med Sci Sports Exerc* 31(4):572 – 577,1999.

[73] Semenick,D. Tests and measurements:The T – test. *Natl Str Cond Assoc J* 12(1):36 – 37,1990.

[74] Sheppard,JM,and Young,WB. Agility literature review:Classifications,training and testing. *J Sports Sci* 24(9):919 – 932,2006.

[75] Sheppard,JM,Young,WB,Doyle,TL,Sheppard,TA,and Newton,RU. An evaluation of a new test of reactive agility and its relationship to sprint speed and change of direction speed. *J Sci Med Sport* 9 (4):342 – 349,2006.

[76] Sierer,SP,Battaglini,CL,Mihalik,JP,Shields,EW,and Tomasini,NT. The National Football League Combine:Performance differences between drafted and nondrafted players entering the 2004 and 2005 drafts. *J Strength Cond Res* 22(1):6 – 12,2008.

[77] Spiteri, T, Nimphius, S, Hart, NH, Specos, C, Sheppard, JM, and Newton, RU. Contribution of strength characteristics to change of direction and agility performance in female basketball athletes. *J Strength Cond Res* 28(9):2415 – 2423,2014.

[78] Stanton,R,Hayman,M,Humphris,N,Borgelt,H,Fox,J,Del Vecchio,L,and Humphries,B. Validity of a smartphone – based application for determining sprinting performance. *J Sports Med* 2016(7): 1 – 5,2016.

[79] Thomeé,R,Kaplan,Y,Kvist,J,Myklebust,G,Risberg,MA,Theisen,D,Tsepis,E,Werner,S,Wondrasch,B,and Witvrouw,E. Muscle strength and hop performance criteria prior to return to sports after ACL reconstruction. *Knee Surg Sports Traumatol Arthrosc* 19(11):1798 – 1805,2011.

[80] Thomeé,R,and Werner,S. Return to sport. *Knee Surg Sports Traumatol Arthrosc* 19(11):1795 – 1797,2011.

[81] Vallerand,RJ,and Losier,GF. An integrative analysis of intrinsic and extrinsic motivation in sport. *J Appl Sport Psychol* 11(1):142 – 169,1999.

[82] Vescovi,JD,Brown,TD,and Murray,TM. Positional characteristics of physical performance in Division I college female soccer players. *J Sports Med Phys Fitness* 46(2):221 – 226,2006.

[83] Vescovi,JD,and McGuigan,MR. Relationships between sprinting,agility,and jump ability in female athletes. *J Sports Sci* 26(1):97 – 107,2008.

[84] Whitting,JW,de Melker Worms,JL,Maurer,C,Nigg,SR,and Nigg,BM. Measuring lateral shuffle and side cut performance. *J Strength Cond Res* 27(11):3197 – 3203,2013.

[85] Wilkinson,M,Leedale – Brown,D,and Winter,EM. Validity of a squash – specific test of change – of – direction speed. *Int J Sports Physiol Perf* 4(2):176 – 185,2009.

[86] Woodman,TIM,and Hardy,LEW. The relative impact of cognitive anxiety and self – confidence up-
on sport performance:A meta – analysis. *J Sports Sci* 21(6):443 – 457,2003.

[87] Yap,CW,and Brown,LE. Development of speed,agility,and quickness for the female soccer ath-
lete. *Strength Cond J* 22(1):9 – 12,2000.

第六章

[1] Barnes,M,and Dawes,J,Plyometric,speed,and agility exercise technique and programming. In *Es-
sentials of Tactical Strength and Conditioning*. Alvar,BA,Sell,K,and Deuster,PA,eds. Champaign
IL:Human Kinetics,387 – 390,2016.

[2] Dawes,J,and Lentz,D. Methods of developing power to improve acceleration for the non – track ath-
lete. *Strength Cond J* 34(6):44 – 51,2012.

[3] Koski,S. ACL rehabilitation in injury prevention. *Athletic Therapy Today* 10(2):40 – 44,2005.

[4] Potach,DH,and Chu,DA. Plyometric training. In *Essentials of Strength Training and Condition-
ing*. 4th ed. Haff,GG,and Triplett,NT,eds. Champaign IL:Human Kinetics,474,2016.

第七章

[1] Carlon,T. The importance of perceptual and decision – making factors of agility performance in open
skilled sports:A review of the literature. *J Aust Strength Cond* 20(4):82 – 88,2012.

[2] Henry,G,Dawson,B,Lay,B,and Young,W. Decision – making accuracy in reactive agility:Quantif-
ying the costs of poor decisions. *J Strength Cond Res* 27(11):3190 – 3196,2013.

[3] Magrini,M,Dawes,J,Spaniol,F,and Roberts,A. Speed and agility training for baseball/soft-
ball. *Strength Cond J* 40(1):68 – 74,2018.

[4] Meir,R,Holding,R,Hetherington,J,and Rolfe,M. Impact of sport specific and generic visual stimu-
lus on a reactive agility test while carrying a rugby ball. *J Aust Strength Cond* 21(1):45 – 49,2013.

[5] Nimphius,S,Callaghan,S,Bezodis,N,and Lockie,R. Change of direction and agility tests:Challeng-
ing our current measures of performance. *Strength Cond J* 40(1):1,2017.

[6] Oliver,JL,and Meyers,RW. Reliability and generality of measures of acceleration,planned agility,
and reactive agility. *Int J Sports Physiol Perf* 4(3):345 – 354,2009.

[7] Scanlan,A,Tucker,P,and Dalbo,V. A comparison of linear speed,closed – skill agility,and open –
skill agility qualities between backcourt and frontcourt adult semiprofessional male basketball play-
ers. *J Strength Cond Res* 28(5):1319 – 1327,2014.

[8] Sheppard,J,and Young,W. Agility literature review:classifications,training and testing. *J Sports Sci*

24(9):919 – 932,2006.

[9] Sheppard,J,Dawes,J,Jeffreys,I,Spiteri,T,and Nimphius,S. Broadening the view of agility:A scientific review of the literature. *J Aust Strength Cond* 22(3):6 – 25,2014.

[10] Young,W. and Farrow,D. The importance of a sport – specific stimulus for training agility. *Strength Cond J* 35(2):39 – 43,2013.

第八章

[1] Ericsson,K. A. *Peak:Secrets from the New Science of Expertise.* London:Random House,2016.

[2] Jeffreys,I. A motor development approach to enhancing agility:Part one. *Strength Cond J* 28(5):72 – 76,2006.

[3] Jeffreys,I. Warm – up revisited:The RAMP method of optimizing warm – ups. *Professional Strength and Conditioning* 6:12 – 18,2007.

[4] Jeffreys,I. A task – based approach to developing reactive agility. *Strength Cond J* 33(4):52 – 59,2011.

[5] Jeffreys,I. Agility training for team sports:Running the OODA loop. *Professional Strength and Conditioning* 42:15 – 21,2016.

[6] Jeffreys,I. *Gamespeed.* 2nd ed. Monterey,CA:Coaches Choice,2017.

[7] Jeffreys,I. RAMP warm – ups:More than simply short – term preparation. *Professional Strength and Conditioning* 44:17 – 23,2017.

[8] Jeffreys,I,Huggins,S,and Davies,N. Delivering a gamespeed – focused speed and agility development program in an English premier league soccer academy. *Strength Cond J* 40(3):23 – 32,2018.

[9] Lee,TD,Swinnen,S,and Serien,D. Cognitive effort and motor learning. *Quest* 46(3):328 – 344,1994.

[10] Schmidt,RA,and Lee,TD. *Motor Control and Learning:A Behavioural Emphasis.* Champaign,IL:Human Kinetics,302 – 345,2005.

[11] Vickers,JN. *Perception,Cognition and Decision Training:The Quiet Eye in Action.* Champaign,IL:Human Kinetics,164 – 184,2007.

[12] Wulf,G. *Attention and Motor Skill Learning.* Champaign,IL:Human Kinetics,134,2007.

[13] Young,W. and Farrow,D. The importance of a sport – specific stimulus for training agility. *Strength Cond J* 23(2):39 – 43,2016.

第九章

棒球和垒球

[1] Magrini,M,Dawes,JJ,Spaniol,FJ,and Roberts,A. Speed and agility training for baseball and soft-ball. *Strength and Cond J* 40(1):1 2017.

篮球

[1] Drinkwater,EJ,Pyne,DB,and McKenna,MJ. Design and interpretation of anthropometric and fitness testing of basketball players. *Sports Med* 38(7):565 – 578,2008.

[2] Abdelkrim,B,El Fazaa,S,and El Ati,J. Time – motion analysis and physiological data of elite under – 19 – year – old basketball players during competition. *Br J Sports Med* 41(2):69 – 75,2007.

[3] McInnes,SE,Carlson,JS,Jones,CJ,and McKenna,MJ. The physiological load imposed on basketball players during competition. *J Sports Sci* 13(5):387 – 397,1995.

[4] Teixeira,AS, Arins,FB, De Lucas,RD, Carminatti,LJ, Dittrich,N, Nakamura,FY, and Guglielmo, LGA. Comparative effects of two interval shuttle – run training modes on physiological and perform-ance adaptations in female professional futsal players. *J Strength Cond Res* 33(5):1416 – 1428,2019.

搏击运动

[1] Paul,DJ,and Akenhead,R. Agility training:A potential model for the reduction and rehabilitation of anterior cruciate ligament injury. *Strength Cond J* 40(1):98 – 105,2018.

[2] Tack,C. Evidence based – guidelines for strength and conditioning in martial arts. *Strength C J* 35 (5):79 – 92,2013.

板球

[1] Draper,J,and Pyke,F. Turning speed:A valuable asset in cricket run making. *Sports Coach* 11:30 – 31,1988.

[2] Houghton,LA. Running between the wickets in cricket:What is the fastest technique? *International Journal of Sports Science and Coaching* 5(1):101 – 108,2010.

曲棍球

[1] Buglione,A,Ruscello,B,Milia,R,Migliaccio,G,Granatelli,G,and D'Ottavio,S. Physical and physi-ological demands of elite and sub – elite field hockey players. *Int J Perform Anal Sport* 13(3):872 – 884,2013.

[2] Jeffreys,I. Motor learning—applications for agility,part 1. *Strength Cond J* 28(5):72 – 76,2006.

[3] Jeffreys,I. Motor learning—applications for agility,part 2. *Strength Cond J* 28(6):10 – 14,2006.

[4] Jennings, DH, Cormack, SJ, Coutts, AJ, and Aughey, RJ. International field hockey players perform more high – speed running than national – level counterparts. *J Strength C Res* 26 (4): 947 – 952,2012.

[5] Keogh,JW,Weber,CL,and Dalton,CT. Evaluation of anthropometric,physiological,and skill – related tests for talent identification in female field hockey. *Can J Appl Physiol* 28(3):397 – 409,2003.

[6] McManus,A,and Stevenson,M. Quantifying the physical demands in non – elite field hockey to develop training guidelines that minimise injury through adequate preparation. *J Sci Med Sport* 10(S1): 90,2007.

[7] Spencer,M,Bishop,D,Dawson,B,and Goodman,C. Physiological and metabolic responses of repeated – sprint activities:Specific to field – based team sports. *Sports Med* 35(12):1025 – 1044,2005.

[8] Spencer,M,Fitzsimons,M,Dawson,B,Bishop,D,and Goodman,C. Reliability of a repeated – sprint test for field – hockey. *J Sci Med Sport* 9(1 – 2):181 – 184,2006.

[9] Vescovi, JD. Locomotor, heart – rate, and metabolic power characteristics of youth women's field hockey:female athletes in motion(FAiM)Study. *Res Q Exerc Sport* 87(1):68 – 77,2016.

[10] Vescovi,JD,and McGuigan. MR. Relationships between sprinting,agility,and jump ability in female athletes. *J Sports Sci* 26(1):97 – 107,2008.

[11] Wdowski,MM,and Gittoes,MJ. Kinematic adaptations in sprint acceleration performances without and with the constraint of holding a field hockey stick. *Sports Biomech* 12(2):143 – 153,2013.

橄榄球

[1] Gleason,BH,Kramer,JB,and Stone,MH. Agility training for American football. *Strength and Cond J* 27(6):65 – 71,2015.

冰球

[1] Arshi,AR,Nabavi,H,Mehdizadeh,S,and Davids,K. An alternative approach to describing agility in sports through establishment of a relationship between velocity and radius of curvature. *J Sports Sci* 33 (13):1349 – 1355,2015.

[2] Dawes,JJ. Creating open agility drills. *Strength Cond J* 30(5):54 – 55,2008.

[3] Dæhlin,TE,Haugen,OC,Haugerud,S,Hollan,I,Raastad,T,and Rønnestad,BR. Improvement of ice hockey players' on – ice sprint with combined plyometric and strength training. *Int J Sports Physiol Perf* 12(7):893 – 900,2017.

[4] Haukali,E,and Tjelta,LI. Correlation between "off – ice" variables and skating performance among young male ice hockey players. *International Journal of Applied Sports Sciences* 27(1):26 – 32,2015.

[5] Janot,JM,Beltz,NM,and Dalleck,LD. Multiple off – ice performance variables predict on – ice skating performance in male and female division III ice hockey players. *J Sports Sci Med* 14(3):522 – 529,2015.

[6] Serpell,BG,Young,WB,and Ford,M. Are the perceptual and decision – making components of agility trainable? A preliminary investigation. *J Strength Cond Res* 25(5):1240 – 1248,2011.

[7] Šimonek,J,Horička,P,and,Hianik,J. Differences in pre – planned agility and reactive agility performance in sport games. *Acta Gymnica* 46(2):68 – 73,2016.

[8] Veale,JP,Pearce,AJ,and Carlson,JS. Reliability and validity of a reactive agility test for Australian football. *Int J Sports Physiol Perf* 5(2):239 – 248,2010.

[9] Young,WB,Dawson,B,and Henry,GJ. Agility and change – of – direction speed are independent skills:implications for training for agility in invasion sports. *Int J Sports Sci Coach* 10(1):159 – 169, 2015.

网棒球

[1] Gutowski,AE,and Rosene,JM. Preseason performance testing battery for men's lacrosse. *Strength Cond J* 21(2):16 – 22,2014.

[2] Richard,H,and Harald,T. Physiological profile differences of male Austrian lacrosse athletes:A comparison to US collegian lacrosse athletes. *Kinesiologia Slovenica* 23(3):18 – 31,2017.

[3] Sheppard,J,Dawes,JJ,Jeffreys,I,Spiteri,T,and Nimphius,S. Broadening the view of agility:A scientific review of the literature. *J Aust Strength Cond* 22(3):1 – 27,2014.

无挡板篮球

[1] Baker,D. Recent trends in high intensity aerobic training for field sports. *UK Strength and Conditioning Association* 22:3 – 8,2011.

[2] Davidson,A. and Trewartha,G. Understanding the physiological demands of netball:A time – motion investigation. *Int J Perform Anal Sport* 8(3):1 – 17,2008.

[3] Fox,A,Spittle,M,Otago,L,and Saunders,N. Activity profiles of the Australian female netball team players during international competition:Implications for training practice. *J Sports Sci* 31(14): 1588 – 1595,2013.

[4] Fox,A,Spittle,M,Otago,L,and Saunders,N. Offensive agility techniques performed during interna-

tional netball competition. *Int J Sports Sci Coach* 9(3):543 – 552,2014.

[5] Hewit,JK. Assessing agility in netball players(Doctoral dissertation,Auckland University of Technology). 2011.

[6] Hopper,A,Haff,E,Joyce,C,Lloyd,R,and Haff,GG. Neuromuscular training improves lower extremity biomechanics associated with knee injury during landing in 11 – 13 year old female netball athletes:A randomized control study. *Front Physiol* 8(883):1 – 13,2017.

[7] International Netball Federation. Conducting a training session. In: *INF Foundation Coaching Manual*. Manchester:INF; 24,2012.

[8] Mothersole,GA,Cronin,JP,and Harris,NK. Key prerequisite factors influencing landing forces in netball. *Strength Cond J* 35(2):47 – 54,2013.

[9] Steele,JR,and Chad,K. Relationship between movement patterns performed in match play and in training by skilled netball players. *Journal of Human Movement Studies* 20(6):249 – 278,1991.

[10] Thomas,C,Comfort,P,Jones,PA,and Dos'Santos,T. Strength and conditioning for netball:A needs analysis and training recommendations. *Strength Cond J* 39(4):10 – 21,2017.

[11] Young,C. M. ,Gastin,N. S. ,Mackey,L. ,and Dwyer,D. B. Player load in elite netball:Match,training,and positional comparisons. *Int J Sports Physiol Perform* 11(8):1074 – 1079,2016.

足球

[1] Bangsbo J. The physiology of soccer—with special reference to intense intermittent exercise. *Acta Physiol Scand Suppl* 619:1 – 156,1994.

[2] Bangsbo J. Time and motion characteristics of competitive soccer. *Science Football* 6:34 – 40,1992.

[3] Jeffreys,I. *Game Speed:Movement Training for Superior Sports Performance*. Monterey,CA:Coaches Choice,2009.

[4] Turner,A,and Stewart,PF. Strength and conditioning for soccer players. *Strength Cond J* 36(4):1 – 13,2014.

网球

[1] Kovacs,MS. A comparison of work/rest intervals in men's professional tennis. *Medicine and Science in Tennis* 9(3):10 – 11,2004.

[2] Kovacs,MS. Applied physiology of tennis performance. *Br J Sports Med* 40(5):381 – 386,2006.

[3] Kovacs,MS. Tennis physiology:Training the competitive athlete. *Sports Med* 37(3):1 – 11,2007.

[4] Kovacs,MS,Chandler,WB,and Chandler,TJ. *Tennis Training:Enhancing On – Court Performance*. Vista,CA:Racquet Tech,2007.

[5] Mero,A,and Komi,PV. Reaction time and electromyographic activity during a sprint start. *Eur J Appl Physiol* 61(1 −2):73 −80,1990.

[6] Roetert,EP,and Ellenbecker,TS. *Complete Conditioning for Tennis.* 2nd ed. Champaign,IL:Human Kinetics,2007.

[7] Roper,RL. Incorporating agility training and backward movement into a plyometric program. *Strength Cond J* 20(4):60 −63,1998.

[8] Schmidt,RA,and Lee,TD. *Motor Control and Learning:A Behavioral Emphasis.* 3rd ed. Champaign, IL:Human Kinetics,1999.

[9] Weber,K,Pieper,S,and Exler,T. Characteristics and significance of running speed at the Australian Open 2006 for training and injury prevention. *Medicine and Science in Tennis* 12(1):14 −17,2007.

[10] Young, WB, McDowell, MH, and Scarlett, BJ. Specificity of sprint and agility training methods. *J. Strength Cond Res* 15(3):315 −319,2001.

排球

[1] Barnes,JL,Schilling,BK,Falvo,MJ,Weiss,LW,Creasy,AK,and Fry,AC. Relationship of jumping and agility performance in female volleyball athletes. *J Strength Cond Res* 21(4):1192 −1196,2007.

[2] Gabbett,TJ. Do skill −based conditioning games offer a specific training stimulus for junior elite volleyball players? *J Strength Cond Res* 22(2):509 −517,2008.

[3] Gadeken, SB. Off −season strength, power, and plyometric training for Kansas State volleyball. *Strength Cond J* 21(5):49 −55,1999.

[4] Hedrick,A. Training for high level performance in women's collegiate volleyball:Part I training requirements. *Strength Cond J* 29(6):50 −53,2007.

[5] Jaric,S,Ristanovic,D,and Corcos,D. The relationship between muscle kinetic parameters and kinematic variables in a complex movement. *Eur J Appl Physiol* 59(5):370 −376,1989.

[6] Kukolj,M,Ropret,R,Ugarkovic,D,and Jaric,S. Anthropometric,strength,and power predictors of sprinting performance. *J Sports Med Phys Fitness* 39(2):120 −122,1999.

[7] Mero,A,Luhtanen,P,Vitasalo,J,and Komi,P. Relationships between the maximum running velocity, muscle fiber characteristics,force production and force relaxation of sprinters. *Scandinavian Journal of Sports Science* 3(1):16 −22,1981.

[8] Nesser,T,Latin,R,Berg,K,and Prentice,E. Physiological determinants of 40 meter sprint performance in young male athletes. *J Strength Cond Res* 10(4):263 −267,1996.

[9] Sheppard,JM. and Gabbett,T. The development and evaluation of a repeated effort test for volleyball. Paper presented at the NSCA National Conference,Atlanta,Georgia,July 10 −12,2007.

[10] Sheppard, JM, Gabbett, T, Taylor, KL, Dorman, J, Lebedew, AJ, and Borgeaud, R. Development of a repeated effort test for elite men's volleyball. *Int J Sports Physiol Perf* 2(3):292 – 304, 2007.

[11] Young, W, and Farrow, DA. A review of agility: Practical applications for strength and conditioning. *Strength Cond J* 28(5):24 – 29, 2006.

摔跤

[1] Bompa, T, and Haff, G. *Periodization Theory and Methodology of Training.* 5th ed. Champaign, IL: Human Kinetics, 2009.

[2] Brown, L, and Khamoui, A. Agility training. In *NSCA's Guide to Program Design.* Hoffman, J., ed. Champaign, IL: Human Kinetics, 161, 2012.

[3] Chaabene, H, Negra, Y, Bouguezzi, R, Mkaouer, B, Franchini, E, Julio, U, and Hachana, Y. Physical and physiological attributes of wrestlers: An update. *J Strength Cond Res* 31(5):1411 – 1442, 2017.

[4] Fernandez – Fernandez, J, Granacher, U, Sanz – Rivas, D, Marin, J, Hernandez – Davo, J, and Moya, M. Sequencing effects of neuromuscular training on physical fitness in youth elite tennis players. *J Strength Cond Res* 32(3):849 – 856, 2018.

[5] Young, W, and Farrow, D. The importance of a sport – specific stimulus for training agility. *Strength Cond J* 23(2):39 – 43, 2016.

附　录

主编

杰伊·道斯（Jay Dawes），博士，美国体能协会认证体能训练专家和注册私人教练，是科罗拉多大学体能专业副教授，同时也是体能专业理学硕士负责人，该大学位于美国科罗拉多州斯普林斯市。他曾担任竞技表现负责人，是力量与运动表现教练员、私人教练员、教师和康复领域的专家，其职业生涯长达20多年。杰伊还经常指导优秀运动员、专业团队、裁判员、消防和军事团体，并为他们提供运动科学方

面的支持。杰伊的主要研究方向是提高、评估竞技运动员和急救人员的表现。他是美国体能协会认证的优秀体能专家和私人教练。同时，杰伊还是该协会的战术体能导师、美国运动医学会的临床运动专家、澳大利亚体能协会的二级体能教练员。他于2009年成为该协会的会员至今。

编者

杰森·D. 巴伯（Jason D. Barber），理学硕士，美国体能协会认证体能训练专家、特种体能专家（TSAC – F）、体能注册教练，拥有 10 年以上专业领域的执教经验（RSCC ∗ D），是美国田径协会（US-ATF）注册教练、美国举重协会（USAW）会员，还是美国陆军世界级运动员项目的高水平运动表现协调专员。他培养的运动员曾多次在国内外比赛中获胜。由他指导的在夏季奥运会、冬季奥运会、青奥会和残奥会上派出的运动员中，超过 25 人获得了多枚金牌、银牌和铜牌。此前，杰森指导过各个级别的运动员（从高中运动员到专业运动员），也曾对运动员进行过战术指导。

西蒙·费罗斯（Simon Feros），博士，迪肯大学功能性人体解剖学和体能科学的讲师。他主要研究爆发力训练和支持运动表现的生物力学适应性，重视板球快速击球领域的相关研究。西蒙是澳大利亚体能协会（ASCA）的二级体能教练员，同时是该协会的专业教练资格认证实习体能教练员。他会亲自指导运动员快速投球，认为爆发力训练和改变运动时生物力的结构可以提高投球速度，进而提升运动表现。

詹妮弗·菲尔兹（Jennifer Fields），理学硕士，美国体能协会认证体能训练专家，乔治梅森大学博士生和兼职教授。她在马里兰大学获得运动生理学的学士学位，并在美利坚大学获得健康促进与营养学的硕士学位。詹妮弗自 2010 年以来一直从事体能方面的相关工作，训练过大学、高中和初中的运动员及普通群众。

贾瓦尔·吉列（Javair Gillett），理学硕士，美国
体能协会认证体能训练专家，是休斯敦火箭队的首席
体能教练员，并作为运动表现总监监督球队运动计划
的执行。在加盟火箭队之前，贾瓦尔在美国职业棒球
联盟底特律老虎队效力了 14 年，其中为小联盟效力
了 4 年，尔后担任了 10 年的首席体能教练员。他是
美国体能协会认证的注册体能教练员。贾瓦尔在斯蒂
尔健康科学大学获得了人体运动学的硕士学位，在迪

堡大学获得了学士学位，主修健康和人体运动表现（侧重运动科学）。在加入老虎
队之前，贾瓦尔在多年实践中积累了大量经验，包括在 NBA 奥兰多魔术队
(2002—2003 赛季)、印第安纳大学（2001 年）和宾夕法尼亚州立大学（2000
年）。他还在迪堡大学棒球队打了四个赛季，并在这四年中获得了两次全联盟荣
誉，并获得最后一个赛季的全美荣誉奖。

艾琳·E. 哈夫（Erin E. Haff），文学硕士，美国
举重协会认证二级教练（USAW – 2），澳大利亚举重
协会认证三级教练（AWF – 3），作为辅导青年运动
员成长为职业运动员的体能教练，拥有超过 27 年的
执教经验。她曾担任过位于西澳大利亚珀斯市的西海
岸热火职业无挡板篮球队的首席体能教练。此外，她
还为几项青年抗阻训练研究提供了训练支持，这些研
究旨在探索抗阻训练对无挡板篮球运动员运动表现的

影响。在此之前，她曾担任阿巴拉契亚州立大学田径队及多个高中运动队的体能
教练。除此以外，艾琳还担任过澳大利亚国家队教练，参与了十多项涵盖青年、
初级、高级等多个级别的国际举重比赛，她还是澳大利亚举重联合会、澳大利亚
体能协会教育项目的代表。

法扎德·贾利万德（Farzad Jalilvand），理学硕士，美国体能协会认证体能训练专家，美国举重协会认证教练，是格兰那达山高中的首席体能教练，同时也是加利福尼亚州立大学北岭分校人体运动学系的体能课程讲师。法扎德在加利福尼亚州立大学北岭分校获得了运动生理学的硕士学位，并进行了关于足球和团队运动表现的相关研究。

伊恩·杰佛利（Ian Jeffreys），博士，美国体能协会认证体能训练专家、注册私人教练（NSCA - CPT）、协会会员，美国体能协会体能注册教练，拥有 20 年以上的专业领域执教经验（RSCC * E），是南威尔士大学的体能教授，负责该校的体能教学。他是一位经验丰富的教练员、作家和演讲者，曾与涵盖多个运动项目、最高达到国际水平的各个级别的运动员合作。他已经出版 8 本书，同时也是英国体能协会期刊《专业体能》（Professional Strength and Conditioning）的编辑。此外，他还是美国体能协会《体能杂志》及《澳大利亚体能杂志》的编委会成员。

玛格丽特·T. 琼斯（Margaret T. Jones），博士，美国体能协会认证体能训练专家、协会会员，是乔治梅森大学人体运动学系的全职教授，同时也在该校的运动表现中心任职。她曾在斯普林菲尔德学院工作长达 15 年，担任体能专业硕士的课程主任和校际体育运动的体能主管，为来自 24 个体育项目的 500 名运动员进行的项目设计和项目实施提供监督指导。玛格丽特自 1995 年以来一直是美国体能协会的活跃成员，2008 年获得该协会颁发的年度教育者奖，2012 年成为资深高级会员。

洛根·伦茨·凯尔（Logan Lentz Kell），理学硕士，美国体能协会认证体能训练专家，她的父亲道格·伦茨（Doug Lentz）是其在"DKL 健身与运动表现有限责任公司"（DKL Fitness and Performance LLC）的合伙人，该公司致力于为不同年龄和能力的教练员、运动员提供培训方法方面的信息。她在康涅狄格州立大学获得了运动科学的学士学位，是该校的全额奖学金运动员，并于 2013 年获得了乔治华盛顿大学的体能硕士学位。

马克·科瓦奇（Mark Kovacs），博士，美国体能协会认证体能训练专家，是人体运动表现领域的专家，他在健身、生理健康、身心健康、营养、运动和运动表现领域拥有丰富的学术研究和培训背景。他在阿拉巴马大学获得了运动生理学的博士学位，曾任佳得乐运动科学研究所主任，是美国网球协会教练员培养和运动科学部门的主管。马克是科瓦奇学院的首席

执行官及国际网球运动表现协会的执行理事。他是通过美国田径协会认证的短跑二级教练员。

劳伦·兰多（Loren Landow），美国体能协会认证体能训练专家，是丹佛野马职业橄榄球队的全职首席体能教练员，也是位于科罗拉多州森特尼尔市的"兰多运动表现培训中心"的所有者和创始人。他培养了数千名不同年龄和水平的运动员，其中 700 多名职业运动员参加了职业橄榄球大联盟（NFL）、国家冰球联盟（NHL）、美国职业棒球大联盟（MLB）、终极格斗冠军赛（UFC）、国家女子篮球联盟（WN-

BA）、泛美杯、世界柔道锦标赛及奥运会。他曾担任过美国体能协会（NSCA）、澳大利亚体能协会（ASCA）和英国体能协会（UKSCA）的主讲嘉宾，是科罗拉多大

学足球队、美国职业棒球大联盟德州游骑兵队、美国女子国家足球队和美国雪橇队的顾问。劳伦是美国大都会州立大学运动科学系及爱尔兰塞坦塔学院硕士项目的理事会成员。

道格·伦茨（Doug Lentz），理学硕士，美国体能协会认证体能训练专家，美国举重协会认证教练。多年来，他为各个年龄段和不同能力水平的运动员提供辅导和培训，同时他还是乔治华盛顿大学的兼职教授，教授研究生课程——爆发力提升运动表现。道格一直担任美国体能协会的会议及特别项目协调员，并因此结识了国内外许多体育和运动科学领域的顶尖人物。

罗伯特·洛基（Robert Lockie），博士，美国体能协会特种体能专家（TSAC - F），是加利福尼亚州立大学富勒顿分校的体能助理教授。他获得了悉尼科技大学的博士学位，研究领域是田径运动员的短跑技术、力量和爆发力能力分析。罗伯特针对直线、变向速度及敏捷性、体能、激活后增强效应和团队运动分析进行了研究。最近，他完成了战术体能领域的研究，特别侧重于执法部门、惩教/监狱部门和消防人员，包括新兵和在职军官。

马克·卢森（Mark Roozen），教育硕士，美国体能协会认证体能训练专家、注册私人教练（NSCA - CPT），美国体能协会特种体能专家（TSAC - F），美国体能协会会员，在体能和运动表现领域已经有 30 多年的经验。马克作为体育教练和体能教练，指导过从高中运动队到职业运动队等不同水平的运动员。除了在职业橄榄球大联盟工作和训练奥运会运动员以外，他还为世界各地的各种体育健身团体和组织提供演讲、约稿及顾问服务。

杰里米·谢泼德（Jeremy Sheppard），博士，美国体能协会认证体能训练专家，是加拿大单板坡式障碍越野和空中技巧项目的教练员，加拿大太平洋体育学院（Canadian Sport Institute Pacific）运动表现专业的主管。在此之前，他曾在澳大利亚冲浪运动高水平运动表现中心担任运动员发展和运动科学部门的经理，也在澳大利亚体育学院、澳大利亚排球队和昆士兰体育学院担任过数个职位。此外，他还在澳大利亚埃迪斯科文大学和加拿大维多利亚大学担任兼职高级讲师。

塔尼亚·斯皮特里（Tania Spiteri），博士，世界篮球学院运动科学系的主任。她获得了埃迪斯科文大学的生物力学博士学位，是经过澳大利亚体能协会认证的二级体能教练员。塔尼亚同时也是埃迪斯科文大学运动科学系的兼职讲师。

马克·D. 斯蒂芬森（Mark D. Stephenson），理学硕士，认证运动损伤防护师，美国体能协会认证体能训练专家，特种人员体能教练（TSAC－F），是职业橄榄球大联盟底特律狮队球员运动表现部门的负责人。马克拥有 30 多年的工作经验，曾是一个特别行动部门的人体运动表现教练、美国科罗拉多学院男子曲棍球队的首席体能教练、美国体能协会的战术体能总监，以及普维敦斯学院的首席体能教练员。他拥有运动科学的学士学位和健康科学的硕士学位，是心理学博士生，主修运动和运动表现心理学。他是经过认证的体能专家、竞技运动助理教练员、运动心理学教练员和应用神经科学的专业人士。

大卫·N. 苏普拉克（David N. Suprak），博士，认证运动损伤防护师，美国体能协会认证体能训练专家，美国举重协会认证一级教练（USAW－1），是西华盛顿大学人体运动学和体育教育专业的教授，自2008年以来一直在此工作。他帮助大学运动队和各级水平的个人设计、实施体能训练计划，已有超过15年的执教经验。在此之前，大卫在位于科罗拉多
州斯普林斯市的科罗拉多大学担任健康科学系的助理教授，同时他还是俄勒冈大学的教学助理、堪萨斯州希尔斯伯勒市塔博学院的首席运动教练员和运动训练教育项目的主任。

第一版的作者 （部分）

阿尔·比安卡尼（Al Biancani），教育专业博士，美国体能协会认证体能训练专家。

迈克尔·道舍尔（Michael Doscher），理学硕士，美国体能协会认证体能训练专家。

托德·德金（Todd Durkin），文学硕士，美国体能协会认证体能训练专家。

格雷格·因凡托利诺（Greg Infantolino），美国体能协会认证体能训练专家，美国举重协会会员。

杰森·琼斯（Jason Jones），理学硕士，美国体能协会认证体能训练专家。

凯蒂·克拉尔（Katie Krall），美国体能协会认证体能训练专家、注册私人教练，美国举重协会会员。

麦克·尼特卡（Mike Nitka），教育硕士，美国体能协会认证体能训练专家，美国体能协会会员、注册私人教练，拥有20年以上的专业领域执教经验。

乔·雷瑟（Joel Raether），教育硕士，美国体能协会认证体能训练专家，美国体能协会特种体能专家。

麦克·桑德斯（Mike Sanders），教育硕士，美国体能协会认证体能训练专家。

大卫·桑德勒（David Sandler），理学硕士，美国体能协会会员。